Harald Loos

Wirtschaftsrussisch

Praktische Grammatik mit Übungen und Schlüssel

Wien 1994

Die Deutsche Bibliothek - CIP-Einheitsaufnahme

Loos, Harald:
Wirtschaftsrussisch : praktische Übungen mit Grammatik und
Schlüssel / Harald Loos. - Wien : Service, Fachverl. der
Wirtschaftsuniv., 1994
  ISBN 3-85428-297-4

© Service Fachverlag, Wien

Druck: Wiener Verlag, Himberg
Printed in Austria 1994

Vorwort

Ziel dieses Buches ist es, Ihnen als Nachschlagewerk bei der Wiederholung, Ordnung und Erweiterung Ihres Wissens über die Strukturen des Russischen, insbesondere des Wirtschaftsrussischen, zu helfen.

Was erwartet Sie daher?
1. Eine Auswahl der häufigen grammatikalischen Erscheinungen der Alltags- und der Wirtschaftssprache, die Sie einerseits beim eigenen Sprechen und Schreiben brauchen und die Ihnen andererseits beim Verstehen helfen sollen.
2. Eine kurze Beschreibung dieser Erscheinungen und ihrer Funktion aus der Sicht dessen, der die Sprache lernt, nicht des Philologen.
3. Übungen dazu.
   Die in den Übungen verwendete Lexik ist primär aus der Sprache der Wirtschaft (Außenhandelskaufmann), berücksichtigt aber immer wieder die Alltagssprache. Die Übungen sind durchgehend mit groß gedruckten Ziffern nummeriert.
4. Ein Schlüssel zu den Übungen.
   Damit Sie Ihre Übungstätigkeit kontrollieren können, wird in einem Lösungsheft ein Schlüssel zu allen Übungen beigefügt. Das hat zur Folge, daß die Übungen möglichst eindeutige Lösungen aufweisen sollen, wodurch die Vielfalt und der Abwechslungsreichtum der Übungen stark eingeschränkt sind. Trotz dieser Einschränkung bieten die Lösungen in der Regel immer nur e i n e Variante der Wiedergabe in der anderen Sprache.
   Sie können Ihre Arbeit etwas auflockern, wenn Sie mit einem Partner die Übungen gemeinsam machen. Einmal kontrollieren Sie ihn mit Hilfe des Schlüssels, beim nächsten Durchgang vertauschen Sie die Rollen.

Was erwartet Sie nicht?
Eine Darstellung der gesamten russischen Grammatik. Es kann Ihnen daher passieren, daß Sie gewisse Erscheinungen der russischen Grammatik hier nicht finden. Um welche handelt es sich dabei? Einmal um jene einfachsten Grundlagen, ohne deren Kenntnis Sie dieses Buch gar nicht zur Hand genommen hätten [z.B. Hinweise zur Schrift, die Tatsache, daß es sechs Fälle gibt, daß es im Russischen nur drei Zeitformen (das Präsens, das Präteritum und das Futur) gibt, ...]. Andererseits werden Sie vielleicht seltenere Erscheinungen der Allgemeingrammatik vermissen, die auch in der Sprache der Wirtschaft keine Häufigkeit aufweisen.

Dieses Buch versucht, die ausgewählten Kapitel der russischen Sprache möglichst anwenderorientiert darzustellen, d. h. aus der Sicht dessen, der die Sprache lernt. Im 1. Teil werden wichtige Grundlagen wiederholt. Ausgangspunkt zur Beschreibung der grammatikalischen Strukturen bilden im 2. Teil einzelne Wortarten, im 3. Teil wird von wortübergreifenden Einheiten ausgegangen. Weiters sollen Ihnen Querverweise und ein Register am Ende des Buches die Orientierung erleichtern und Ihnen helfen, für eine bestimmte deutschsprachige Struktur die russische Entsprechung zu finden. Mehrfachnennungen einer grammatikalischen Erscheinung sollen Ihnen die Möglichkeit bieten, diese Erscheinung in verschiedenen Zusammenhängen zu sehen und sie sich somit besser einzuprägen.

Eine benutzerfreundliche Darstellung sollte auch Hinweise auf die Häufigkeit von Erscheinungen in der Wirtschaftssprache geben sowie aufzeigen, ob eine Erscheinung in den Bereich des produktiven (aktiven) oder rezeptiven (passiven) Grammatikwissens gehört. Da mir darüber keine umfassenden Untersuchungen bekannt sind, war ich auf meine eigene Erfahrung angewiesen. Weniger häufige Erscheinungen werden durch den Zusatz "rezeptiv" in der Überschrift gekennzeichnet. In Übersichten und Tabellen weisen fett gedruckte Wörter diese als häufig aus.

Da ein Strukturvergleich zwischen dem Russischen und dem Deutschen oft hilfreich sein kann (die russische Struktur wird dadurch deutlicher), wird in vielen Fällen die russische Struktur wörtlich ins Deutsche übertragen (=> *Kursivdruck*), auch auf die Gefahr hin, daß diese wörtliche Wiedergabe häufig ungewohnt klingt.

Die russische Sprache zeichnet sich durch einen "freien Akzent" aus, das heißt, es gibt keine exakt vorhersagbare Betonungsstelle. Betonungsregeln im Russischen setzen fast immer beträchtliches Wissen voraus und bedürfen oft weit ausholender Erklärungen; daher werden sie hier nicht angeboten. Andererseits behindern im gesprochenen Russisch falsche Betonungen die Kommunikation in der Regel mehr als der eine oder andere Verstoß gegen eine Endung. Um Ihnen in diesem Dilemma zumindest ein wenig zu helfen, wird auf jedem russischen Wort die Betonung angegeben.

Vielleicht werden Sie ein Kapitel zur Phonetik vermissen. Der Grund dafür liegt in meiner Überzeugung, daß eine Verbesserung Ihrer Aussprache durch theoretisches Wissen über Phonetik nur in Ausnahmefällen zu erreichen ist. Aus demselben Grund finden Sie auch nur sparsame Hinweise zur Intonation.

Es ist mir ein besonderes Anliegen, all jenen sehr herzlich zu danken, die mir bei der Erstellung des Manuskripts mit Rat und Tat zur Seite gestanden sind. Es sind dies - in alphabetischer Reihenfolge - Univ.-Prof. Dr. A. L. Berditschewskij, Univ.-Prof. Dr. R. Rathmayr, Mag. Je. Ratner und Dr. A. Smirnow.

Harald Loos

Inhalt

Abkürzungen	5

1. Teil: Wiederholung einiger Grundlagen — 7

Satzstrukturen 7
  1. Aussagesätze 7
  2. Fragesätze 8
  3. Intonation 9

Deklinationen 11
  1. Einführung 11
  2. Übersichtstabellen 14
  3. Das Personalpronomen (Persönliches Fürwort) 20
  4. Die Fragepronomina: wer, was - кто, что 21

Verbformen 22
  1. Verben der e-Konjugation 23
  2. Verben der i-Konjugation 24
  3. Liste der häufigsten Verben mit "schwierigeren" Formen und unregelmäßige Verben 27
  4. Die Bildung der Verbformen vom Infinitiv aus 31
  5. Die Bildung der Zeiten 33

Namen und ihre Deklination 36
  1. Die Namen im Russischen 36
  2. Der Familienname 36

Transkription 39
  1. Die Wiedergabe der russischen Schrift im Deutschen 39
  2. Die Wiedergabe deutscher Eigennamen im Russischen 40
  3. Die Bibliothekstransliteration 42

2. Teil: Häufige Elemente der Wortgrammatik — 43

Das Substantiv 43
  1. Das flüchtige -o-, -e-; der -o-, -e- Einschub 43
  2. Besondere Deklinationsmuster 44
  3. Besonderheiten in einzelnen Fällen 47

Das Pronomen 53
  1. Das Possessivpronomen (Besitzanzeigendes Fürwort) 53
  2. Das Reflexivpronomen: sich - себя 54
  3. Das Demonstrativpronomen: jener - тот, та, то; те 55
  4. Das Pronomen: ganz; alle - весь, вся, всё; все 56
  5. Das Relativpronomen (Bezügliches Fürwort) 56
  6. Das Indefinitpronomen (Unbestimmtes Fürwort) 57
  7. Das Negativpronomen (Verneinendes Fürwort) 59
  8. каков? таков 59

    9. Die Pronomina: der gleiche, derselbe - тот же са́мый, тако́й же са́мый, тот са́мый 59
  10. Das Pronomen: selbst - сам <—> са́мый 60
  11. Das Pronomen: einander - друг дру́га 60
  12. Die Pronomina: viele, einige - мно́го, мно́гие; не́сколько, не́которые 61

Das Adjektiv 63
  1. Einführung 63
  2. Die weichen Adjektive 63
  3. Das Adjektiv als Attribut 66
  4. Das Adjektiv als Prädikat 66
  5. Der Prädikativ 69
  6. Die Steigerung 75

Das Adverb 83
  1. Adverbien auf -o / -e 83
  2. Besonderheiten 83

Das Verb 85
  1. Der Imperativ 85
  2. Zum Aspekt 88
  3. Zur Aspektverwendung in einigen häufigen Situationen 89
  4. Die Verben der Fortbewegung 102
  5. Die Partizipien 110
  6. Die Partizipialadverbien oder Adverbialpartizipien 119

Das Zahlwort 122
  1. Einführung 122
  2. Die Rektion 122
  3. Die Deklination der Grundzahlwörter 124
  4. Die Aufhebung der Rektionsregel 125
  5. Mit ты́сяча, миллио́н, миллиа́рд zusammengesetzte Zahlwörter .. 126
  6. Die Uhrzeitangabe 129
  7. "Belebt" - "Unbelebt" beim Zahlwort 130
  8. Die Sammelzahlwörter 131
  9. Die Bruchzahlen 131
 10. Die gemischten Zahlen / Dezimalzahlen 131
 11. Vergrößern / Verkleinern UM, AUF 133
 12. je / zu 137
 13. Die Preisangabe 137
 14. Die Entfernungsangabe 137

3. Teil: Häufige Strukturen der Satzgrammatik   139

Zeitangaben 139
  1. Zu einer bestimmten Zeit / zu bestimmten Zeiten; während einer bestimmten Zeit / während bestimmter Zeiten 139
  2. Die Datumsangabe 141
  3. Vor einer bestimmten Zeit 142
  4. Nach einer bestimmten Zeit 142
  5. Weitere Zeitangaben 143

Die Verneinung 145
  1. Die einfache Verneinung 145
  2. Die Verneinung der Existenz, des Vorhandenseins 145
  3. Die Verneinung der "Befindlichkeit einer Person an einem Ort" .. 145
  4. не име́ть 146
  5. Die mit ни / ни- erweiterte Verneinung 146
  6. Das Akkusativobjekt nach Verneinung 147
  7. Die implizite Verneinung der Existenz 147
  8. Die Verneinung des Typs "Es gab niemanden, mit dem
     ich sprechen konnte." 147

Der Konjunktiv 150

Das Passiv 151
  1. Das Passiv von Verben des unvollendeten Aspekts 151
  2. Das Passiv von Verben des vollendeten Aspekts 152

Zur Verwendung des Genitivs 153
  1. Der Genitiv nach bestimmten Verben 153
  2. Der Genitiv der Teilmenge 154
  3. Der Genitiv in der Verneinung 154
  4. Der Genitiv in der Datumsangabe 155
  5. Der Genitiv nach Zahlwörtern 155
  6. Der Genitiv des Vergleichs 155
  7. Der Genitiv in festen Fügungen 155

Zur Verwendung des Dativs 156
  1. Der Dativ nach bestimmten Verben 156
  2. "brauchen" + "Subjektsdativ" 157
  3. "müssen" + "Subjektsdativ" 157
  4. "(nicht) können" + "Subjektsdativ" 157
  5. "(nicht) dürfen" + "Subjektsdativ" 158
  6. "sollen" + "Subjektsdativ" 158
  7. Der "Subjektsdativ" in der Verneinung 158
  8. Der "Subjektsdativ" in "unpersönlichen Ausdrücken" 159
  9. Der "Altersdativ" 159

Zur Verwendung des Instrumentals 160
  1. Der Instrumental nach bestimmten Verben 160
  2. Der Instrumental nach bestimmten Substantiven 162
  3. Der Instrumental nach bestimmten Prädikativen 163
  4. Der "Urheber"-Instrumental: von, durch 163
  5. Der "als"-Instrumental 163
  6. Der "mittels"-Instrumental 164
  7. Der Instrumental in Adverbialbestimmungen 164
  8. Der Instrumental bei Zahlenangaben 164

Konjunktionen, Nebensätze 166
  1. auch: и - то́же - та́кже 166
  2. und, aber, sondern: и - а - но 167
  3. um ... zu, damit, daß - что́бы 168
  4. Der indirekte Fragesatz: ob - ли 170
  5. um ... zu, (an-) statt ... zu, ohne ...zu 172
  6. Der Relativsatz 172

    7. Häufige mehrteilige Konjunktionen 173
    8. weil, da - *потому́ что, так как, поско́льку* 175
    9. "man" im Nebensatz 175

Wortfelder 177
    1. «sein - es gibt - haben» 177
    2. «verwenden - gebrauchen - benützen» 181

Register 183

Literatur 190

Abkürzungen:

1.	1. Fall / Nominativ
2.	2. Fall / Genitiv
3.	3. Fall / Dativ
4.	4. Fall / Akkusativ
5.	5. Fall / Instrumental
6.	6. Fall / Präpositiv
Asp.	Aspekt
f.	weiblich / feminin
Inf.	Nennform / Infinitiv
intrans.	intransitives Verb: hat kein Objekt im Akkusativ (4. Fall) bei sich
m.	männlich / maskulin
n.	sächlich / neutrum
Pl.	Mehrzahl / Plural
Sg.	Einzahl / Singular
trans.	transitives Verb: hat ein Objekt im Akkusativ (4. Fall) bei sich
uv. Asp.	unvollendeter (imperfektiver) Aspekt
v. Asp.	vollendeter (perfektiver) Aspekt
vgl.	Vergleichen Sie.
S. 3 f	Seite 3 und die folgende
S. 3 ff	Seite 3 und die folgenden
≠	aber
<—>	versus
—>	wird zu
≈	entspricht ungefähr
—	nicht existierende Wortform (Verbformen, S. 22 ff)
(достигни!)	seltene Imperativform (Verbformen, S. 22 ff)
=> *Kursiv*	wortwörtliche Übersetzung ins Deutsche zum Strukturvergleich

1. Teil:
Wiederholung einiger Grundlagen

Satzstrukturen

1. Aussagesätze

Wie uns die Alltagserfahrung lehrt, ist jeder Satz, jede Mitteilung also, durch die Kommunikationssituation, in der sie gemacht wird, bestimmt. In der Regel besteht eine Mitteilung aus zwei Teilen: ein Teil, der Bekanntes aufgreift, und ein zweiter Teil, der Neues einbringt:
   Wir landeten in Moskau. Dort holten uns Freunde ab.
Der Textanfang "Wir landeten in Moskau" führt in die Situation ein. "Dort" repliziert auf nun bereits Bekanntes (in Moskau), während "holten uns Freunde ab" Neues einbringt.

> In der russischen Wortstellung steht das Bekannte vor dem Neuen.

   -Когда́ мы получи́ли его́ письмо́?
   -На про́шлой неде́ле.
Die Antwort zeigt deutlich, daß das Neue "На про́шлой неде́ле" ist. Würde man eine "vollständige" Antwort auf die Frage geben, würde sie lauten: "Мы получи́ли его́ письмо́ на про́шлой неде́ле". (Das Neue folgt auf das Bekannte.) Das Zentrum der Satzintonation liegt immer auf dem Neuen (siehe Intonation, S. 9 f).
Versuchen Sie nun jene Aussagen /1/ - /5/ zu finden, auf die die beiden Sätze (А, Б) replizieren:
/А/   Нет, нет! Ка́тя и Ва́ля прие́хали вчера́ **ве́чером**.
/Б/   Нет, нет! Вчера́ ве́чером прие́хали **Ка́тя и Ва́ля**.
   (fett: Zentrum der Satzintonation)

/1/   Ка́тя и Ва́ля прие́хали вчера́ у́тром.
/2/   Вчера́ ве́чером прие́хали Са́ша и Воло́дя.
/3/   Ка́тя и Ва́ля прие́хали на про́шлой неде́ле.
/4/   Ка́тя и Ва́ля уе́хали вчера́ ве́чером.
/5/   Са́ша и Воло́дя прие́хали на про́шлой неде́ле.

Sie haben sicherlich erkannt, daß /А/ auf die Aussage /1/ und /3/ repliziert, während /Б/ sich auf die Aussage /2/ bezieht. Keiner der beiden Sätze repliziert jedoch auf /4/ und /5/.

Würden Sie auf die Aussage Ihres Gesprächspartners "Вчера́ ве́чером прие́хали Са́ша и Воло́дя." mit dem Satz: "Нет, нет! Ка́тя и Ва́ля прие́хали вчера́ **ве́чером**." reagieren, so würde Ihr Gesprächspartner wohl kaum verstehen, was Sie meinen (fett: Zentrum der Satzintonation).

1 Auf welche Aussagen könnten die folgenden Sätze replizieren?
1. Нет, маши́ну купи́ли **Ники́тины**. 2. Нет, мы получи́ли факс то́лько **вчера́**. 3. Ра́ньше я рабо́тал **на автозаво́де**. 4. На автозаво́де я рабо́тал **ра́ньше**. 5. Да, мы с ним уже́ **знако́мы**.
(fett: Zentrum der Satzintonation)

Das Grundmuster des Aussagesatzes ist auch dafür verantwortlich, daß kurze unpersönliche Sätze des Typs: "Es regnete." "Es hagelte." usw. im Russischen lauten: Шёл дождь. Был град. Идёт конфере́нция., ... (Verbum vor Substantiv).

Da sich jede gesprochene Sprache durch Ökonomie auszeichnet, ist auch für die russische Umgangssprache - insbesondere im Dialog - typisch, daß das Bekannte meist gar nicht mehr wiederholt wird, sondern nur noch das Neue mitgeteilt wird:

- Вы узна́ли, когда́ прие́дет делега́ция?
- Да, за́втра ве́чером.
- И кто её встре́тит?
- Алексе́й Леони́дович с шофёром.
- Отли́чно.

Das Grundmuster des Aussagesatzes wird in der Umgangssprache, die sich insbesondere durch Emotionalität auszeichnet, häufig dahingehend verändert, daß das Neue vor dem Bekannten steht. Dabei ist aber von ganz besonderer Wichtigkeit, daß d a s I n t o n a t i o n s z e n t r u m a u f d e m N e u e n bleibt. Auf die Aussage meines Gesprächspartners: "Вчера́ ве́чером прие́хали **Са́ша и Воло́дя**." kann ich umgangssprachlich also auch so reagieren: "Нет, нет! **Ка́тя и Ва́ля** прие́хали вчера́ ве́чером." (fett: Zentrum der Satzintonation).

Schlußfolgerung: Im Zusammenwirken von Satzstruktur und Intonation hat die Intonation Priorität!

2. Fragesätze

Im Deutschen unterscheidet sich die Wortstellung im Aussagesatz von der im Fragesatz:
/1/ Du gehst ins Kino.
/2/ Gehst du ins Kino?
/3/ Wann gehst du ins Kino?

Die russischen Entsprechungen zeigen keine Veränderungen in der Wortstellung. Die Unterscheidung wird durch andere Intonationsmuster realisiert (siehe Intonation, S.9):
/1'/ Ты идёшь в кино́.   Du gehst ins Kino.

/2'/ Ты идёшь в кино́? => *Du gehst ins Kino?* Gehst du ins Kino?
/3'/ Когда́ ты идёшь в кино́? => *Wann du gehst ins Kino?* Wann gehst du ins Kino?

In einer Fragestruktur ist oft auch eine andere Wortstellung in Verbindung mit der Fragepartikel *ли* anzutreffen.

Neben der Struktur: gibt es:
    Вы мо́жете ... ?   Мо́жете ли вы ... ?
    Вы не мо́жете ... ?   Не мо́жете ли ... ?
Вы мо́жете мне сказа́ть, когда́   Мо́жете ли вы мне сказа́ть, когда́
придёт Михаи́л Петро́вич?   придёт Михаи́л Петро́вич?
Вы не мо́жете мне сказа́ть,   Не мо́жете ли вы мне сказа́ть,
когда́ придёт Михаи́л Петро́вич?   когда́ придёт Михаи́л Петро́вич?

Die Fragestruktur mit der Fragepartikel *ли* werden Sie außer in den zwei angeführten Beispielen nicht sehr oft antreffen. Sie selbst können jede Frage in der typischen russischen Wortstellung, also ohne *ли* formulieren, wenn Sie dabei nur die **richtige Frageintonation** verwenden. (*ли* in der Bedeutung "ob" siehe Konjunktionen, Nebensätze, S. 170 f)

3. Intonation

Am häufigsten sind die folgenden vier Intonationsmuster (= Intonationskonstruktion, IK) vertreten. Das intonatorische Zentrum ist immer der betonte Vokal des Wortes, welches das Zentrum der Satzintonation, also das Neue der Mitteilung (fett gedruckt), bildet:

3.1. Aussagesatz (IK-1)

Мы прие́хали в Петербу́рг **вчера́**.

3.2. Fragesatz mit Fragewort (IK-2)

Когда́ вы прие́хали в Петербу́рг?

3.3. Fragesatz ohne Fragewort (IK-3)

Вы прие́хали в Петербу́рг **вчера́**?

3.4. Unvollständiger, mit der Konjunktion *a* eingeleiteter Fragesatz (IK-4)

Мы прие́хали в Петербу́рг вчера́. А **вы**?

3.5. Längere Sätze oder Satzgefüge

Dabei ist eine intonatorische Unterteilung des Gesamtkomplexes in sinnvolle Einheiten die Regel. Dies soll an einigen Beispielen gezeigt werden, wobei die Ziffer über dem Wort, das Intonationszentrum ist, die entsprechende Intonationskonstruktion anzeigt. Einschränkend muß gesagt werden, daß hier bei weitem nicht alle intonatorischen Möglichkeiten angeführt werden.

         3   1
Когда́ я получи́л письмо́, / я сра́зу же отве́тил на него́.

         4   1
Когда́ я получи́л письмо́, / я сра́зу же отве́тил на него́.

            3
Вчера́ ве́чером по́сле перегово́ров / мы ещё должны́ бы́ли соста́вить
1
протоко́л.

            4
Вчера́ ве́чером по́сле перегово́ров / мы ещё должны́ бы́ли соста́вить
1
протоко́л.

Deklinationen

1. Einführung

Mit Ausnahme ganz weniger Wortarten wird jedes Wort flektiert, d.h. in der Endung verändert. Man unterscheidet die Nominalflexion (Substantive) und die Pronominalflexion (Adjektiv, die meisten Pronomina, Partizipien, Ordnungszahlwörter). Wie auch in anderen Wortarten wird zwischen harten und weichen Stämmen unterschieden, was sich natürlich in den Endungen niederschlägt:

hart		weich	hart		weich
партнёр	<—>	портфе́ль	но́вый	<—>	после́дний
партнёра	<—>	портфе́ля	но́вого	<—>	после́днего
госуда́рство	<—>	мо́ре	но́вое	<—>	после́днее
госуда́рством	<—>	мо́рем	но́вым	<—>	после́дним
ла́мпа	<—>	неде́ля	но́вая	<—>	после́дняя
ла́мпу	<—>	неде́лю	но́вую	<—>	после́днюю

1.1. Nominalflexion - Deklination des Substantivs

Es gibt 3 Deklinationen.

Die 1. Deklination umfaßt maskuline und neutrale Substantive, die sich nur im 1. bzw. 4. Fall unterscheiden. Maskuline Substantive sind endungslos (harter Stamm: партнёр, weicher Stamm: портфе́ль, санато́рий), neutrale Substantive mit hartem Stamm enden auf -*o* (госуда́рство), mit weichem Stamm auf -*e* [мо́ре, зда́ние; in einigen wenigen Fällen enden sie auch auf betontes -*ё* : сырьё - Rohstoff(-e)]
Zur 2. Deklination gehören feminine Substantive mit der Endung -*a* (harter Stamm: ла́мпа) und -*я* (weicher Stamm: неде́ля, ста́нция).
Die 3. Deklination umfaßt feminine Substantive auf -*ь* : пло́щадь.

Besonderheiten:
Eine davon betrifft Substantive auf -*ь* . Da Substantive auf -*ь* maskulin oder feminin sein können, muß man sich zu diesen Substantiven das Geschlecht extra merken.
Eine eindeutige Regel gibt es:

> maskulin sind Substantive auf -*тель:* учи́тель, предпринима́тель (Unternehmer);
> feminin sind Substantive auf -*ость, -асть:* но́вость, о́бласть.

Makuline Personenbezeichnungen, die auf -*a* bzw. -*я* enden, behalten ihr n a -türliches, d.h. maskulines Geschlecht, obwohl sie nach der 2. Deklination dekliniert werden, z.B.:

1.	мой па́па	наш Воло́дя
2.	моего́ па́пы	на́шего Воло́ди
3.	моему́ па́пе	на́шему Воло́де
4.	моего́ па́пу	на́шего Воло́дю
5.	мои́м па́пой	на́шим Воло́дей
6.	о моём па́пе	о на́шем Воло́де

Eine besondere Gruppe bilden Substantive der 1. und 2. Deklination mit den Endungen:

санато́р**ий**	ста́нц**ия**
зда́**ние**	
(1. Deklination)	(2. Deklination)

(Ihre Besonderheiten in den Endungen siehe Übersichtstabellen, S. 14 ff)

Fremdwörter auf Vokal werden nicht dekliniert und sind in der Regel Neutra: такси́, бюро́, интервью́, ...
ко́фе ist indeklinabel, aber maskulin;

Aber: о́фис, в о́фисе (dekliniert, weil es auf einen Konsonanten endet)

1.2. Pronominalflexion - Deklination der meisten Pronomina, Adjektive, Partizipien und Ordnungszahlwörter

Die Endungen dieser Flexion (sie umfaßt die meisten Pronomina, Adjektive, Partizipien und Ordnungszahlwörter) sind in allen Fällen außer dem 1. und dem unbelebten 4. Fall gleich. Nur im 1. und im unbelebten 4. Fall unterscheiden sie sich.

Auch in der Pronominalflexion werden harte und weiche Stämme unterschieden, was sich in den Endungen niederschlägt:

	hart	weich	hart	weich
1. Sg.	э́тот, э́то	мо́й, моё	но́вый, но́вое	вне́шний, вне́шнее
2. Sg.	э́того	моего́	но́вого	вне́шнего
1. Sg.	э́та	твоя́	но́вая	вне́шняя
2. Sg.	э́той	твое́й	но́вой	вне́шней

1.3. "Belebt" - "unbelebt"

Der Gegensatz "belebt" (Wörter, die Belebtes bezeichnen) - "unbelebt" (Wörter, die Unbelebtes bezeichnen) betrifft nur maskuline und feminine Wörter (Neutra gelten immer als unbelebt) und wird im 4. greifbar: für Maskulina im 4. Sg. und 4. Pl., für Feminina nur im 4. Pl. Es gilt:

belebt: 4. = 2.	unbelebt: 4. = 1.
Я ви́жу сотру́дника.	Я ви́жу журна́л.
Я ви́жу сотру́дников.	Я ви́жу журна́лы.
Я ви́жу де́вушек.	Я ви́жу газе́ты.
Aber: Я ви́жу де́вушку.	Я ви́жу газе́ту.
Я ви́жу Та́ню.	

1.4. o/e - Regel

Nach -ц- und den Zischlauten -ж-, -ш-; -ч-, -щ- wird unbetontes -o- zu -e-:
Он рабо́тает на на́шем хоро́шем предприя́тии.
Я говорю́ с Ната́шей.
   Aber: Я говорю́ с врачо́м. (betonte Endung, daher -о-)
           Он рабо́тает на большо́м заво́де.

Andererseits zeigt Ihnen -e- nach -ц- und den Zischlauten an, daß es unbetont sein muß, während ein -o- nach -ц- und den Zischlauten immer betont ist.

1.5. ы/и - Regel

Nach den Kehllauten -г-, -к-, -х- und den Zischlauten -ж-, -ш-; -ч-, -щ- schreibt man immer statt -ы- ein -и-.

Achtung Aussprache: nach -г-, -к-, -х- und den weichen -ч-, -щ- wird immer [-и-] gesprochen, nach den harten -ж-, -ш- wird immer [-ы-] gesprochen.

У него нет этой кни**ги**.
Все его товари**щи** живут далеко.
Aber: Там лежат на**ши** каранда**ши**.

Anmerkungen zur 1. Deklination (maskulin, neutrum) Singular (S. 14):

ы/и - Regel:	beim Adjektiv möglich im 1. m. (русский) und 5. m., n. (русским); beim Pronomen möglich im 5. m., n. (нашим, вашим);
o/e - Regel:	beim Pronomen und Adjektiv möglich im 1., 4. n. (наше, ваше, хорошее) und im 2., 3., 6. m., n. (нашего, хорошего, ...); beim Substantiv möglich im 5. m. (с товарищем);
Adjektiv:	последний, последнее —> weich (siehe Weiche Adjektive, S. 63 ff);
Substantiv:	5. m.: mit weichem Stammauslaut und Stammbetonung: -ем (портфелем, музеем, ...); mit weichem Stammauslaut und Endbetonung: -ём (рублём, словарём, ...); auf -ш, -ж, -ц, -ч, -щ: o/e - Regel (S. 12 f, Nr. 1.4.);
	6. m., n.: санатории, предприятии.

Anmerkungen zur 2. und 3. Deklination (feminin) Singular (S. 15):

ы/и-Regel:	im 2. der 2. Dekl. möglich (книги, ...);
o/e-Regel:	im 2., 3., 5., 6. der Pronominalflexion möglich (нашей, хорошей, ..);
Adjektiv:	последняя —> weich (siehe Weiche Adjektive, S. 63 ff);
Subst. der 2. Dekl.:	
5.:	auf weichen Stammauslaut und Stammbetonung: -ей (неделей, станцией, ...) auf weichen Stammauslaut und Endbetonung: -ёй (семьёй, ...) auf -ш, -ж, -ц, -ч, -щ: o/e - Regel (S. 12 f, Nr. 1.4.);
3. und 6.:	von станция: станции.

2. Übersichtstabellen

Sg.	Pronominaldeklination (m., n.)		Nominaldeklination 1. Deklination	
			m.	n.
1.	э́тот, э́то мой, моё наш, на́ше	но́вый, но́вое ру́сский, ру́сское большо́й, большо́е хоро́ший, хоро́шее после́дний, после́днее	партнёр портфе́ль слова́рь музе́й санато́рий	госуда́рство мо́ре сырьё предприя́тие
2.	э́того моего́ на́шего	но́вого ру́сского большо́го хоро́шего после́днего	партнёра портфе́ля словаря́ музе́я санато́рия	госуда́рства мо́ря сырья́ предприя́тия
3.	э́тому моему́ на́шему	но́вому ру́сскому большо́му хоро́шему после́днему	партнёру портфе́лю словарю́ музе́ю санато́рию	госуда́рству мо́рю сырью́ предприя́тию
4.	maskulin: unbelebt: 4. = 1. belebt: 4. = 2. neutrum: 4. = 1.			
5.	э́тим мои́м на́шим	но́вым ру́сским больши́м хоро́шим после́дним	партнёром портфе́лем словарём това́рищем врачо́м музе́ем санато́рием	госуда́рством мо́рем сырьём предприя́тием
6.	э́том моём на́шем	но́вом ру́сском большо́м хоро́шем после́днем	партнёре портфе́ле словаре́ музе́е санато́рии	госуда́рстве мо́ре сырье́ предприя́тии

Feminina

Sg.	Pronominalflexion		Nominalflexion	
			2. Dekl.	3. Dekl.
1.	э́та моя́ на́ша	но́вая ру́сская больша́я хоро́шая после́дняя	ла́мпа кни́га неде́ля семья́ ста́нция	пло́щадь
2.	э́той мое́й на́шей	но́вой ру́сской большо́й хоро́шей после́дней	ла́мпы кни́ги неде́ли семьи́ ста́нции	пло́щади
3.	э́той мое́й на́шей	но́вой ру́сской большо́й хоро́шей после́дней	ла́мпе кни́ге неде́ле семье́ ста́нции	пло́щади
4.	э́ту мою́ на́шу	но́вую ру́сскую большу́ю хоро́шую после́днюю	ла́мпу кни́гу неде́лю семью́ ста́нцию	пло́щадь
5.	э́той мое́й на́шей	но́вой ру́сской большо́й хоро́шей после́дней	ла́мпой кни́гой неде́лей семьёй ста́нцией	пло́щадью
6.	э́той мое́й на́шей	но́вой ру́сской большо́й хоро́шей после́дней	ла́мпе кни́ге неде́ле семье́ ста́нции	пло́щади

Plural

	Pronominalflexion		Nominalflexion		
		m.		f.	n.
1.	э́ти мой на́ши	но́вые ру́сские больши́е хоро́шие после́дние	столы́ уче́бники словари́ музе́и санато́рии	ла́мпы кни́ги неде́ли се́мьи ста́нции пло́щади	госуда́рства моря́ зда́ния
2.	э́тих мои́х на́ших	но́вых ру́сских больши́х хоро́ших после́дних	столо́в уче́бников словаре́й музе́ев санато́риев	ламп книг неде́ль семе́й ста́нций площаде́й	госуда́рств море́й зда́ний
3.	э́тим мои́м на́шим	но́вым ру́сским больши́м хоро́шим после́дним	стола́м уче́бникам словаря́м музе́ям санато́риям	ла́мпам кни́гам неде́лям се́мьям ста́нциям площадя́м	госуда́рствам моря́м зда́ниям
4.		unbelebt: belebt:	= =	1. 2.	
5.	э́тими мои́ми на́шими	но́выми ру́сскими больши́ми хоро́шими после́дними	стола́ми уче́бниками словаря́ми музе́ями санато́риями	ла́мпами кни́гами неде́лями се́мьями ста́нциями площадя́ми	госуда́рствами моря́ми зда́ниями
6.	э́тих мои́х на́ших	но́вых ру́сских больши́х хоро́ших после́дних	стола́х уче́бниках словаря́х музе́ях санато́риях	ла́мпах кни́гах неде́лях се́мьях ста́нциях площадя́х	госуда́рствах моря́х зда́ниях

Anmerkungen:

Substantiv: gleiche Endungen für alle drei Geschlechter im 3., 5., 6.;
Adjektiv: gleiche Endungen für alle drei Geschlechter;
Pronomina: bei allen Pronomina wird im Plural der Stammauslaut weich, gleiche Endungen für alle drei Geschlechter;
ы/и - Regel (S. 13, Nr. 1.5.): in allen Fällen beim Adjektiv und im 1. und 4. beim Substantiv möglich;
Adjektiv: после́дние —> weich (siehe Weiche Adjektive, S. 63 ff).

2 Setzen Sie die Ausdrücke in der richtigen Form ein!
   Muster:
   Наша фирма расположена рядом с / со _____ .
   1. большая фабрика

   —> Наша фирма расположена рядом с большой фабрикой.

2.1. Наша фирма расположена рядом с / со _____ .

1. большая фабрика
2. хороший ресторан
3. станция метро
4. хорошая столовая
5. старое здание
6. Красная площадь
7. новый санаторий
8. автобусная остановка
9. большой автозавод
10. совместное предприятие

2.2. Наша фирма расположена недалеко от _____ .

1. большая фабрика
2. хороший ресторан
3. станция метро
4. хорошая столовая
5. старое здание
6. Красная площадь
7. новый санаторий
8. автобусная остановка
9. большой автозавод
10. совместное предприятие

2.3. Мы лично знакомы с (со) _____ .

1. представители этой фирмы
2. наши конкуренты
3. сотрудники
4. наш директор
5. этот хороший товарищ
6. наши партнёры
7. Сергей Петрович
8. этот новый сотрудник
9. представитель этой фирмы
10. Наталья Сергеевна

2.4. Вчера она звонила _____ .

1. знакомые
2. новый сотрудник
3. Юлия Петровна
4. фирма-партнёр
5. предприятие фирмы-партнёра
6. свой партнёр
7. коллега по работе
8. директор фирмы
9. Сергей Петрович
10. наш новый сотрудник
11. представитель этой фирмы
12. Наталья Сергеевна

2.5. Вчера мы видели _____ .

1. наш коллега
2. ваши сотрудники
3. тётя Анна
4. дядя Борис
5. наши партнёры
6. новый представитель фирмы
7. маленький Саша
8. наш дедушка
9. наши коллеги
10. ваш сотрудник
11. Наталья Сергеевна
12. Мария Павловна

2.6. **Мы были у** _____ .

1. маленький Саша
2. наш дедушка
3. наша бабушка
4. тётя Анна
5. дядя Борис
6. Алексей Михайлович
7. новый сотрудник
8. наши партнёры

2.7. **Мы принимаем участие в** _____ .

1. совместное предприятие
2. эта выставка
3. международные ярмарки
4. это крупное строительство
5. финансирование проекта
6. эти выставки

2.8. **На прошлой неделе мы были в / на** _____ .

1. Красная площадь
2. этот новый санаторий
3. это совместное предприятие
4. новая фабрика
5. хороший буфет
6. новый ресторан
7. наша столовая
8. горы
9. этот универмаг
10. частное предприятие
11. красивое озеро
12. Большой театр
13. Украина
14. Германия
15. Русский музей
16. Англия
17. это малое предприятие
18. крупный завод

2.9. **Там много** _____ .

1. иностранный автомобиль
2. маленькое государство
3. акционерное общество
4. хороший санаторий
5. малое предприятие
6. крупный завод
7. новая фирма
8. красивое здание
9. большая фабрика
10. совместное предприятие

3 Setzen Sie die fehlenden Endungen ein.

- Слушаю...
- Здравствуйте. Это говорит Штур из австрийск-____ торгпредств-____ . Будьте добры, позовите, пожалуйста, к телефон-____ господин-____ Михалков-____ .
- Простите, кого позвать?
- Михалков-____ Серге-____ Петрович-____ .
- Так-____ у нас нет. Вы, кажется, ошиблись номер-____ .
- Ваш номер 256-38-76?
- Нет, 256-83-76.
- Тогда извините, пожалуйста.
- Пожалуйста.

4 Können Sie den Dialog wiederherstellen?

- Фи́рма «Бе́ргер», Хофма́нн у телефо́н-____.
- Здра́вствуйте, господи́н Хофма́нн. Это Волы́гин говори́т.
- Здра́вствуйте, господи́н Волы́гин, о́чень рад вас слы́шать. Вы уже́ получи́ли на́ш-____ предложе́ни-____?
- Да, спаси́бо, вчера́ мне переда́ли. Поэ́тому я и звоню́. Вы предлага́ете поста́вить эт-____ па́рти-____ через два ме́сяца. Это о́чень по́здно.
- Понима́ю. Вам ну́жно, что́бы сро́ки поста́вк-____ сократи́лись. А с друг-____ усло́ви-____ на́шего предложе́ни-____ вы согла́сны?
- Да. А когда́ вы смо́жете мне сообщи́ть относи́тельно сро́к-____ поста́вк-____?
- Я сра́зу же свяжу́сь по те́лекс-____ с Австри-____ и наде́юсь, что смогу́ дать вам то́чный отве́т за́втра или послеза́втра.
- Хорошо́, жду ва́ш-____ звонк-____, до свида́ни-____.
- До свида́ни-____, господи́н Волы́гин.

5 Können Sie den Dialog wiederherstellen?

- Госпожа́ Бе́ргер, познако́мьтесь, э́то Па́вел Алексе́евич Шу́бин, нача́льник отде́л-____.
- Очень ра́да с ва́ми познако́миться.
- Очень прия́тно. Ита́к, вы предложи́ли нам поста́вк-____ компью́тер-____ на сентя́бр-____. Зна́ете, они́ нам кра́йне нужны́ ра́ньше. Не могли́ бы вы пойти́ нам навстре́чу?
- Я говори́ла на дн-____ с на́ш-____ фи́рм-____ и могу́ сообщи́ть, что мы смо́жем вам помо́чь. Мы поста́вим вам э́т-____ па́рти-____ компью́тер-____ уже́ в а́вгуст-____, не по́зже 21-го.
- А ра́ньше, ска́жем, в ию́ле вы не смо́жете?
- Втора́я полови́на а́вгуста, господи́н Шу́бин, э́то, как мне сказа́ли, са́мое ра́ннее.
- Ви́дите ли, госпожа́ Бе́ргер, мы получи́ли предложе́ни-____ на компью́тер-____ и от брита́нск-____ фи́рм-____. Они́ могли́ бы поста́вить э́т-____ па́рти-____ до 31-го ию́ля. Я хоте́л сказа́ть вам об э́том, потому́ что мы с ва́ми уже́ давно́ сотру́дничаем.
- Бо́льш-____ спаси́бо, господи́н Шу́бин. Я постара́юсь ещё сего́дня дать вам оконча́тельн-____ отве́т-____.
- Хорошо́. Зна́чит, вы нам за́втра позвони́те. До свида́ни-____.
- До свида́ни-____, господи́н Шу́бин.

3. Das Personalpronomen (Persönliches Fürwort)

1.	я	ты	он / оно́	она́	мы	вы	они́
2.	меня́	тебя́	его́ у него́*	её у неё*	нас	вас	их у них*
3.	мне	тебе́	ему́ к нему́*	ей к ней*	нам	вам	им к ним*
4.	меня́	тебя́	его́ на него́*	её на неё*	нас	вас	их на них*
5.	мной	тобо́й	им с ним*	ей с ней*	на́ми	ва́ми	и́ми с ни́ми*
6.	обо мне́	о тебе́	о нём*	о ней*	о нас	о вас	о них*

* Tritt vor ein Personalpronomen der 3. Person Sg. oder Pl. eine Präposition, so bekommt das Personalpronomen einen *н*- Vorschlag.

6 Antworten Sie bejahend.

6.1. Вы сего́дня уже́ ви́дели _____ ? / дире́ктор
   Muster: —> -Вы сего́дня уже́ ви́дели дире́ктора?
              -Да, я его́ уже́ ви́дел.

   1. Татья́на Па́вловна   2. наш партнёр
   3. колле́ги   4. сотру́дники
   5. замести́тель дире́ктора   6. представи́тель фи́рмы
   7. Евге́ний Серге́евич   8. Ю́лия Петро́вна

6.2. Вы уже́ говори́ли с _____ ? / дире́ктор
   Muster: —> -Вы уже́ говори́ли с дире́ктором?
              -Да, я с ним уже́ говори́л.

   1. Татья́на Па́вловна   2. наш партнёр
   3. колле́ги   4. сотру́дники
   5. замести́тель дире́ктора   6. представи́тель фи́рмы
   7. Евге́ний Серге́евич   8. Ю́лия Петро́вна

6.3. Вы уже звони́ли _____ ? / дире́ктор
   Muster: —> -Вы уже́ звони́ли дире́ктору?
              -Да, я ему́ уже́ звони́л.

   1. Татья́на Па́вловна   2. наш партнёр
   3. колле́ги   4. сотру́дники
   5. замести́тель дире́ктора   6. представи́тель фи́рмы
   7. Евге́ний Серге́евич   8. Ю́лия Петро́вна

6.4. Что вы узнáли о _____? / дирéктор

Muster: —> -Что вы узнáли о дирéкторе?
-К сожалéнию, я о нём ничегó не узнáл.

1. Татьяна Пáвловна
2. наш партнёр
3. коллéги
4. сотрýдники
5. замести́тель дирéктора
6. представи́тель фи́рмы
7. Евгéний Сергéевич
8. Юлия Петрóвна

7 Können Sie den Dialog wiederherstellen?

- Каки́е у _____ плáны на суббóту и воскресéнье?
- Мой коллéга по фи́рме обещáл _____ экскýрсию по Москвé. В суббóту у _____ бýдет маши́на с шофёром.
- А что вы хоти́те осмотрéть?
- Он обещáл показáть _____ нéкоторые достопримечáтельности гóрода. Я ведь гóрод почти́ совсéм не знáю. Знáю Крáсную плóщадь, Тверскýю ýлицу и вот э́тот проспéкт ... Как он называ́ется? На _____ нахóдится стáрое здáние университéта.
- Вы имéете в видý Моховýю ýлицу.
- Да, да. Он сказáл, что покáжет _____ достопримечáтельности, котóрые нахóдятся не в цéнтре.
- Тогдá желáю _____ удáчи.

4. Die Fragepronomina: wer, was - кто, что

1.	кто	что
2.	когó	чегó
3.	комý	чемý
4.	когó	что
5.	кем	чем
6.	о ком	о чём

! Achtung: кем, чем !

8 Sie haben Ihren Gesprächspartner schlecht verstanden, fragen Sie nach.

Muster: -Вчерá я познакóмилась **с Ни́ной Влади́мировной**.
—> -Прости́те, с кем?
—> -С Ни́ной Влади́мировной.

1. -Мы, к сожалéнию, не договори́лись **об усло́виях поста́вки**.
2. -Наш дирéктор соглáсен **с э́тими гаранти́йными усло́виями**.
3. -Я тóлько что позвони́л **Влади́миру Сергéевичу**.
4. -Óчень интерéсно, что пи́шут **о нáшем партнёре**.
5. -Мы ужé давнó сотрýдничаем **с америкáнскими партнёрами**.
6. -Вы что-нибýдь слы́шали **о нáшем нóвом сотрýднике**?
7. -Они́ óчень заинтересóваны **в сотрýдничестве**.
8. -Он мнóго интерéсного рассказáл **об э́том предприя́тии**.
9. -На прóшлой недéле мы бы́ли на завóде **у нáших нóвых партнёров**.
10. -Я послáл факс **Леони́ду Михáйловичу**.

Verbformen

Erinnern wir uns an die zentralen Daten des russischen Verbs:
- es wird konjugiert (zur Bildung der Verformen siehe S. 31 ff),
- es hat drei Zeiten [Präsens, Präteritum, Futur (zur Bildung der Zeiten siehe S. 33 ff); häufige Verben mit einer anderen Präteritalendung als -л werden in der Liste der häufigsten Verben, S. 27 ff, angeführt],
- es weist vier Partizipien (siehe S. 110 ff) und zwei Partizipialadverbien (siehe S. 119 ff) auf,
- es hat nur eine Konjunktivform (siehe S. 150),
- fast alle Verben treten in einem unvollendeten (imperfektiven) und in einem vollendeten (perfektiven) Aspekt auf (siehe S. 88 ff),
- die Passivbildung (siehe S. 151 f) ist nicht von allen Verben möglich,
- eine Reihe von Verben verlangt einen anderen Fall nach sich als das entsprechende deutsche Verb (vgl.: Он хорошо владéет рýсским языкóм. Siehe auch Genitiv, S. 153 ff; Dativ, S. 156 ff; Instrumental, S. 160 ff).

Da sich die Betonung auf Grund des freien Akzents im Russischen einer kurzgefaßten Darstellung entzieht, wird auf Betonungsregeln verzichtet.

Aus rein praktischen Gründen teilen wir die Verben in drei Gruppen:
1. Verben der e-Konjugation
2. Verben der i-Konjugation
3. häufigste Verben mit "schwierigeren" Formen und unregelmäßige Verben

In der Liste der häufigsten Verben mit "schwierigeren" Formen und unregelmäßigen Verben (S. 27 ff) werden die häufigsten Verben der 3. Gruppe angeführt.

Gibt es in einem Verb zwei verschiedene Betonungsvarianten, werden beide Betonungsstellen angezeigt.

In der Liste der häufigsten Verben werden folgende Verbformen angeführt: Infinitiv, 1., 2. Person Sg., 3. Person Pl; Imperativ; m. Präteritum (wenn die anderen Präteritalformen andere Betonung als die männliche Form aufweisen, werden auch sie angeführt); Partizipium Präteritum Passiv bei transitiven Verben des vollendeten Aspekts (genauer siehe: Partizipium, S. 114 ff); Hinweis auf den Aspekt, deutsche Bedeutung, anderer Aspekt, in einigen Fällen Hinweise zu ähnlichen Wortgruppen und Wortverbindungen.

— bedeutet, daß diese Form nicht existiert.
(достúгни!) bedeutet, daß dieser Imperativ sehr selten ist.

1. Verben der e-Konjugation

1.1. Verben des Typs: -ать: -аю, -аешь, -ают / -ять: -яю, -яешь, -яют

рабо́тать: рабо́таю, рабо́таешь, рабо́тают; рабо́тай! рабо́тал (uv., arbeiten)
повторя́ть: повторя́ю, повторя́ешь, повторя́ют; повторя́й! повторя́л
(uv., wiederholen, v.: повтори́ть)

1.2. Verben des Typs: -овать: -ую, -уешь, -уют

путеше́ствовать: путеше́ствую, путеше́ствуешь, путеше́ствуют;
путеше́ствуй! путеше́ствовал (uv., reisen)
рисова́ть: рису́ю, рису́ешь, рису́ют; рисова́л (uv., zeichnen)
торгова́ть: торгу́ю, торгу́ешь, торгу́ют; торгу́й! торгова́л (uv., handeln)
танцева́ть: танцу́ю, танцу́ешь, танцу́ют; танцу́й! танцева́л (uv., tanzen)

1.3. Verben des Typs: -ава́ть: -аю́, -аёшь, -аю́т

встава́ть: встаю́, встаёшь, встаю́т; встава́й! встава́л (uv., aufstehen;
v. siehe 3.: встать)
дава́ть (uv., geben; v. siehe 3.: дать)
  задава́ть [uv., aufgeben; stellen (eine Frage)], v. siehe 3.: зада́ть)
  передава́ть (uv., übergeben; senden; v. siehe 3.: переда́ть
  преподава́ть (uv., unterrichten - преподава́ть кому́ что: Он преподаёт
  студе́нтам ру́сский язы́к.)
  продава́ть (uv., verkaufen; v.: siehe 3.: прода́ть)
узнава́ть (uv., in Erfahrung bringen, sich erkundigen; v.: узна́ть: erfahren;
erkennen)
устава́ть (uv., ermüden; v. siehe 3.: уста́ть)

1.4. Verben der Typs: -нуть: -ну, -нёшь (-нешь), -нут

верну́ться: верну́сь, вернёшься, верну́тся; верни́сь! верну́лся
(v., zurückkehren, uv.: возвраща́ться)
дости́гнуть: дости́гну, дости́гнешь, дости́гнут; (дости́гни!) дости́г,
дости́гла, дости́гли; PPP: дости́гнутый (v., erreichen,
uv.: достига́ть) (~ + 2.: Они́ дости́гли свое́й це́ли.) (siehe auch 3.)
исче́знуть: исче́зну, исче́знешь, исче́знут; исче́зни! исче́з, исче́зла,
исче́зли (v., verschwinden, uv.: исчеза́ть) (siehe auch 3.)
отдохну́ть: отдохну́, отдохнёшь, отдохну́т; отдохни́! отдохну́л
(v., sich erholen, uv.: отдыха́ть)
поги́бнуть: поги́бну, поги́бнешь, поги́бнут; (поги́бни!), поги́б,
поги́бла, поги́бли (v., umkommen, uv.: погиба́ть) (siehe auch 3.)

1.5. Verben des Typs: -е́ть: -е́ю, -е́ешь, -е́ют

уме́ть: уме́ю, уме́ешь, уме́ют; — ! уме́л (uv., können, v.: суме́ть)
боле́ть (uv., krank sein an + Instr.; v.: заболе́ть - Он боле́ет / заболе́л
гри́ппом.)

вы́здороветь: вы́здоровею, вы́здоровеешь, вы́здоровеют; — !
вы́здоровел (v., gesund werden, uv.: выздора́вливать;
"Genesungswünsche" nur im uv.: выздора́вливай!)
успе́ть (v., rechtzeitig kommen; zurechtkommen; sich (zeitlich) ausgehen;
Erfolg haben, uv.: успева́ть)

1.6. Verben der e-Konjugation mit Lautwandel (durchgehend in allen Personen) des Typs: -ать: -у, -ешь, -ут

1.6.1. з - ж

~каза́ть: ~кажу́, ~ка́жешь, ~ка́жут; ~кажи́! ~каза́л; PPP: -ка́занный
(uv.: ~ка́зывать)
каза́ться (uv., scheinen, v.: показа́ться); Мне ка́жется, что ...
заказа́ть (v., bestellen, uv.: зака́зывать); PPP: зака́занный
показа́ть (v., zeigen, uv.: пока́зывать); PPP: пока́занный
рассказа́ть (v., erzählen, uv.: расска́зывать)
сказа́ть (v., sagen, uv.: говори́ть); PPP: ска́занный
связа́ть: свяжу́, свя́жешь, свя́жут; свяжи́! связа́л; PPP: свя́занный
(v., verbinden, uv.: свя́зывать)
связа́ться: свяжу́сь, свя́жешься, свя́жутся; свяжи́сь! связа́лся (v., sich
in Verbindung setzen, uv.: свя́зываться)

1.6.2. к - ч

пла́кать: пла́чу, пла́чешь, пла́чут; не плачь! пла́кал (uv., weinen,
v.: запла́кать)

1.6.3. с - ш

писа́ть: пишу́, пи́шешь, пи́шут; пиши́! писа́л; PPP: напи́санный
(uv., schreiben, v.: написа́ть)

1.6.4. ск - щ

иска́ть: ищу́, и́щешь, и́щут; ищи́! иска́л (uv., suchen)

2. Verben der i-Konjugation

2.1. Verben des Typs: -ить: -ю, -ишь, -ят

говори́ть: говорю́, говори́шь, говоря́т; говори́! говори́л [uv., sprechen,
sagen, v.: поговори́ть (sprechen), сказа́ть (sagen)]

2.2. Verben des Typs: -еть: -ю, -ишь, -ят

боле́ть: nur 3. Person: боли́т, боля́т; — !; боле́л (uv., schmerzen, weh tun,
v.: заболе́ть): У меня́ боли́т голова́. Вдруг у меня́ заболе́ла голова́.
смотре́ть: смотрю́, смо́тришь, смо́трят; смотри́! смотре́л (uv., schauen,
v.: посмотре́ть)

2.3. Verben des Typs: -ать: -у, -ишь, -ат / -ять: -ю, -ишь, -ят

бояться: боюсь, бойшься, боятся; не бойся! боялся (uv., sich fürchten; + 2.: Я боюсь собак.)

держать: держу, держишь, держат; держи! держал (uv., halten)
поддержать (v., unterstützen, uv.: поддерживать)

лежать: лежу, лежишь, лежат; лежи! лежал (uv., liegen)

слышать: слышу, слышишь, слышат; — ! слышал; PPP: услышанный (uv., hören, v.: услышать)

спать: сплю, спишь, спят; спи! спал, спала, спали (uv., schlafen, vgl. auch 2.4.4.)

стоять: стою, стоишь, стоят; стой! стоял (uv., stehen, vgl.: состояться)

2.4. Verben der i-Konjugation mit Lautwandel
(Lautwandel nur in der 1. Person Sg.)

2.4.1. б - бл

любить: люблю, любишь, любят; люби! любил (uv., lieben, v.: полюбить)

2.4.2. в - вл

готовить: готовлю, готовишь, готовят; готовь! готовил; PPP: при- / подготовленный (uv., vorbereiten; fertigmachen; kochen, v.: приготовить - kochen; fertigmachen; подготовить - vorbereiten (Vorbereitungsarbeit leisten)

остановить: остановлю, остановишь, остановят; останови! остановил; PPP: остановленный (v.: jemanden anhalten, uv.: останавливать)

остановиться: остановлюсь, остановишься, остановятся; остановись! остановился [v.: stehenbleiben; (im Hotel) absteigen, uv.: останавливаться]

поздравить: поздравлю, поздравишь, поздравят; поздравь! поздравил (v., beglückwünschen, gratulieren, uv.: поздравлять, ~ кого с чем (с кем): Поздравляю вас с днём рождения и желаю вам всего хорошего.)

ставить: ставлю, ставишь, ставят; ставь! ставил; PPP: поставленный (uv., stellen, v.: поставить)

становиться: становлюсь, становишься, становятся; становись! становился [uv., sich stellen; werden, v.: стать (siehe 3.), vgl. auch: остановиться]

2.4.3. м - мл

знакомиться: знакомлюсь, знакомишься, знакомятся; знакомься, знакомьтесь! знакомился (uv., sich bekanntmachen, v.: познакомиться)

2.4.4. п - пл

выступить: выступлю, выступишь, выступят; выступи! выступил (v., auftreten, uv.: выступать)

купить: куплю, купишь, купят; купи! купил; PPP: купленный (v., kaufen, uv.: покупать)

поступи́ть: поступлю́, посту́пишь, посту́пят; поступи́! поступи́л
(v., eintreten, uv.: поступа́ть)

спать: сплю, спишь, спят; спи! спал, спала́, спа́ли (uv., schlafen, siehe auch 2.3.)

2.4.5. д - ж

буди́ть: бужу́, бу́дишь, бу́дят; буди́! буди́л (uv., (auf-) wecken, v.: разбуди́ть)

ви́деть: ви́жу, ви́дишь, ви́дят; — ! ви́дел (uv., sehen, v.: уви́деть)

води́ть: вожу́, во́дишь, во́дят; води́! води́л (Verb der Fortbewegung)

е́здить: е́зжу, е́здишь, е́здят; (е́зди!) е́здил (Verb der Fortbewegung)

сади́ться: сажу́сь, сади́шься, садя́тся; сади́сь! сади́лся (uv., sich setzen, v.: siehe 3.: сесть)

сиде́ть: сижу́, сиди́шь, сидя́т; сиди́! сиде́л (uv., sitzen)

ходи́ть: хожу́, хо́дишь, хо́дят; ходи́! ходи́л (Verb der Fortbewegung)

2.4.6. с - ш

висе́ть: 1. und 1. Person ungebräuchlich, виси́т, вися́т; (виси́!) висе́л (uv., hängen, intransitiv)

зави́сеть: зави́шу, зави́сишь, зави́сят; — ! зави́сел (uv., abhängen (von - от + 2.)

носи́ть: ношу́, но́сишь, но́сят; носи́! носи́л (Verb der Fortbewegung)

пове́сить: пове́шу, пове́сишь, пове́сят; пове́сь! пове́сил [v., hinhängen (trans.), uv.: ве́шать]

пригласи́ть: приглашу́, пригласи́шь, приглася́т; пригласи́! пригласи́л; PPP: приглашённый (v., einladen, uv.: приглаша́ть)

проси́ть: прошу́, про́сишь, про́сят; проси́! проси́л (uv., bitten, v.: попроси́ть)

спроси́ть: спрошу́, спро́сишь, спро́сят; спроси́! спроси́л; PPP: спро́шенный (v., fragen, uv.: спра́шивать)

2.4.7. ст - щ

спусти́ться: спущу́сь, спу́стишься, спу́стятся, спусти́сь! спусти́лся (v., "sich hinunterbewegen", uv.: спуска́ться)

2.4.8. т - ч

встре́тить(ся): встре́чу(сь), встре́тишь(ся), встре́тят(ся); встре́ть(ся), встре́тьте(сь)! встре́тил(ся); PPP: встре́ченный [v., (sich) treffen, uv.: встреча́ть(ся)]

лете́ть: лечу́, лети́шь, летя́т; лети́! лете́л (Verb der Fortbewegung)

отве́тить: отве́чу, отве́тишь, отве́тят; отве́ть! отве́тил (v., antworten, uv.: отвеча́ть)

свети́ть: 1. und 2. Person ungebräuchlich: со́лнце све́тит, свети́ло (uv., scheinen, v.: засвети́ть - zu scheinen beginnen)

2.4.9. т - щ

обрати́ть(ся): обращу́(сь), обрати́шь(ся), обратя́т(ся); обрати́(сь)! обрати́л(ся) [v., (sich) wenden, uv.: обраща́ть(ся)]

3. Liste der häufigsten Verben mit "schwierigeren" Formen und unregelmäßige Verben

бить: бью, бьёшь, бьют; бей! бил (uv., schlagen, v.: побить)
  добиться: добьюсь, добьёшься, добьются; добейся! добился (v., erringen, erreichen, uv.: добиваться) (~ + 2.: Они добились повышения зарплаты. Sie erreichten eine Gehaltserhöhung.)
  разбить (v., zerschlagen, uv. разбивать); PPP: разбитый
  убить (v., töten, uv. убивать); PPP: убитый
бороться: борюсь, борешься, борются; борись! боролся (uv., kämpfen)
брать: беру, берёшь, берут; бери! брал, брала, брали; PPP: ~бранный (uv., nehmen, v.: взять, siehe 3. Gruppe)
  выбрать: выберу, выберешь, выберут; выбери! выбрал; PPP: выбранный (v., wählen, uv.: выбирать)
  собрать (v., sammeln, uv.: собирать); PPP: собранный
  собраться (v., sich versammeln, uv.: собираться)
  убрать (v., wegnehmen; aufräumen, uv.: убирать); PPP: убранный
быть: буду, будешь, будут; будь! был, была, было; были (uv., sein)
  забыть: забуду, забудешь, забудут; забудь! забыл, забыла; забыли; PPP: забытый (v., vergessen, uv.: забывать)
везти: везу, везёшь, везут; вези! вёз, везла, везли; PPP: ~везённый (uv., etwas fahren, transportieren, Verb der Fortbewegung)
  ввезти (v., einführen, importieren, uv.: ввозить); PPP: ввезённый
  вывезти: вывезу, вывезешь, вывезут; вывез, вывезла; PPP: вывезенный (v., ausführen, exportieren, uv.: вывозить)
вести: веду, ведёшь, ведут; веди! вёл, вела, вели; PPP: ~ведённый (uv., führen, Verb der Fortbewegung)
  провести (v., durchführen, uv.: проводить)
  произвести (v., erzeugen, herstellen, uv.: производить)
взять: возьму, возьмёшь, возьмут; возьми! взял, взяла; взяли; PPP: взятый (v., nehmen, uv. siehe 3.: брать)
возрасти: siehe 3.: расти
встать: встану, встанешь, встанут; встань! встал (v., aufstehen, uv.: вставать; vgl.: остаться, перестать, стать, устать)
вырасти: siehe 3.: расти
вычесть: вычту, вычтешь, вычтут; вычти! вычел, вычла; PPP: вычтенный (v., subtrahieren, abziehen, uv.: вычитать)
дать: дам, дашь, даст, дадим, дадите, дадут; дай! дал, дала, дало, дали; PPP: данный (v., geben, uv.: давать)
  передать (v., übergeben; senden, uv.: передавать); PPP: переданный
  удаться (v., gelingen, nur 3. Person üblich: удастся, удалось: Нам удалось сократить условия поставки.)
двигаться: двигаюсь / движусь, двигаешься / движешься, двигаются / движутся; двигайся! двигался (uv., sich bewegen, vorwärts kommen, v.: двинуться)
~деть: ~дену, ~денешь, ~денут; день! ~дел; PPP: ~ детый
  надеть (v., etwas anziehen, uv.: надевать)

одéть (v., jemanden anziehen, uv.: одевáть)
одéться (v., sich anziehen, uv.: одевáться)
раздéться (v., sich ausziehen, ablegen, uv.: раздевáться)

добúться: siehe 3.: ~бить

достúгнуть / достúчь: достúгну, достúгнешь, достúгнут; (достúгни!) достúг, достúгла, достúгли; PPP: достúгнутый (v., erreichen, uv.: достигáть) (~ + 2.: Онú достúгли своéй цéли.)

дуть: дýю, дýешь, дýют; дуй! дул (uv., wehen, blasen)

есть: ем, ешь, ест, едúм, едúте, едя́т; ешь! ел (uv., essen, v.: съесть, поéсть)

éхать: éду, éдешь, éдут; поезжáй! éхал (Verb der Fortbewegung)

ждать: жду, ждёшь, ждут; жди! ждал, ждалá; ждáли (uv., warten, v.: подождáть; ~ + 2. / 4.: Он ждёт Вúктора. Онá ждёт автóбус. Он ждёт отвéта.)

жить: живý, живёшь, живýт; живú! жил, жилá; жúли (uv., leben, vgl.: плыть)

закры́ть siehe 3.: ~крыть

звать: зовý, зовёшь, зовýт; зовú! звал, звалá; звáли [uv., rufen (heißen: Как вас зовýт?), v.: позвáть: Позовúте к телефóну Сергéя Петрóвича, пожáлуйста!)
 вы́звать: вы́зову, вы́зовешь, вы́зовут; вы́зови! PPP: вы́званный (v., hervorrufen, uv.: вызывáть)
 назвáть (v., nennen, uv.: называ́ть)

идтú: идý, идёшь, идýт; идú! шёл, шла; шли (Verb der Fortbewegung)

изобрестú: изобретý, изобретёшь, изобретýт; изобретú! изобрёл, изобрелá, изобрелú (v., erfinden, eine Erfindung machen, uv.: изобретáть)

исчéзнуть: исчéзну, исчéзнешь, исчéзнут; исчéзни! исчéз, исчéзла, исчéзли (v., verschwinden, uv.: исчезáть)

класть: кладý, кладёшь, кладýт; кладú! клал, клалá; клáли (uv., hinlegen, v.: положúть)

красть: крадý, крадёшь, крадýт; крадú! крал, крáла, крáли; PPP: крáденный (uv., stehlen, v.: украсть)

~крыть: ~крóю, ~крóешь, ~крóют; ~крой! ~крыл; PPP: ~кры́тый
 закры́ть (v., schließen, uv.: закрывáть)
 откры́ть (v., öffnen, uv.: открывáть)
 покры́ть (v., bedecken, uv.: покрывáть)

лечь: ля́гу, ля́жешь, ля́гут; ляг! лёг, леглá; леглú (v., sich legen, uv.: ложúться; vgl.: сесть)

мочь: могý, мóжешь, мóжет, мóжем, мóжете, мóгут; — ! мог, моглá; моглú (uv., können, v.: смочь)
 помóчь [v., helfen (Imperativ: помогú!), uv.: помогáть]

надéть: siehe: ~деть

надéяться: надéюсь, надéешься, надéются; надéйся! надéялся (uv., hoffen)

начáть: начнý, начнёшь, начнýт; начнú! нáчал, началá; нáчали; PPP: нáчатый [v., beginnen (trans.), uv.: начинáть]

начаться: 1. und 2. Person ungebräuchlich; начнётся, начнутся; — !
    начался, началась, начались [v., beginnen (intrans.), uv.: начинаться]
нести: несу, несёшь, несут; неси! нёс, несла, несли (uv., tragen, Verb der
    Fortbewegung)
  отнестись (v., sich verhalten, uv.: относиться: sich verhalten; gehören)
одеться: siehe 3.: ~деть
остаться: останусь, останешься, останутся; останься! остался
    (v., bleiben, uv.: оставаться, vgl.: встать, перестать, стать, устать)
открыть: siehe: ~крыть
отнестись: siehe 3.: нести
ошибиться: ошибусь, ошибёшься, ошибутся; Не ошибись! ошибся,
    ошиблась, ошиблись (v., sich irren, v.: ошибаться)
пасть: паду, падёшь, падут; пади! пал (v., fallen; moralisch fallen,
    uv.: падать)
  попасть [v., gelangen; (Ziel) treffen, uv.: попадать]
  пропасть (v., verschwinden, uv.: пропадать)
  упасть (v., fallen; uv.: падать)
передать: siehe 3.: ~дать
петь: пою, поёшь, поют; пой! пел (uv., singen, v.: спеть)
пить: пью, пьёшь, пьют; пей! пил, пила; пили (uv., trinken, v.: выпить)
плыть: плыву, плывёшь, плывут; плыви! плыл, плыла; плыли (Verb
    der Fortbewegung; vgl.: жить)
погибнуть: погибну, погибнешь, погибнут; (погибни!), погиб,
    погибла, погибли (v., umkommen, uv.: погибать) (siehe auch 1.4.)
поднять: подниму, поднимешь, поднимут; подними! поднял,
    подняла; подняли; PPP: поднятый (v., "etwas hochbewegen",
    uv.: поднимать)
подняться: поднимусь, поднимешься, поднимутся; поднимись!
    поднялся, поднялась; поднялись (v., "sich hinaufbewegen",
    uv.: подниматься; vgl.: начать, поднять, понять, принять, снять)
помочь: siehe: мочь
понять: пойму, поймёшь, поймут; пойми! понял, поняла; поняли;
    PPP: понятый (v., verstehen, uv.: понимать; vgl.: начать, поднять,
    подняться, принять, снять)
попасть: siehe 3.: пасть
предпочесть: предпочту, предпочтёшь, предпочтут; предпочти!
    предпочёл, предпочла; предпочли (v., vorziehen, uv.: предпочитать)
принять: приму, примешь, примут; прими! принял, приняла;
    приняли; PPP: принятый [v., annehmen; empfangen (~ душ: duschen;
    ~ лекарство: ein Medikament einnehmen), uv.: принимать;
    vgl.: начать, поднять, подняться, понять, снять]
приобрести: приобрету, приобретёшь, приобретут; приобрети! при-
    обрёл, приобрела, приобрели; PPP: приобретённый (v., erweben,
    kaufen, uv.: приобретать); приобрести значение - Bedeutung erlangen
прислать: siehe 3.: слать
провести: siehe 3.: вести
произвести: siehe 3.: вести

пропа́сть: siehe 3.: пасть
разби́ть: siehe 3.: ~бить
разви́ть: разовью́, разовьёшь, разовью́т; разве́й! разви́л, развила́,
  разви́ло; разви́ли; PPP: разви́тый (v., entwickeln, uv.: развива́ть)
разви́ться: 1. und 2. Person ungebräuchlich: разовьётся, разовью́тся; — !
  разви́лся, развила́сь, развило́сь, развили́сь (v., sich entwickeln,
  uv.: развива́ться)
разде́ть(-ся): siehe: ~деть
расти́: расту́, растёшь, расту́т; расти́! рос, росла́, росли́ (uv., wachsen,
  v.: вы́расти)
  возрасти́: (v., anwachsen, steigen, uv.: возраста́ть)
сбере́чь: сберегу́, сбережёшь, сберегу́т; сбереги́! сберёг, сберегла́,
  сберегли́; PPP: сбережённый (v., sparen; aufbewahren, uv.: сберега́ть)
сесть: ся́ду, ся́дешь, ся́дут; сядь! сёл (v., sich setzen, uv.: сади́ться;
  vgl.: лечь)
слать: шлю, шлёшь, шлют; шли! слал (uv., schicken, senden, v.: посла́ть)
вы́слать: вы́шлю, вы́шлешь, вы́шлют; вы́шли! вы́слал;
  PPP: вы́сланный (v., absenden, uv.: высыла́ть)
пересла́ть: (v., übersenden, uv.: пересыла́ть), PPP: пере́сланный
посла́ть: [v., (hin-) senden, schicken, uv.: посыла́ть / слать],
  PPP: по́сланный
присла́ть: [v., (her-) senden, schicken, uv.: присыла́ть],
  PPP: при́сланный
снять: сниму́, сни́мешь, сни́мут; сними́! снял, сняла́; сня́ли;
  PPP: сня́тый (v., ablegen; mieten; fotografieren, uv.: снима́ть;
  vgl.: нача́ть, подня́ть, подня́ться, поня́ть, приня́ть)
собра́ть(-ся): siehe 3.: брать
состоя́ть: 1. und 2. Person ungebräuchlich: состои́т, состоя́т; — ! состоя́л
  (uv., bestehen; ~ в + 5.: bestehen in; ~ из + 2.: bestehen aus)
состоя́ться: состои́тся, состоя́тся; — ! состоя́лся (nur v., stattfinden)
спасти́: спасу́, спасёшь, спасу́т; спаси́! спас, спасла́; спасли́,
  PPP: спасённый (v., retten, bergen, uv.: спаса́ть)
стать: ста́ну, ста́нешь, ста́нут; стань! стал (v., werden; sich stellen,
  uv.: станови́ться; vgl.: встать, оста́ться, переста́ть, уста́ть)
  переста́ть: (v., aufhören, uv.: перестава́ть)
уби́ть: siehe 3.: ~бить
убра́ть: siehe 3.: брать
укра́сть: siehe 3.: красть
умере́ть: умру́, умрёшь, умру́т; умри́! у́мер, умерла́; у́мерли
  (v., sterben, uv.: умира́ть)
умы́ться: умо́юсь, умо́ешься, умо́ются; умо́йся! умы́лся
  (v., sich waschen, uv.: умыва́ться)
упа́сть: siehe 3.: пасть
уста́ть: уста́ну, уста́нешь, уста́нут; (уста́нь!) уста́л (v., ermüden,
  uv.: уставать; Он уста́л: Er ist müde; vgl.: встать, оста́ться, переста́ть,
  стать)

учéсть: учту́, учтёшь, учту́т; учти́! учёл, учла́, учли́; PPP: учтённый
(v., berücksichtigen, uv.: учи́тывать)

хотéть: хочу́, хо́чешь, хо́чет, хоти́м, хоти́те, хотя́т; — ! хотéл
(uv., wollen, v.: захотéть)

цвести́: 1. und 2. Person ungebräuchlich, цветёт, цвету́т; (цвети́!) цвёл, цвела́ (uv., blühen, v.: расцвести́ - erblühen; einen Aufschwung nehmen)

4. Die Bildung der Verbformen vom Infinitiv aus

Die überwiegende Anzahl aller russischen Verben endet im Infinitiv auf:
 -ать / -ять: diese Verben gehören meist der e-Konjugation an
 -ить: diese Verben gehören meist der i-Konjugation an

Daneben gibt es die Endungen:
 -еть: diese Verben können der e-Konjugation oder der i-Konjugation
  angehören)
 -нуть [возни́кнуть (entstehen)]: diese Verben gehören der e-Konjugation an
 -ы́ть (откры́ть): diese Verben gehören der e-Konjugation an
 -ти́ (идти́, пойти́): diese Verben gehören der e-Konjugation an
 -сти́ / -зти́ (вести́, везти́): diese Verben gehören der e-Konjugation an
 -сть / -зть [предпочéсть (vorziehen), лезть (kriechen, klettern)]: diese
  Verben gehören der e-Konjugation an
 -чь (лечь, мочь): diese Verben gehören der e-Konjugation an
 -оть [боро́ться (kämpfen)]: diese Verben gehören der e-Konjugation an

Die Verben der letzten fünf Gruppen weisen meist "schwierigere" Formen auf, betreffen aber nur verhältnismäßig wenige Verben, auch wenn manche von diesen sehr häufig sind [vgl. z.B.: мочь, приобрести́ (erwerben)].

4.1. Die Verben auf *-ать / -ять*

Die überwältigende Mehrzahl dieser Zeitwörter konjugiert: -аю, -аешь, -ают (рабо́тать) bzw. -яю, -яешь, -яют (повторя́ть). Nur verhältnismäßig wenige weichen davon ab.
Es ergibt sich daher folgendes Bild:

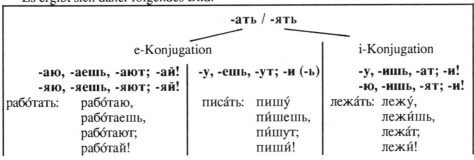

повторя́ть: повторя́ю, повторя́ешь, повторя́ют; повторя́й!		стоя́ть: стою́, стои́шь, стоя́т; сто́й!
	Verben mit Lautwandel.	Viele dieser Verben haben vor dem *-ать* einen Zischlaut [vgl. aber die Verben: слу́шать: слу́шаю, слу́шаешь, слу́шают; продолжа́ть: продолжа́ю, продолжа́ешь, продолжа́ют; продолжа́ться: продолжа́ется, продолжа́ются; уменьша́ть: уменьша́ю, уменьша́ешь, уменьша́ют; ..., die nach der e-Konjugation konjugieren!].
Untergruppe auf *-овать / -евать*: -ую, -уешь, -уют; -уй! приве́тствовать: приве́тствую, приве́тствуешь, приве́тствуют; приве́тствуй! **Untergruppe auf** *-ава́ть*: -аю́, -аёшь, -аю́т; -ава́й! дава́ть: даю́, даёшь, даю́т; дава́й! узнава́ть: узнаю́, узнаёшь, узнаю́т; узнава́й!		

4.2. Die Verben auf *-ить*

Dies ist die zweithäufigste Gruppe. Die überwältigende Mehrheit dieser Zeitwörter wird nach der i-Konjugation konjugiert.

-ить	
e-Konjugation (sehr selten)	**i-Konjugation**
разви́ть: разовью́, разовьёшь, разовью́т; разве́й! жить: живу́, живёшь, живу́т; живи́! Hierher gehören nur ganz wenige Verben.	говори́ть: говорю́, говори́шь, говоря́т; говори́!

4.3. Die Verben auf -еть

Von diesen Zeitwörtern gibt es bedeutend weniger als von Verben auf -ать und -ить. Die meisten davon funktionieren nach dem folgenden Schema:

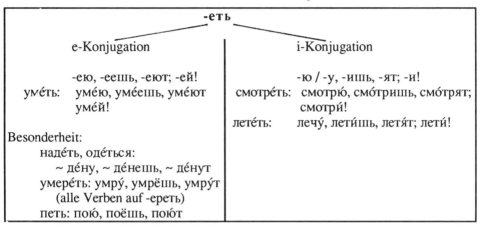

e-Konjugation	i-Konjugation
-ею, -еешь, -еют; -ей!	-ю / -у, -ишь, -ят; -и!
уме́ть: уме́ю, уме́ешь, уме́ют уме́й!	смотре́ть: смотрю́, смо́тришь, смо́трят; смотри́!
	лете́ть: лечу́, лети́шь, летя́т; лети́!
Besonderheit:	
наде́ть, оде́ться:	
~ де́ну, ~ де́нешь, ~ де́нут	
умере́ть: умру́, умрёшь, умру́т	
(alle Verben auf -ереть)	
петь: пою́, поёшь, пою́т	

4.4. Die Verben auf -нуть

Von der Betonung her unterscheiden wir zwei Gruppen:
1. endbetonte Verben: -ну́ть: -ну́, -нёшь, -ну́т; -ни́!
   верну́ться: верну́сь, вернёшься, верну́тся; верни́сь!
2. nichtendbetonte Verben: -ну, нешь, -нут; -ни!
   поги́бнуть: поги́бну, поги́бнешь, поги́бнут; поги́бни! (umkommen)

4.5. Die Verben auf -ыть

Diese außergewöhnlich kleine Gruppe von Zeitwörtern wird nach dem Muster konjugiert:

-ы́ть: -о́ю, -о́ешь, -о́ют; -о́й!
закры́ть: закро́ю, закро́ешь, закро́ют; закро́й!
откры́ть: откро́ю, откро́ешь, откро́ют; откро́й!
мы́ться: мо́юсь, мо́ешься, мо́ются; мо́йся! (sich waschen)

Die Verben auf *-ти́, -сти́, / -зти́, -сть / -зть, -чь, -оть* sind zu uneinheitlich, um gesondert dargestellt zu werden (ihre Formen siehe Verben mit "schwierigeren" Formen und unregelmäßige Verben, S. 27 ff).

5. Die Bildung der Zeiten

5.1. Die Bildung des Präsens

Es wird durch die konjugierten Formen des unvollendeten Verbs gebildet: Он сейча́с говори́т по телефо́ну.

5.2. Die Bildung des Futurums

im unvollendeten Aspekt: die Formen von бу́ду, ... + unvollendeter Infinitiv:
Мы бу́дем отдыха́ть на мо́ре.

im vollendeten Aspekt: die konjugierten Formen des vollendeten Verbs:
Мы поста́вим пе́рвую па́ртию в нача́ле второ́го кварта́ла.

5.3. Die Bildung des Präteritums

Die Präteritalformen zeigen nur das Geschlecht und die Zahl an:

Sg.	m.	n.	f.
	я рабо́тал	—	я рабо́тала
	ты рабо́тал	—	ты рабо́тала
	он рабо́тал	оно́ рабо́тало	она́ рабо́тала
Pl.	m., n., f.		
	мы рабо́тали		
	вы рабо́тали		
	они́ рабо́тали		

5.3.1. **Für folgende Verbgruppen gilt ein einfacher Bildungsmechanismus:**

Infinitiv —>	Präteritum
-ать	
-ять	
-еть*	
-ить	-л, -ла, -ло; -ли
-ыть	
-сть	

*__ABER__: умере́ть —> у́мер, умерла́; у́мерли; (Verben auf -ереть)

Beispiele:

рабо́тать —> он рабо́тал, она́ рабо́тала, оно́ рабо́тало; они́ рабо́тали;
заказа́ть —> заказа́л, заказа́ла;
слы́шать —> слы́шал, слы́шала;
экспорти́ровать —> экспорти́ровал, экспорти́ровала;
узнава́ть —> узнава́л, узнава́ла;

повторя́ть —> повторя́л, повторя́ла;
стоя́ть —> стоя́л, стоя́ла;

успе́ть —> успе́л, успе́ла;
рассмотре́ть —> рассмотре́л, рассмотре́ла;

подгото́вить —> подгото́вил, подгото́вила;

быть —> был, была́, бы́ло; бы́ли;
забы́ть —> забы́л, забы́ла;

есть —> ел, е́ла;
сесть —> се́л, се́ла;
предпоче́сть —> предпочёл, предпочла́; предпочли́ (v., vorziehen, uv.: предпочита́ть);
вы́честь —> вы́чел, вы́чла; вы́чли (v., subtrahieren, abziehen, uv.: вычита́ть);

5.3.2. Verben auf -сти́: Präteritum auf -л

вести́ —> вёл, вела́;
нести́ —> нёс, несла́;
спасти́ —> спас, спасла́ (retten);
цвести́ —> цвёл, цвела́ (blühen);

5.3.3. Das Verb идти́ und seine Komposita (пойти́, пройти́, ...): Präteritum: шёл, шла, шли

идти́ —> шёл, шла, шло; шли;
вы́йти —> вы́шел, вы́шла (! Betonung !)
пойти́ —> пошёл, пошла́;
перейти́ —> перешёл, перешла́;

5.3.4. Verben auf -нуть (sie sind immer vollendet)

1. Gruppe auf: -ну́л, -ну́ла, -ну́ло; -ну́ли (meist endbetonte Verben)

   верну́ться —> верну́лся, верну́лась, верну́лось; верну́лись;
   заверну́ть —> заверну́л (einbiegen; einpacken);
   улыбну́ться —> улыбну́лся (lächeln);

2. Gruppe: Verlust von -нуть (meist stammbetonte Verben)

   возни́кнуть —> возни́к, возни́кла, возни́кло; возни́кли
      (v., entstehen, uv.: возника́ть);
   дости́гнуть —> дости́г, дости́гла (v., erreichen, uv.: достига́ть);
   исче́знуть —> исче́з, исче́зла (v., verschwinden, uv.: исчеза́ть);
   поги́бнуть —> поги́б, поги́бла (v., umkommen, uv.: погиба́ть);
   подве́ргнуть —> подве́рг, подве́ргла (v., unterziehen,
      uv.: подверга́ть);

5.3.5. Verben auf -чь: Präteritum meist auf -г

лечь —> лёг, легла́ (v., sich legen, uv.: ложи́ться);
мочь —> мог, могла́ (uv., können, v. смочь);
помо́чь —> помо́г, помогла́ (v., helfen, uv.: помога́ть);
сбере́чь —> сберёг, сберегла́ (v., sparen, uv.: сберега́ть).

Namen und ihre Deklination

1. Die Namen im Russischen

Vor-, Vaters- und Familienname (и́мя - о́тчество - фами́лия)
Der vollständige Name besteht aus Vor-, Vaters- und Familiennamen. Vor- und Vatersnamen werden wie Substantive dekliniert, Familiennamen siehe unten.

Vorname:
Neben dem vollen Vornamen gibt es viele Koseformen:
Анна —> Аня, Аню́та, Ане́чка, ...
Für diese verkürzten Rufnamen gibt es in der Umgangssprache eine Art Vokativ ("Ruffall"), der endungslos ist: Саш, Ната́ш, Тань, Люсь, ...

!! **Achtung:** Vornamen wie *Гео́ргий, Дми́трий*, ... werden wie Substantive (nicht wie Adjektive!) dekliniert:

1.	Дми́трий
2.	Дми́трия
3.	Дми́трию
4.	Дми́трия
5.	Дми́трием
6.	о Дми́трии

Vatersname:
Der Vatersname wird gebildet, indem
1. an den auf harten Konsonanten endenden Vornamen des Vaters das Suffix -ович für Männer, das Suffix -овна für Frauen angehängt wird:
   Пётр Ива́нович, Ири́на Ива́новна (< Ива́н);
2. an den auf weichen Konsonanten endenden Vornamen des Vaters das Suffix -евич für Männer, das Suffix -евна für Frauen angehängt wird:
   Пётр Серге́евич, Ири́на Серге́евна (< Серге́й); Серге́й Васи́льевич, Светла́на Васи́льевна (< Васи́лий);
3. bei männlichen Vornamen auf -а / -я das Suffix -ич für Männer, das Suffix -ична / -инична [das -ч- wird in der langen Form oft als -ш- gesprochen] für Frauen angehängt wird:
   Пётр Ники́тич, Ири́на Ники́тична (< Ники́та); Влади́мир Ильи́ч, Ири́на Ильи́нична [Aussprache: Ильи́нишна] (< Илья́); Пётр Луки́ч, Ири́на Луки́нична [Aussprache: Луки́нишна] (< Лука́).

2. Der Familienname

Dekliniert werden folgende russische Familiennamen:

1. Familiennamen, die wie ein Adjektiv enden:
   Толсто́й, Толста́я; Толсты́е

Достоевский, Достоевская, Достоевские
Diese Familiennamen werden wie Adjektive dekliniert:
Я люблю читать Толстого.

2. Familiennamen mit den Endungssuffixen -ин, -ын, -ов, -ев, -ёв:
Пушкин, Пушкина; Пушкины
Солженицын, Солженицына; Солженицыны
Ломоносов, Ломоносова; Ломоносовы
Тургенев, Тургенева; Тургеневы
Горбачёв, Горбачёва; Горбачёвы

Я люблю читать Пушкина.
Я знакома с Калашниковой.

	m.	f.	Pl.
1.	Попов	Попова	Поповы
2.	Попова	Поповой	Поповых
3.	Попову	Поповой	Поповым
4.	Попова	Попову	Поповых
5.	Поповым	Поповой	Поповыми
6.	Попове	Поповой	Поповых

(Es handelt sich dabei um eine Mischform aus Pronominal- und Nominaldeklination)

9 Ответьте на вопросы, употребляя данные в скобках слова (Beantworten Sie die Fragen und verwenden Sie dabei die in Klammer angegebenen Wörter.)

1. -Кого сегодня нет? (Бердичевский, Егорова, Земская, Тулин, Виноградовы) 2. -Кого вы там видели? (Бердичевский, Егорова, Земская, Тулин, Виноградовы) 3. -Кому ты звонила? (Пассов, Хавронина, Калашниковы) 4. -О ком вы говорили? (Кузнецовы, Татарина, Решетников, Шанский) 5.-С кем ты только что говорил? (Калинин, Баранская, Рахманиновы, Марковский, Баранова).

Nicht dekliniert werden:

1. nichtrussische Vor- und Familiennamen, die auf Vokal enden:
   Арно, Грете; Гёте, Гюго, Шоу,
   In der Umgangssprache werden nichtrussische weibliche Vornamen, die auf -a enden, in der Regel dekliniert: Я вижу Монику.

2. nichtrussische weibliche Vor- und Familiennamen, die auf Konsonant enden:
   Ингрид, Карин
   Я вижу Карин Бергер.

3. russische Familiennamen auf -ово, -аго, -ых, -их (an diesen Endungen kann nicht abgelesen werden, ob es sich um eine Frau oder einen Mann handelt):
   Я видел Черных.

4. (in der Regel) ukrainische Familiennamen auf -éнко, -кó: Я говори́л с Черне́нко.

10 Setzen Sie die richtige Wortform ein.

1. Ты лю́бишь чита́ть _____ (Иоганн Вольфганг Гёте, Бернард Шоу, Ви́ктор Гюго́, Мари́я Эбнер-Эшенбах, Ингеборг Бахманн, Эдгар По)? 2. Вы зна́ете _____ (Кла́ра Цеткин, Анна Ко́ган, Тара́с Шевче́нко)? 3. Ты уже́ говори́ла с _____ (Ива́н Садко́, Влади́мир Черны́х, Отто Кали́нин)?

11 Reagieren Sie nach dem Muster auf die Äußerungen Ihres Gesprächspartners und verwenden Sie dabei die unten angeführten Namen.

11.1. У телефо́на:
- Соедини́те меня́, пожа́луйста, с Серге́ем Ива́новичем Попо́вым!
- Его́ сейча́с, к сожале́нию, нет. Ему́ что-нибу́дь переда́ть?

11.2. У телефо́на:
- Попроси́те, пожа́луйста, к телефо́ну Серге́я Ива́новича Попо́ва!
- Тако́го у нас нет. Вы не туда́ попа́ли.
- Прости́те, пожа́луйста.

11.3. В бюро́:
- Позвони́те, пожа́луйста, Серге́ю Ива́новичу Попо́ву и договори́тесь с ним о встре́че!
- Хорошо́, я ему́ сейча́с позвоню́.

11.4. При встре́че:
- Вы уже́ знако́мы с Серге́ем Ива́новичем Попо́вым?
- Да, мы с ним познако́мились на вы́ставке.

11.5. В бюро́:
- Когда́ вы передади́те предложе́ние Серге́ю Ива́новичу Попо́ву?
- За́втра во второ́й полови́не дня.

1. Алла Алекса́ндровна Ерёмина
2. Дми́трий Петро́вич Неча́ев
3. Замя́тины
4. госпожа́ Соколо́ва
5. госпожа́ Хёбингер
6. господи́н Видеман
7. Гертруде Гриссеман
8. господи́н Смирно́в
9. Ли́дия Васи́льевна
10. Тама́ра Ива́новна

Transkription

1. Wiedergabe der russischer Schrift im Deutschen

Es gibt mehrere Arten der Umschrift. Die Transkription versucht, den Lautbestand einer Sprache in einer anderen ungefähr wiederzugeben; sie ist nicht reversibel. Die Transliteration gibt Buchstabe für Buchstabe in der anderen Schrift wieder und ist daher reversibel. Sie wird in wissenschaftlichen Arbeiten und im Bibliothekswesen verwendet (siehe S. 42).

Folgende Arten der Transkription aus dem Russischen in die lateinische Schrift sind reglementiert:

	Duden-Transkr.	Telegraphische Transkr.	Transkr. ins Englische
а	a	A	a
б	b	B	b
в	w	V	v
г	g	G	g
д	d	D	d
е	e*	E	e
ё	jo*	E	ye, e
ж	sch	J (ZH)	zh
з	s	Z	z
и	i	I	i
й	i*	I (J,)	Y
к	k	K	k
л	l	L	l
м	m	M	m
н	n	N	n
о	o	O	o
п	p	P	p
р	r	R	r
с	s*	S	s
сх	ßch	SH	skh
т	t	T	t
у	u	U	u
ф	f	F	f
х	ch	H	kh
ц	z	C	ts
ч	tsch	CH	ch
ш	sch	SH	sh
щ	schtsch	SC (SCH)	shch
ъ	entfällt	entfällt	entfällt
ы	y	Y	y

ь	entfällt	entfällt	entfällt
э	e	E	e
ю	ju	IU (JU)	yu
я	ja	IA (JA)	ya

* *e* wird am Wortanfang, nach Vokalen und nach ь als -je- wiedergegeben:
Емельян —> Jemeljan, Достоевский —> Dostojewski, Запорожье —> Saporoschje
ё wird nach ш, щ, ч als -o- wiedergegeben: Хрущёв —> Chruschtschow
й wird in der Endung -ый/-ий weggelassen: Анатолий —> Anatoli
c wird zwischen Vokalen als -ss- wiedergegeben: Василий —> Wassili

12 Transkribieren Sie folgenden Namen ins Deutsche:

1. Антони́на Влади́мировна Суббо́тина; 2. Тама́ра Ива́новна Его́рова; 3. Серге́й Васи́льевич Казу́тин; 4. Ива́н Петро́вич Тата́ринов; 5. М. С. Горбачёв; 6. Ники́та Серге́евич Хрущёв; 7. Хаба́ровск; 8. Екатеринбу́рг; 9. Петрозаво́дск; 10. Ни́жний Но́вгород; 11. Но́вая Земля́; 12. Благовеще́нск.

13 Sie wollen das folgende Telegramm nach Rußland schicken. Transkribieren Sie es.

Росси́йская Федера́ция. 121374, Москва́. ул. Багрицкого. д.1. Медиа-Механикс.
Франц Бергер грилета́ет Шереме́тьево ре́йсом АУА 24 октября́. Про́сим встре́тить. Благодари́м. Альтера.

2. Wiedergabe deutscher Eigennamen im Russischen

Da es zur Wiedergabe deutscher Eigennamen im Russischen keine Regelung zu geben scheint, wird hier die im «Атлас мира. Западная Европа» (Москва 1975) verwendete Transkription angeboten.

dt.	ru.	Beispiele
a	а	Баден
ai	ай	Майн, Хайнбург; aber: Аида (weil Betonung auf -и-)
au	ау	Мауэрбах, Плауэн
ay	ай	Байрёйт, Майер
ä	е,э*	Санкт-Эгид, Шердинг
b	б	Баден
c	ц	Целле
ch	х, к	Хемниц; Кристине
d	д	Дортмунд
dt	дт	Радштадт, Шмидт
e	е, э*	Мельк, Норберт; Эгон, Эрфурт, Эрла
ei	ей, эй*	Рейн, Эйбисвальд, Эйзенштадт

ey	ей	Штейр
eu	ёй	Нейштадт, Рейтте
f	ф	Фонсдорф
g	г	Гастейн
h	г, х	Гамбург, Галле, Хоф, Хохшваб, Хорн, Ганс, Харальд, Хильде, Герта
stummes h	Ø	Мюльбах, Карлсруэ
i	и	Вильгельмсхафен
ia	иа	Мариацелль, Клаудиа
ie	и	Висбаден, Шмид
j	й	Йена
ja	я	Санкт-Якоб
je	Йе, е	Йена, Енбах
jo	ио	Санкт-Иоганн
ju	ю	Юра
jü	ю	Юрген
k	к	Кёльн
l	л, ль*	Фёклабрук, Тельфс, Кухль, Гейдельберг, Карл, Альфред, Вольфганг, Хильде
m	м	Мангейм
n	н	Нейштадт
o	о	Оттеншлаг, Отто
ö	ё э am Wortanfang:	Мёдлинг, Кёфлах, Гфёль, Санкт-Пёльтен, Эчер
oi	ой	Лойбен, Лангенлойс
p	п	Санкт-Пёльтен
qu	кв	Квакенбрюк
r	р	Рейн
s	с, з*	Шейбс, Зальцбург, Зирнинг, Изар, Зульценбахер, Ганс
sp	шп	Шпиц
st	шт	Штейр
ß	с	Гисен
t	т	Тульн
tsch	ч	Кёчах
tz	ц	Рец, Фриц
u	у	Инсбрук, Люцерн
ü	ю	Нюрнберг, Цюрих, Мюнхен, Мюллер
v	ф	Форарльберг
w	в	оз. Вёртер-зе
x	кс	Маркс
y	и /ы/	Ибс
z	ц	Целль, Цветль

* e wird am Wortanfang immer als э- wiedergegeben.
  l wird als -л- oder -ль- in Abhängigkeit davon wiedergegeben, welche russische Variante dem deutschen Lautbestand näher kommt.
  s wird am Wort- und Silbenanfang meist als -з- wiedergegeben.

Doppelvokale werden als einfacher oder doppelter Vokal wiedergegeben: vgl. Заальфельден (BRD), Зальфельден (Österreich), Лосдорф, Заале;

Doppelkonsonanten werden in der Regel nur zwischen Vokalen und am Wortauslaut wiedergegeben: Холлабрунн, Инн, Инсбрук, Хальштатт;

Verbindungen mit Sankt und Bad werden immer durch "-" signalisiert: Санкт-Пёльтен, Бад-Аусзе;

14 Transkribieren Sie folgenden Eigennamen ins Russische:

1. Hedwig Raidl; 2. Alexander Wolner; 3. Erna Deutsch; 4. Rosa Klein; 5. Walter Heindler; 6. Josef Hörman; 7. Herbert Jäger; 8. Emil Riese; 9. Leopoldine Spitzer; 10. Eberhard Bauer; 11. Helene Böhm; 12. Johannes Brahms; 13. Christian Höllriegel; 14. Hans Krankl; 15. Heinz Jansen; 16. Jutta Sulzer; 17. Ursula Doleschal; 18. Fritz Scheuch; 19. Firma Högel; 20. Peter Haschke; 21. Robert Petsche; 22. Edgar Hoffmann; 23. Renate Rathmayr; 24. Eberhard Reusser.

3. Bibliothekstransliteration

Die Bibliothekstransliteration ist die sicherste Umschrift, weil sie eindeutig und reversibel ist. (Der Buchstabenbestand wird eindeutig in das andere Alphabet umgelegt.)

ru.		dt		ru		dt	
А	а	A	a	Р	р	R	r
Б	б	B	b	С	с	S	s
В	в	V	v	Т	т	T	t
Г	г	G	g	У	у	U	u
Д	д	D	d	Ф	ф	F	f
Е	е	E	e	Х	х	ch	ch
Ё	ё	Ë	ë	Ц	ц	c	c
Ж	ж	Ž	ž	Ч	ч	Č	č
З	з	Z	z	Ш	ш	Š	š
И	и	I	i	Щ	щ	Š Č	šč
Й	й	J	j	Ъ	ъ		-
К	к	K	k	Ы	ы		y
Л	л	L	l	Ь	ь		'
М	м	M	m	Э	э	É	ė
Н	н	N	n	Ю	ю	Ju	ju
О	о	O	o	Я	я	Ja	ja
П	п	P	p				

Transkription

2. Teil: Häufige Elemente der Wortgrammatik

Das Substantiv

1. Das flüchtige -o-, -e-; der -o-, -e- Einschub

Steht vor dem Endkonsonanten eines maskulinen Substantivs ein *-o-* oder ein *-e-*, so verlieren manche Substantive diesen Vokal ab dem 2. Sg.:

z.B.: зáработок, зáработка, зáработку, ... (der Verdienst)
 станóк, станкá, станкý, ...
 мешóк, мешкá, мешкý, ... (Sack)
 день, дня, дню, ...

Eine kurze, eindeutige Beschreibung dieser Erscheinung ist nicht möglich. Es ist einfacher, sich beim Lernen eines maskulinen Substantivs den 2. Sg. dazu zu merken, als Regeln zu lernen, die beschreiben, wann dieser Vokal wegfällt und wann nicht. Da für die richtige Betonung des maskulinen Substantivs der 2. Sg. ohnehin gewußt werden muß (завóд, завóда; aber: стол, столá), schlagen Sie dabei zwei Fliegen mit einer Klappe.

Tendenzregel: die meisten Substantive auf *-ок, -ец* verlieren das *-o-* bzw. *-e-*.

Im 2. Pl. der neutralen und femininen Substantiven kann bei "Konsonantenhäufung" ein *-o-* oder ein *-e-* eingeschoben werden:

z.B.: окнó —> óкон, письмó —> пи́сем,
 вы́ставка —> вы́ставок, командирóвка —> командирóвок, дéвушка —> дéвушек, ...

> Regel 1: endet der 1. Sg. auf *-вка*, wird im 2. Pl. *-o-* eingeschoben: *-вок:*
> останóвка —> останóвок;
> Regel 2: endet der 1. Sg. auf *-ство*, ist der 2. Pl. immer *-ств:* госудáрство
> —> госудáрств;

Bei der Bildung der maskulinen Kurzform des Adjektivs ist der Einschub von -o- bzw. -e- ebenfalls möglich (genauer siehe Adjektiv, S. 68, Nr. 4.3.):

z.B.: бли́зкий —> бли́зок; интерéсный —> интерéсен,

2. Besondere Deklinationsmuster

2.1. Deklination der neutralen Substantive: Zeit, Name - время, имя

	Sg.		Pl.	
1.	время	имя	времена	имена
2.	времени	имени	времён	имён
3.	времени	имени	временам	именам
4.	время	имя	времена	имена
5.	временем	именем	временами	именами
6.	о времени	об имени	о временах	об именах

Сколько сейчас времени? (= Который час?)
Московский государственный университет имени Ломоносова
Staatliche Moskauer Lomonosow-Universität

Zu dieser Gruppe gehören noch:

семя (Samen), бремя (Last), вымя (Euter), знамя (Banner), племя [(Volks)-Stamm], пламя (Flamme), стремя (Steigbügel), темя (Scheitel)

!! **Achtung:** семья, семьи (Familie, f.) ≠ семя, семени (Samen, n.)

15 Teilen Sie russisch mit,

1. daß Sie diese Vornamen das erste Mal hören; 2. daß Sie jetzt wenig Zeit haben; 3. daß Ihr Geschäftspartner gerne über die Zeit erzählt, als er noch in Sibirien gearbeitet hat; 4. daß Sie am Samstag wenig Zeit haben, weil Sie am Nachmittag arbeiten werden; 5. daß Sascha immer sehr viel Freizeit hat; 6. daß Ihre Kollegen gerne über vergangene Zeiten in dieser Firma erzählen; 7. daß er in der Freizeit gerne reist; 8. daß Ihre Firma mit Samen handelt.

2.2. Das maskuline Substantiv: Weg; Reise - путь, -й

! Achtung !

	Sg.	Pl.
1.	путь	пути
2.	пути	путей
3.	пути	путям
4.	путь	пути
5.	путём	путями
6.	о пути	о путях

Счастливого пути!   Glückliche Reise!
по пути домой   unterwegs nach Hause
Министерство путей сообщения   Verkehrsministerium
путём + 2.   mittels

2.3. Die femininen Substantive: Mutter, Tochter - мать, дочь

	Singular		Plural	
1.	мать	дочь	ма́тери	до́чери
2.	ма́тери	до́чери	матере́й	дочере́й
3.	ма́тери	до́чери	матеря́м	дочеря́м
4.	мать	дочь	матере́й	дочере́й
5.	ма́терью	до́черью	матеря́ми	дочеря́ми / / дочерьми́
6.	о ма́тери	о до́чери	о матеря́х	о дочеря́х

16 Beantworten Sie die Fragen. Verwenden Sie dabei «моя́ мать», «моя́ дочь» und «мои́ до́чери»!

1. -С кем вы хоти́те пое́хать в Петербу́рг? 2. -О ком вы говори́ли? 3. -Кого́ вы там ви́дели? 4. -С кем вы за́втра встре́титесь? 5. -Скажи́те, пожа́луйста, кем вы недово́льны? 6. -Что вы говори́те, у кого́ вы бы́ли вчера́? 7. -Кому́ вы пи́шете э́то письмо́?

2.4. Die Substantive: Kinder, Menschen - де́ти, лю́ди

	Singular		Plural	
1.	ребёнок	челове́к	де́ти	лю́ди
2.	ребёнка	челове́ка	дете́й	люде́й - челове́к*
3.	usw.		де́тям	лю́дям
4.			дете́й	люде́й
5.			детьми́	людьми́
6.			о де́тях	о лю́дях

* мно́го люде́й ≠ де́сять челове́к (genauer siehe S. 51, Nr. 3.7.)

17 Beantworten Sie die Fragen. Verwenden Sie dabei «э́ти молоды́е лю́ди» und «на́ши де́ти«

1. -С кем вы хоти́те пое́хать в Петербу́рг? 2. -О ком вы говори́ли? 3. -Кого́ вы там ви́дели? 4. -С кем вы за́втра встре́титесь? 5. -Скажи́те, пожа́луйста, кем вы недово́льны? 6. -Что вы говори́те, у кого́ вы забы́ли ве́щи? 7. -Кому́ вы пи́шете письмо́?

2.5. Substantive auf -анин, -янин

	Singular	Plural
1.	граждани́н	гра́ждане
2.	граждани́на	гра́ждан
3.	граждани́ну	гра́жданам
4.	граждани́на	гра́ждан
5.	граждани́ном	гра́жданами
6.	о граждани́не	о гра́жданах

англича́нин (Engländer), горожа́нин (Städter), граждани́н (Bürger), киевля́нин (Kiever), крестья́нин (Bauer), мещани́н (Klein-, Spießbürger), славяни́н (Slawe), южа́нин (Südländer), ...

господи́н Herr		хозя́ин Wirt, Hausherr	
Sg.	Pl.	Sg.	Pl.
1. господи́н	господа́	хозя́ин	хозя́ева
2. господи́на	госпо́д	хозя́ина	хозя́ев
3. господи́ну	господа́м	хозя́ину	хозя́евам
4. господи́на	госпо́д	хозя́ина	хозя́ев
5. господи́ном	господа́ми	хозя́ином	хозя́евами
6. о господи́не	о господа́х	о хозя́ине	о хозя́евах

Уважа́емые да́мы и господа́!   Geehrte Damen und Herren!
Многоуважа́емые да́мы и господа́!   Sehr geehrte Damen und Herren!
Глубокоуважа́емые да́мы и господа́!   Hochverehrte Damen und Herren!

2.6. Substantive auf -ёнок (rezeptiv)

Mit dem Suffix -ёнок werden die Namen junger Tiere bezeichnet:
мышо́нок (Mäusejunges), поросёнок (Ferkel), тигрёнок, телёнок (Kalb), цыплёнок (Kücken), ягнёнок (Lamm), ...

	Sg.	Pl.
1.	телёнок	теля́та
2.	телёнка	теля́т
3.	телёнку	теля́там
4.	телёнка	теля́т
5.	телёнком	теля́тами
6.	о телёнке	о теля́тах

Zu dieser Gruppe gehört auch *ребёнок - ребя́та*. Dabei verändert sich die Bedeutung zwischen Singular und Plural: *ребёнок* hat die Bedeutung «kleines Kind, Baby», der Plural *ребя́та* dagegen die Bedeutung eines Sammelbegriffs für Gleichaltrige oder Jüngere mit jovialer Konnotation («Burschen, Mädchen, Kinder», ...)
Der reguläre Plural «die Kinder» heißt *де́ти*.

Substantiv

3. Besonderheiten in einzelnen Fällen

3.1. Lokativ: Präpositiv Singular: -ý

Bei folgenden männlichen Substantiven steht nach den Präpositionen *в, на* im 6. (= Lokativ) betontes -ý, nach den anderen Präpositionen *(о, об, при)* aber -*е*.

в аэропорту́	auf dem Flughafen	Aber: Он расска́зывает:	об аэропо́рте,
на берегу́	auf dem Ufer		о бе́реге,
в глазу́	im Auge		о гла́зе,
в году́	**im Jahr**		о го́де,
на Дону́	am Don		о До́не,
в Крыму́	auf der Krim		о Кры́ме,
в лесу́	im Wald		о ле́се,
на мосту́	auf der Brücke		о мо́сте,
на полу́	auf dem Boden		о по́ле,
в порту́	**im Hafen**		о по́рте,
во рту́	im Mund		(о рте́),
в саду́	im Garten		о са́де,
в снегу́	im Schnee		о сне́ге,
на счету́	**auf dem Konto**		о счёте,
в тылу́	im Hinterland		о ты́ле,
в углу́	**in der Ecke**		
на углу́	**an der Ecke**		об угле́,*
в шкафу́	im Schrank		о шка́фе.
на шкафу́	auf dem Schrank		
* Vorsicht: об у́гле (von: у́голь, -я - Kohle)			

18 Beantworten Sie die Fragen Ihres Gesprächspartners.

18.1. Muster : Вы узна́ли, где э́то случи́лось? / наш порт
—> -Да, в на́шем порту́.

1. аэропо́рт 2. аэродро́м
3. Ве́нский лес 4. бе́рег о́зера
5. центр го́рода 6. Крым
7. э́тот мост 8. Дон

18.2. Muster : Прости́те, о чём он рассказа́л? / наш порт
—> -О на́шем по́рте.

1. аэропо́рт 2. аэродро́м
3. Ве́нский лес 4. бе́рег о́зера
5. центр го́рода 6. Крым
7. э́тот мост 8. Дон

3.2. Doppelformen im Präpositiv Singular nach den Präpositionen в, на auf -е / -ý

век:	в 20 вéке *Jahrhundert*	на своём векý *in seinem ganzen Leben*
вид:	в пья́ном ви́де *in betrunkenem Zustand*	имéть в видý *im Sinn haben, meinen*
край:	в крáе *Rand*	в краю́ **Gegend, Bezirk**
круг:	в крýге *Kreis: geom. Figur*	в кругý друзéй *Kreis in übertrag. Bed.*
ряд:	в ря́де в ря́де слýчаев *Reihe (abstrakt)*	в рядý в пéрвом рядý *(Sitz-) Reihe*
строй:	в стрóе *Bau, Ordnung*	стоя́ть в строю́ *in Reih und Glied stehen*

3.3. Genitiv Singular der "Teilmenge" auf -у / -ю (rezeptiv)

Dieser Genitiv Singular kann von einigen wenigen maskulinen Substantiven als eine Art Teilungsgenitiv (zur Angabe des Teiles einer Menge) verwendet werden; die regelmäßige Form auf -а, -я ist genauso üblich.

Mengenangabe	keine Mengenangabe
стакáн чáя / чáю килогрáмм сáхара / сáхару мнóго снéга / мнóго снéгу	цена́ чáя цена́ сáхара цвет снéга
Он купи́л шокола́ду, сáхару и хлéба. Они́ купи́ли табакý! (etwas Tabak)	цена́ табака́
-Я бы с удовóльствием вы́пил чайкý. (чаёк, чайкá - Diminutiv zu *чай*) -Я бы с удовóльствием вы́пил чáю. (-Я бы с удовóльствием вы́пил чай.)	
Aber: мнóго нарóду (ohne Alternative)	среди́ нарóда

3.4. Nominativ Plural auf -á, -я́, -ья

3.4.1. auf -á (gesamter Plural endbetont!)

	Nom	Gen.	Dat.	Akk.	Instr.	Präp.
бéрег (Ufer)	берегá	берегóв	берегáм	берегá	берегáми	берегáх

Genauso werden im Plural dekliniert:

век (Jahrhundert)	векá
вéчер (Abend, Party)	вечерá
глаз (Auge)	глазá
гóрод (Stadt)	городá
дóктор (Doktor)	докторá (4. = 2., belebt)
дом (Haus)	**домá**
кýпол (Kuppel)	куполá
лес [Wald; Holz (nur im Sg.)]	лесá
луг (Wiese)	лугá
мех (Pelz)	**мехá**
нóмер (Nummer, Hotelzimmer)	номерá
óрден (Orden)	орденá
óрдер (Order, schriftl. Anweisung)	ордерá
óстров (Insel)	островá
óтпуск (Urlaub)	отпускá
пáспорт (Paß)	**паспортá**
пóезд (Zug)	**поездá**
прóвод (Leitung, Draht)	проводá
профéссор (Professor)	профессорá (4. = 2., belebt)
сорт (Sorte)	**сортá**
тóрмоз (Bremse)	тормозá
цвет (Farbe)	**цветá***

* Aber: цветы́   Blumen (siehe S. 50, Nr. 3.5.)

3.4.2. auf -я (gesamter Plural endbetont!)

	Nom.	Gen.	Dat.	Akk.	Instr.	Präp.
вéксель: Wechsel	векселя́	векселéй	векселя́м	векселя́	векселя́ми	векселя́х
крáй: Rand, Gegend	края́	краёв				
лáгерь: Lager	лагеря́	лагерéй*				
учи́тель: Lehrer	учителя́	учителéй		(4. = 2., belebt)		

* Lager als "politisches Lager" (siehe S. 50 f, Nr. 3.5.)

3.4.3. auf -ья

endbetonte Substantive (Genitiv Plural auf -éй)

друг: Freund	друзья́	друзéй	друзья́м	друзéй	друзья́ми	друзья́х

князь: князья́
Fürst
муж: мужья́
Ehemann
сын: сыновья́
Sohn

stammbetonte Substantive (Genitiv Plural auf -ьев)

брат: Bruder	бра́тья	бра́тьев	бра́тьям	бра́тьев	бра́тьями	бра́тьях
де́рево: Baum	дере́вья			(4. = 1., unbelebt)		
звено́: Glied	зве́нья			(4. = 1., unbelebt)		
ко́лос Ähre	коло́сья			(4. = 1., unbelebt)		
крыло́: Flügel	кры́лья			(4. = 1., unbelebt)		
перо́: Feder	пе́рья			(4. = 1., unbelebt)		
по́лоз Kufe	поло́зья			(4. = 1., unbelebt)		
стул: Stuhl	сту́лья			(4. = 1., unbelebt)		

3.5. Doppelformen im Plural mit unterschiedlicher Bedeutung

(vgl. auch im Deutschen: Sg.: die Mutter, Pl.: die Mütter / die Muttern)

зуб Zahn -		лист Blatt	
eines Lebewesens	*eines Gerätes*	*Papier*	*eines Baumes*
зу́бы	**зу́бья**	листы́	ли́стья
зубо́в	**зу́бьев**	листо́в	ли́стьев
зуба́м...	**зу́бьям...**	листа́м	ли́стьям...
хлеб		цвет	
Brote	*Getreide*	*Blumen*	*Farben*
—	хлеба́	цветы́*	**цвета́**
хле́бов	хлебо́в	цвето́в	цвето́в
хле́бам...	хлеба́м...	цвета́м	цвета́м...
тон		про́пуск	
Töne, Klänge	**Farbtöne**	*Lücken*	*Passierscheine*
то́ны	**тона́**	про́пуски	пропуска́

* Blume im Sg.: цвето́к, цветка́, (siehe auch S. 51, Nr. 3.6.)

счёт		ла́герь	
Rechen-maschine	***Konto; Rechnung***	*polit. Lager*	*KZ; Erholungs-lager*
счёты	счета́	ла́гери	лагеря́
счётов	счето́в	ла́герей	лагере́й

3.6. Besondere Formen im Plural

	Sg.	Pl.
Schiff	су́дно	суда́, судо́в, суда́м, ...
Blume	цвето́к, цветка́	цветы́, цвето́в, цвета́м, ...*
Ohr	у́хо, у́ха	у́ши, уше́й, уша́м, ...
Himmel	не́бо	небеса́, небе́с, небеса́м, ...
Wunder	чу́до	чудеса́, чуде́с, чудеса́м, ...

* Aber: цвета́, цвето́в - Farben (siehe auch S. 48 f, Nr. 3.4.1.)

3.7. Zum endungslosen Genitiv Plural

Der Genitiv Plural ist bei einigen maskulinen Substantiven endungslos, z.B.:

	1. Sg.	1. Pl.	2. Pl.
Gramm	грамм	(гра́ммы)	грамм(ов)
Kilogramm	килогра́мм	(килогра́ммы)	килогра́мм(ов)
Mal	раз	—	раз
Mensch	челове́к	лю́ди	люде́й - челове́к*
Stiefel	сапо́г	сапоги́	сапо́г
Auge	глаз	глаза́	глаз
Georgier	грузи́н	грузи́ны	грузи́н
Partisan	партиза́н	партиза́ны	партиза́н
Soldat	солда́т	солда́ты	солда́т
Zigeuner	цыга́н	цыга́не	цыга́н

* Der Plural des Wortes челове́к lautet "лю́ди, люде́й, лю́дям, ..."; nach Zahlwörtern jedoch ist der 2. Pl. "челове́к":
z.B.: Там мно́го люде́й. Там нет люде́й.
ABER: Там де́сять челове́к.

19 Переведите на русский язык.

1. Bringen Sie uns bitte 100 Gramm Wodka! 2. Ich habe gehört, daß in Moskau viele Georgier leben. Ist das richtig? 3. In diesem Artikel geht es um eine Reihe interessanter Betriebe. 4. In unserem Büro arbeiten nur vier Mann. 5. -Ich war schon einige Male in Rußland. Und Sie? -Ich war erst zweimal dort. 6. Geben Sie mir bitte 20 Deka Wurst und 30 Deka Käse. 7. In dieser Abteilung arbeiten zwanzig Mann. 8. Wir

haben an Ausstellungen erst fünf-, sechsmal teilgenommen. 9. In unserem Unternehmen sind fast 300 Mann beschäftigt. 10. Auf dieser Ausstellung waren nur wenige Menschen. 11. Wir haben leider keine Schiffe mit dieser Tonnage zur Verfügung.
12. Unsere Firma eröffnete die Konten in dieser Bank erst vorige Woche. 13. Zum Handel mit Pelzen braucht man jetzt wieder eine Speziallizenz. 14. Dankend bestätigen wir den Erhalt Ihres Angebots über verschiedene Teesorten. 15. Diese Firma wurde schon im 19. Jahrhundert gegründet. 16. Um die Anzahl der notwendigen Filialen festzustellen, müssen wir mehr wissen als nur, wieviel Menschen in dieser Stadt wohnen. 17. Er erzählte über eine Reihe von Fällen, wo diese Firma erst mit großer Verspätung zahlte.

3.8. Zu besonderen Formen im Genitiv Plural (rezeptiv)

1. Sg.		2. Pl.
дя́дя	—>	дя́дей
тётя	—>	тётей
ю́ноша	—>	ю́ношей

20 Setzen Sie die in Klammer angegebenen Wörter in der richtigen Form ein.

1. В гости́нице «Метропо́ль» все _____ (но́мер) уже́ за́няты. 2. В э́том _____ (край) о́чень ма́ло предприя́тий. 3. Австри́йская торго́вая делега́ция сиди́т в тре́тьем _____ (ряд). 4. Мы хоте́ли бы узна́ть, како́е росси́йское предприя́тие торгу́ет семена́ми э́тих _____ (де́рево)? 5. Они́ пожела́ли нам _____ (счастли́вый путь). 6. По _____ (путь) в Росто́в мы познако́мились с интере́сными _____ (лю́ди), с двумя́ _____ (англича́нин) и с одни́м _____ (киевля́нин). 7. Купи́те, пожа́луйста, ещё _____ (цвето́к)! 8. Они́ встре́тились на _____ (мост). 9. Вы зна́ете цену́ _____ (са́хар)? 10. В э́том за́ле собрало́сь мно́го _____ (наро́д). 11. В э́той аудито́рии сли́шком ма́ло _____ (стул). 12. По доро́ге домо́й он купи́л ещё _____ (хлеб) и 200 грамм _____ (сыр). 13. Он е́здил в ра́зные _____ (го́род) ю́жной Евро́пы. 14. С э́тими _____ (лю́ди) мы познако́мились в по́езде. 15. На вы́ставке бы́ло мно́го _____ (лю́ди). 16. К нам на стенд сего́дня приходи́ло 250 _____ (челове́к).

21 Переведи́те!

1. In der Gruppe der Geschäftsleute waren auch italienische und englische Staatsbürger. 2. Sehr geehrte Damen und Herren! Ich freue mich sehr, Sie bei der Eröffnung unserer vierten Moskauer Filiale begrüßen zu können. 3. Die Umfrageergebnisse haben gezeigt, daß Städter anders stimmen werden. 4. Da unser Unternehmen ein joint venture mit einer englischen Firma ist, arbeiten hier ständig sechs Engländer. Sie alle sprechen ausgezeichnet russisch. 5. Geben Sie mir bitte 20 Deka Wurst und 25 Deka Käse! 6. Wie spät ist es? 7. Er wollte die Nummern unserer Pässe wissen. 8. Vorlesungen an dieser Wirtschaftsuniversität werden amerikanische und russische Professoren gemeinsam halten. 9. Unsere Reklamebroschüre erscheint dreimal pro Woche.

Das Pronomen

1. Das Possessivpronomen (Besitzanzeigendes Fürwort)

1.1. свой <—> его́ / её, их

Das Possessivpronomen der 3. Person Sg. heißt entweder *его́ / её* oder *свой*, das Possessivpronomen der 3. Person Pl. entweder *их* oder *свой*. *Его́, её, их* sind indeklinabel.
его́ / её, их muß verwendet werden, wenn kein Bezug zum Subjekt besteht, d.h. wenn das Subjekt nicht "Besitzer" ist:
    Он взял его́ биле́т. Er nahm seine (= dessen, eines anderen) Eintrittskarte.

свой wird wie *мой* dekliniert und muß verwendet werden, wenn der Bezug zum Subjekt besteht, d.h. wenn das Subjekt "Besitzer" ist:
    Он взял свой биле́т. Er nahm seine (= eigene) Eintrittskarte.

1.2. свой <—> мой, твой, наш, ваш

свой kann nicht nur als Possessivpronomen der 3. Person verwendet werden [Он ви́дит свою́ сестру́. = Er sieht seine (= eigene) Schwester.]; es kann *мой, твой, наш, ваш* immer dann ersetzen, wenn dabei der Bezug auf das Subjekt gegeben ist, d.h. wenn das Subjekt als "Besitzer" auftritt:

Я ви́жу свою́ /мою́/ сестру́.	Ich sehe meine Schwester.
Ты ви́дишь свою́ /твою́/ сестру́.	Du siehst deine Schwester.
Мы ви́дим свою́ /на́шу/ сестру́.	Wir sehen unsere Schwester.
Вы ви́дите свою́ /ва́шу/ сестру́.	Ihr seht eure Schwester. Sie sehen Ihre Schwester.

Der Unterschied in dieser Verwendung zwischen *свой* und *мой, твой, наш, ваш* ist kaum greif- bzw. beschreibbar.

In imperativischen Sätzen ist *свой* häufiger:
Спроси́ у своего́ дру́га!   Frag deinen Freund!
Seltener: Спроси́ у твоего́ дру́га!
Спроси́те у своего́ колле́ги!   Fragen Sie Ihren Kollegen!

Struktur:

Unsere Aufgabe (unser Ziel) sehen wir in ...
                           => *Als unsere Aufgabe (Als unser Ziel) sehen wir* ...*
                           Свое́й зада́чей (це́лью) мы ви́дим + 4.
Свое́й гла́вной зада́чей мы ви́дим предоставле́ние населе́нию юриди́ческих услу́г. => *Als unsere Hauptaufgabe sehen wir das Anbieten der Bevölkerung juristischer Dienstleistungen an:* Es ist unsere Hauptaufgabe, der Bevölkerung juristische Dienste anzubieten.

    * Genauer zu diesem "als" siehe Instrumental, S. 163, Nr. 5.

1.3. *свой* beim Nominativ (rezeptiv)

У него свой кабинет.
andere Bedeutung: Er hat sein e i g e n e s (Arbeits-)Zimmer.

22 In welchen Sätzen kann das Possessivpronomen durch die entsprechende Form von "свой" ersetzt werden, ohne daß dadurch der Inhalt verändert wird?

1. Сегодня я расскажу вам о моей первой поездке в Москву. 2. Я взял мои вещи и пошёл на перрон. 3. В поезде проводник показал мне моё купе и я познакомился с моими попутчиками (Reisegefährten). 4. На границе проверили наши визы и вещи. 5. В Москве на вокзале меня встретили мои московские знакомые.

23 Переведите!

1. Übermitteln Sie uns, bitte, Ihre neuen Kataloge möglichst bald! 2. Sein Visum bekam er mit großer Verspätung. 3. Er erzählte nicht viel über seine Reise nach Jekaterinburg. 4. Sprechen Sie noch mit Ihren Kollegen über diese Frage! 5. Sprechen Sie mit seinen Kollegen nicht darüber! 6. Wir verkaufen unsere Produkte noch zum alten Preis. 7. Es ist unseren Technikern gelungen, ein neues Produkt zu entwickeln. 8. Er fuhr oft in seine neue Filiale nach Wladimir. 9. Wann wirst du uns über deine Reise nach England erzählen? 10. Über diesen Vorfall sprach er nicht mit seinen Kollegen. 11. Kennen Sie schon alle seine Mitarbeiter? Nein? Gut, dann ich will Sie mit ihnen bekanntmachen. 12. Unsere wichtigste Aufgabe ist die Ausweitung unseres Filialnetzes.

2. Das Reflexivpronomen: sich - себя

1.	—
2.	себя
3.	себе
4.	себя
5.	собой
6.	о себе

Ein Reflexivpronomen (es bezieht sich auf das Subjekt) als solches zu erkennen ist im Deutschen manchmal schwierig bei den Reflexivpronomina der 1. und 2. Person, sind doch Reflexiv- und Personalpronomina hier formal gleich:

I c h   f r a g e   m i c h .   ≠   Er fragt m i c h .
Я спрашиваю себя.   ≠   Он спрашивает меня.
D u   fragst d i c h .   ≠   Ich frage d i c h .
Ты спрашиваешь себя.   ≠   Я спрашиваю тебя.

Aber:

Er fragt s i c h .   ≠   Er fragt m i c h .
Он спрашивает себя.   ≠   Он спрашивает меня.

Feste Fügungen:

-Светла́на Алексе́евна у с е б я́ ?   Ist S. A. *(bei sich)* in ihrem Zimmer?
Он в з я л с собо́й догово́р.   Er hat den Vertrag *(mit sich)* mitgenommen.

брать / взять с собо́й   mitnehmen

(Siehe auch das Pronomen *друг дру́га* , S. 60)

24 Übersetzen Sie.

1. Er hat den Vertrag leider nicht mitgenommen, er hat ihn im Büro vergessen. 2. Ich frage mich oft, warum er so selten an Ausstellungen teilnimmt. 3. Er kaufte sich die Fahrkarte im Reisebüro. 4. Haben Sie sich schon die Kataloge genommen? 5. Bitte, nimm die Rechnung mit! 6. Erzählt er immer so viel über sich? 7. Haben Sie Ihren Paß mitgebracht? 8. Er hat meine Tasche mitgenommen.

3. Das Demonstrativpronomen: jener - *тот, та, то; те*

m., n.	f.	Pl.
тот, то	**та**	**те**
того́	той	тех
тому́	той	тем
1./2.	ту	1./2.
тем	той	те́ми
о том	о той	о тех

In allen
Pluralformen
-e- !
Vgl. auch
все (S. 56,
Nr. 4)

Am häufigsten wird dieses Possessivpronomen im Neutrum als Überleitung zu einem Nebensatz verwendet:

В статье́ речь идёт о т о м , как прово́дятся рефо́рмы.
Я недово́лен т е м , что пока́ ещё нет отве́та на наш запро́с.
На совеща́нии (Sitzung) мы обсужда́ли вопро́с о т о м , как мо́жно расши́-
рить ассортиме́нт това́ров.
Они́ заинтересо́ваны в т о м , как ...
Я вам о́чень благода́рен з а т о , что ...

25 Verbinden Sie die beiden Sätze.

1. Задо́лженность Росси́и составля́ет о́коло 70 млрд. до́лларов. Это на́ша пробле́ма. 2. Инфля́ция растёт сли́шком бы́стро. Вот в чём де́ло. 3. Вы нам сра́зу же вы́слали ваш нове́йший проспе́кт. За э́то мы вам о́чень благода́р-ны. 4. Мо́жно ли провести́ рефо́рмы таки́ми высо́кими те́мпами? В э́том мы сомнева́емся. 5. Мы должны́ расши́рить ассортиме́нт това́ров. В э́том за-ключа́ется на́ша основна́я зада́ча.

4. Das Pronomen: ganz; alle - *весь, вся, всё; все*

m., n.	f.	Pl.
весь, всё	вся	все
всего	всей	всех
всему	всей	всем
1./ 2. всю	1./ 2.	
! всем	всей	всеми
всём	всей	всех

In allen Pluralformen ein -e- !
Vgl. auch *те* (S. 55, Nr. 3.)

26 Beantworten Sie die Fragen Ihres Gesprächspartners.
    Muster: -Вы уже отправили письма?
          —> -Да, почти уже все.

1. -Вы звонили нашим партнёрам? 2. -Вы уже познакомились с сотрудниками? 3. -Вы проверили товары? 4. -Вы уже пригласили наших партнёров на приём? 5. -Вы уже получили ответ от партнёров? 6. Вы были уже в наших филиалах?

5. Das Relativpronomen (Bezügliches Fürwort)

5.1. который

Das Relativpronomen *который* wird verwendet, wenn das Bezugswort ein Substantiv ist. Es wird genau so wie das deutsche Relativpronomen *der* bzw. *welcher* behandelt.
    Это здание, в котором находится наш офис.
    Скоро начнутся переговоры, о которых я с вами хотел бы посоветоваться.

Dann, wenn *который* im Genitiv steht, steht es an 2. Stelle:
    Это директор фирмы, представителей которой мы уже давно знаем.
    Это то предприятие, представитель которого был у нас на днях.

5.2. кто, что

Ist das Relativpronomen jedoch auf ein Pronomen bezogen, ist im Russischen *кто* bzw. *что* zu verwenden. *Кто* stellt den Bezug zu Belebtem, *что* zu Unbelebtem her. *Кто* kann dabei für Singular oder Plural stehen. Steht es für den Plural, so steht das Prädikat des Relativsatzes meist im Singular, manchmal auch im Plural:

Все, кто знает (знают) его, голосовали за него. (alle, die ...)
Тот, кто жил в этой квартире, переехал на новую квартиру.
                                                        (derjenige, der ...)
Те, кто не приходил (приходили), ничего не узнали об этом.
                                                      (diejenigen, welche ...)
Все, с кем мы были знакомы, пришли на вечер. (alle, mit denen ...)
Всё, что я знаю, я вам сказал.   (alles, was ...)

5.3. Das Relativpronomen in Verbindung mit dem Demonstrativpronomen (rezeptiv)

Wird der durch den Relativsatz erweiterte Ausdruck besonders hervorgehoben, so tritt das Demonstrativpronomen *тот* (vgl. S. 55, Nr. 3) dazu:

Мы познакóмились с т е м человéком, к о т ó р ы й возглавля́ет рекла́мный отде́л.

Мы говори́ли с нóвым представи́телем т о й фи́рмы, с к о т ó р о й мы уже́ давно́ сотру́дничаем.

27 Переведи́те!

1. Er schickte jedem, den er auf dieser Ausstellung kennengelernt hatte, die neuen Kataloge. 2. Jenes Gebäude, in dem sich unsere neue Filiale befindet, wurde schon vor 150 Jahren erbaut. 3. Das ist Sergéj Petrówitsch, dessen Mitarbeiter Sie vor kurzem kennengelernt haben. 4. Mit dem Unternehmen, dessen Anbot wir heute erhalten haben, arbeiten wir schon lange zusammen. 5. Alle Firmen, mit denen wir zusammenarbeiten, haben unsere neuen Kataloge erhalten. 6. Auf der Sitzung unterstützten alle, die in unserer Firma arbeiten, diesen Plan.

5.4. Besonderheiten beim Relativpronomen: *чей, что* (rezeptiv)

In gehobenem Stil kann die Genitivform *котóрого, котóрой; котóрых* durch das Relativpronomen *чей, чья, чьё* "dessen, deren" ersetzt werden.
Это та фи́рма, ч ь ю проду́кцию мы ви́дели на вы́ставке. => Это та фи́рма, проду́кцию к о т ó р о й мы ви́дели на вы́ставке.

[*что* kann sich auch auf ein Substantiv, sei es unbelebt oder auch belebt, beziehen und ersetzt dann *котóрый* ("besondere stilistische Motivierung")
Я не из тех, что бои́тся рабóты.]

6. Das Indefinitpronomen (Unbestimmtes Fürwort)

	irgendjemand	irgendein + Substantiv
/1/	ктó-то	какóй-то + Substantiv
/2a/	ктó-нибудь	какóй-нибудь + Substantiv
/2b/	ктó-либо	какóй-либо + Substantiv
/3/	кóе-кто	кóе-какóй + Substantiv

6.1. Die Partikel *-то*
Sie drückt Unkenntnis aus und wird meist in Aussagesätzen im Präsens und Präteritum verwendet.

Ктó-то говори́т. Irgendjemand (= ich weiß nicht genau, wer) spricht.

6.2. Die Partikel -нибудь
Sie drückt völlige Unbestimmtheit bzw. Gleichgültigkeit aus.

Если кто́-нибудь придёт, скажи́те ему́, что я ско́ро верну́сь. Wenn irgendjemand (= egal, wer auch immer) kommt, sagen Sie ihm, daß ich bald zurückkehre.

Meist in Frage-, Befehls-, Bedingungs- und Temporalsätzen und in Wiederholungen:
Кто́-нибудь звони́л?
Купи́те каку́ю-нибудь газе́ту!
Если кто́-нибудь позвони́т, скажи́те, пожа́луйста, что я перезвоню́.
Она́ всегда́ что́-нибудь покупа́ет. Sie kauft immer irgendetwas.

6.3. Die Partikel-либо
Sie ist lexikalisch gleichbedeutend mit -нибудь, stilistisch aber als buchsprachlich ausgewiesen.

6.4. Die Partikel ко́е-
Sie wird vorgestellt: ко́е-кто, ко́е-какие. Tritt eine Präposition dazu, so trennt sie die beiden Glieder: ко́е с кем, ко́е о каких вопро́сах, ...

Zur Bedeutung:

6.4.1. bezeichnet eine nicht große unbestimmte Quantität: einige, ein paar, einiges, das eine oder andere, ... und ist meist synonym mit «не́которые». (siehe S. 61 f)
Мы должны́ обсуди́ть ещё ко́е-какие (= не́которые) вопро́сы. Wir müssen noch die eine oder andere Frage (ein paar Fragen, einige Fragen) besprechen.

6.4.2. der Sprecher weiß, worum es geht, der Gesprächspartner aber nicht (seltener als 6.4.1.)
Когда́ вас там уже́ не́ было, ещё ко́е-что случи́лось. Als Sie schon nicht mehr dort waren, ist noch etwas passiert.
Мне об э́том ко́е-кто говори́л.
Мы бы́ли ещё ко́е у кого́.
Я хоте́ла бы познако́мить вас ко́е с какими интере́сными людьми́.

6.5. Diese Indefinitpartikel können auch mit где, куда́, отку́да, когда́, ... verbunden werden:
Я где́-то об э́том чита́л.
Они́ всегда́ куда́-нибудь е́здят.

28 Setzen Sie das passende Indefinitpronomen ein.

1. Если _____ позвони́т, скажи́те, пожа́луйста, что я верну́сь че́рез час. 2. На сле́дующей неде́ле у неё день рожде́ния. Купи́те для неё _____ хоро́ший пода́рок. 3. Ря́дом со мной сиде́ли _____ молоды́е лю́ди. 4. Когда́ вас не́ было, _____ звони́л. 5. На столе́ лежа́т _____ пи́сьма для вас. 6. Если

_____ придёт, позвоните мне. 7. На выставке мы встретили _____ человека, который нам очень долго рассказывал об экономическом положении России. 8. Посмотрите туда! Там _____ случилось. 9. Если _____ случится, позвоните мне. 10. -Мне _____ звонил? -Да, _____ звонил. Но он не назвался.

29 Переведите!

1. Ich muß Ihnen noch etwas sagen, warten Sie bitte einen Moment! 2. Auf dem Empfang trafen wir einige unserer Partner 3. Ich wurde schon mit dem einen und dem anderen Firmenvertreter bekannt. 4. Ich habe mit ein paar Kollegen gesprochen, sie sind mit diesem Plan nicht einverstanden. 5. Sollte jemand anrufen, teilen Sie ihm bitte mit, daß ich erst am Nachmittag zurückkehre. 6. Auf seinem Schreibtisch liegen immer irgendwelche Wirtschaftszeitungen. 7. Ich möchte Ihnen mitteilen, daß wir Angebote von einigen Firmen bekommen haben. 8. Vorher müssen wir noch einige Angelegenheiten erledigen. 9. Hat noch jemand eine Frage?

7. Die Negativpronomina (Verneinendes Fürwort)

(Siehe Verneinung, S. 146, Nr. 5. und S. 147 f, Nr. 8.)

8. *каков? таков*

Каков und *таков* werden nur prädikativ verwendet (Kurzform; siehe Adjektiv, S. 66 ff, Nr. 4.2. und 4.3. und Adverb, S. 84, Nr. 2.5.):

каков, какова, каково; каковы	Wie *(beschaffen)* ist (sind) ...?
таков, такова, таково; таковы	So *(beschaffen)* ist (sind) ... .

Каков, если не секрет, ваш годовой оборот? Wie (hoch) ist, wenn es kein Geheimnis ist, Ihr Jahresumsatz?
Какова средняя заработная плата? Wie (hoch) ist das Durchschnittseinkommen?
Такова жизнь! So ist das Leben!

9. Die Pronomina: der gleiche, derselbe - *тот же самый, такой же самый, тот самый*

In diesen mit *самый* zusammengesetzten Pronomina werden beide Teile dekliniert. Der daran häufig anschließende Vergleich (wie ..) wird durch Beistrich abgetrennt und durch *что*, nicht durch *как* eingeleitet.

Его офис находится в том же самом здании, что и наш. (Sein Büro befindet sich in demselben Gebäude wie auch unseres.)

10. Das Pronomen: selbst - *сам* <—> *сáмый*

10.1. сам

	m., n.	f.	Pl.	
1.	сам, самó	самá	сáми	Im Pl.
2.	самогó	самóй	самúх	immer
3.	самомý	самóй	самúм	-и- !
4.	1. / 2.	самý	1. / 2.	
5.	самúм	самóй	самúми	
6.	о самóм	самóй	самúх	

Он сам об э́том не говорúл. Er selbst hat darüber nicht gesprochen.
Это самó собóй разумéется. Das ist selbstverständlich.
Мы с ней самóй познакóмились. Wir wurden mit ihr selbst bekannt.

10.2. сáмый + Adjektiv = Superlativ (genauer siehe Steigerung, S. 75 ff)

Это однó из сáмых крýпных предприя́тий страны́. Das ist eines der größten Unternehmen des Landes.

сáмый + Substantiv = direkt, unmittelbar

Этот банк располóжен в сáмом цéнтре гóрода. Diese Bank liegt unmittelbar im Stadtzentrum.

11. Das Pronomen: einander - *друг дрýга* (rezeptiv)

Tritt zu diesem Pronomen eine Präposition, so steht sie zwischen den beiden Gliedern.

Ähnlich wie beim Reflexivpronomen (siehe S. 54 f) kann es von *друг дрýга* keinen 1. Fall geben.

1.	—		
2.	друг дрýга	друг прóтив дрýга	gegeneinander
3.	друг дрýгу	друг к дрýгу	zueinander
4.	друг дрýга	друг на дрýга	aufeinander
5.	друг с дрýгом		miteinander
6.	друг о дрýге		übereinander

Zur Verwendung:
Insbesondere die Form "untereinander" wird häufig mit Hilfe des Reflexivpronomens (siehe S. 54 f) *мéжду собóй* wiedergegeben: Филиáлы тéсно свя́заны мéжду собóй (= Филиáлы тéсно свя́заны друг с дрýгом.). Die Filialen sind untereinander (miteinander) eng verbunden.

30 Переведите!

1. Wir verkaufen zu demselben Preis wie im Vorjahr. 2. Wie hoch ist Ihrer Meinung nach die Verschuldung dieses Betriebs? 3. Können Sie uns Ihre Waren zu denselben Bedingungen wie im Vorjahr anbieten? 4. Die Lage dieses Geschäftes ist sehr gut. Es liegt unmittelbar bei der U-Bahnstation. 5. -Haben Sie unser Angebot übergeben? -Ja, ich habe es Herrn Sergéjew selbst übergeben.

12. Die Pronomina: viele, einige - мно́го, мно́гие; не́сколько, не́которые

12.1. Allgemeines

мно́го, не́сколько + 2.:
  мно́го / не́сколько покупа́телей

мно́гие, не́которые sind mit dem Bezugswort übereingestimmt:
  мно́гие / не́которые покупа́тели

12.2. Zum Unterschied in der Verwendung:

Es wird verwendet:

мно́го, не́сколько:	мно́гие, не́которые:
1. In der Frage und Antwort nach unbestimmten Quantitäten in der Struktur: "vorhanden sein, haben, es gibt". -**Ско́лько** у вас покупа́телей? -У нас мно́го (не́сколько) покупа́телей. (Auf die Frage *ско́лько* ist die Antwort immer *мно́го, не́сколько*) У нас име́ется о́чень мно́го филиа́лов.	2. "einige, viele" als Subjekt (außer 1.) Viele Kunden meinen, ... Мно́гие клие́нты ду́мают, ... Не́которые предпринима́тели счита́ют, что ... Мно́гие недово́льны свое́й рабо́той. 3. Struktur: мно́гие из + 2.: viele von ... не́которые из + 2.: einige von ... Не́которые из на́ших клие́нтов обрати́лись к нам с реклама́цией. Мно́гие из нас пое́дут на вы́ставку. 4. wenn "einige, viele" dekliniert wird: Мы сотру́дничаем со мно́гими росси́йскими предприя́тиями. Во мно́гом он прав. Он экспорти́рует в не́которые западноевропе́йские стра́ны. Aber: Он зада́л не́сколько вопро́сов.

5. Мы реши́ли мно́го вопро́сов. <—> Мы реши́ли мно́гие вопро́сы.
Wir lösten viele Fragen (= eine unbestimmte große Anzahl). Wir lösten viele Fragen (= aus einer größeren Menge nicht alle Fragen).

12.3. Feste Fügungen:

не́сколько ⎡ килогра́мм(ов)
         ⎢ ли́тров
         ⎢ дней
         ⎢ слов
         ⎣ раз

не́которое ⎡ вре́мя
          ⎢ расстоя́ние
          ⎣ коли́чество

в не́скольких киломе́трах от + 2.*   Они́ живу́т в не́скольких киломе́трах от го́рода.

в не́скольких шага́х от + 2.*   Они́ живу́т в не́скольких шага́х от ста́нции метро́.

* Genauer siehe Zahlwörter, S. 137 f, Nr. 14.

31 Setzen Sie «мно́го, не́сколько - мно́гие, не́которые» in der entsprechenden Form ein. Das in Klammer angegebene Wort bringen Sie in die notwendige Form.

1. «Банк Аустрия» име́ет филиа́лы в _____ (стра́ны) восто́чной Евро́пы. 2. Мы должны́ еще согласова́ть _____ (усло́вия) поста́вки. 3. Мы уже́ заключи́ли контра́кты с _____ (росси́йские предприя́тия). 4. В _____ (вопро́сы) партнёр нам уступи́л, но в са́мом ва́жном он не пошёл нам навстре́чу. 5. Перегово́ры продолжа́лись _____ (вре́мя). 6. АО «Интер-Стелла» вело́ перегово́ры с _____ (австри́йские фи́рмы). 7. _____ из на́ших клие́нтов прекрати́ли платежи́. 8. _____ (иностра́нные фи́рмы) тре́буют платежа́ про́тив аккредити́ва. 9. На вы́ставке мы ви́дели _____ (интере́сное). 10. _____ (западноевропе́йские предприя́тия) вкла́дывают больши́е су́ммы в произво́дство альтернати́вной проду́кции.

32 Beantworten Sie die Fragen. (Verwenden Sie dabei «мно́го, не́сколько - мно́гие, не́которые» in der entsprechenden Form.)

1. -Ско́лько у вас сотру́дников? 2. -Вы покупа́ете все това́ры на ры́нке? 3. -Все ва́ши партнёры пла́тят во́-время? 4. -Вы согла́сны со все́ми гаранти́йными усло́виями? 5. -Ско́лько у вас партнёров в Росси́и? 6. -Ваш заво́д располо́жен далеко́ от Ве́ны?

Das Adjektiv

1. Einführung

Erinnern wir uns an die wesentlichen Kriterien des Adjektivs!
- es ist mit dem Bezugswort (meist einem Substantiv) übereingestimmt, es sei denn, es tritt substantiviert, also als selbständiges Substantiv auf (z.B.: да́нные - die Daten),
- es weist harte oder weiche Deklination auf (siehe Weiche Adjektive, S. 63 ff),
- es tritt in attributiver, prädikativer oder adverbieller Funktion auf,
- es signalisiert einen Relativsatz,
- es kann gesteigert werden (siehe Adjektiv - Steigerung, S. 75 ff).

Das attributiv gebrauchte Adjektiv (als Beifügung, Attribut, also) ist mit dem Bezugswort, in der Regel einem Substantiv, in Zahl, Fall und Geschlecht übereingestimmt (S. 66):
Мы сотру́дничаем с разли́чными росси́йскими предприя́тиями.

Das prädikativ gebrauchte Adjektiv ist Prädikat und mit dem Subjekt in Geschlecht und Zahl übereingestimmt; es steht immer im 1. Fall (S. 66 ff):
На́ше предприя́тие но́вое. Эти зда́ния высо́кие.

Das adverbiell gebrauchte Adjektiv weist eine besondere Form auf (siehe Adverb, S. 83 f):
Мы должны́ ещё тща́тельно изучи́ть ва́ше предложе́ние. Мы сде́лали э́то по-друго́му.

Das Adjektiv als Signal eines Relativsatzes (rezeptiv) ist immer mit dem Bezugswort übereingestimmt und wird durch Beistrich abgetrennt (siehe auch Konjunktionen, Nebensätze, S. 172 f): В э́той па́ртии това́ров, о́чень тяжёлой по ве́су, повреждены́ шесть компле́ктов. In dieser Teillieferung, => *sehr schwer von Gewicht* (= die vom Gewicht her sehr schwer ist), sind sechs Sätze beschädigt.

2. Die weichen Adjektive

Weich sind verhältnismäßig wenige Adjektive, die sich in drei Gruppen zusammenfassen lassen: weiche Adjektive 1. mit lokaler Bedeutung, 2. mit temporaler Bedeutung und 3. eine kleine Gruppe anderer. Fast alle weichen Adjektive enden auf ein weiches **-н-ий**:

1. lokale Bedeutung		*2. temporale Bedeutung*	
сосе́дний	Nachbar-	ле́тний	Sommer-
вне́шний	äußerer	зи́мний	Winter-
вну́тренний	innerer	ра́нний	früher
ве́рхний	Ober-	по́здний	später

ни́жний	Unter-	**дре́вний**	alt
да́льний	fern	**вече́рний****	Abend-
бли́жний	nah	**ны́нешний**	heuriger; heutiger
кра́йний	äußerster, letzter	**пре́жний**	früherer
за́дний	hinterer	осе́нний	Herbst-
пере́дний	vorderer	весе́нний	Frühling-
зде́шний	hiesiger	у́тренний**	Morgen-
односторо́нний	einseitig	**бу́дний**	Werk-, Alltags-
двусторо́нний*	zweiseitig	бу́дние дни	Werktage, Arbeitstage
разносторо́нний	vielseitig		
тамо́шний	dortiger	в бу́дние дни	während der Woche
иногоро́дний**	einer aus einer anderen Stadt	**сего́дняшний**	heutiger
дома́шний	Haus-; heimisch	вчера́шний	gestriger
		за́втрашний	morgiger
		тепе́решний	jetziger
		тогда́шний	damaliger
		да́вний	längst vergangen
		прошлого́дний**	vorjährig
		нового́дний**	Neujahrs-
		двухле́тний*	zweijährig
		многоле́тний	vieljährig
		совершенноле́тний	volljährig

* bei Zusammensetzungen mit Grundzahlwörter steht das Grundzahlwort immer im 2. Fall: пятиле́тний, десятиле́тний, ...
** ABER HART SIND: ежего́дный, дневно́й, ночно́й, за́городный

3. andere Adjektive

доче́рний	Tochter- (wirt., jur.)
доче́рнее предприя́тие	
после́дний	letzter
сре́дний	mittlerer
за́мужняя же́нщина	verheiratete Frau
и́скренний	aufrichtig, offen
ка́рие глаза́	braune Augen
ли́шний	überflüssig; übriggeblieben
посторо́нний	fremd, Fremder
си́ний	blau

в ны́нешнем году́ =	в э́том году́	в кра́йнем слу́чае	im äußersten Fall
вне́шняя торго́вля	Außenhandel	вну́тренняя торго́вля	Binnenhandel
Ве́рхняя А́встрия	Oberösterreich	Ни́жняя А́встрия	Niederösterreich

Ближний Восток	Naher Osten	Дальний Восток	Ferner Osten
дочерние фирмы	Tochterfirmen	передний план	Vordergrund
Посторонним вход запрещён!		задний план	Hintergrund
Unbefugten ist der Eintritt verboten!			

	Singular		Plural
	m., n.	f.	
1.	передний, переднее	передняя	передние
2.	переднего	передней	передних
3.	переднему	передней	передним
4.	= 1. / 2.	переднюю	= 1. / 2.
5.	передним	передней	передними
6.	о переднем	о передней	о передних

33 Geben Sie die folgenden Inhalte russisch wieder!

1. daß man sich in diesem Büro mit Fragen des Außenhandels beschäftigt; 2. daß Sie im Winterurlaub immer Schi fahren; 3. daß sein Arbeitszimmer im hinteren Teil des Gebäudes ist; 4. daß diese Frage nicht im Vordergrund steht; 5. daß diese Firma sich im Nebenhaus befindet; 6. daß Sie in der gestrigen Zeitung einen Artikel über Ihre Firma gelesen haben; 7. daß Sie Karten für die Abendvorstellung gekauft haben; 8. daß Sie Handelsbeziehungen auch mit dem Nahen Osten haben; 9. daß er sich sehr für Außenpolitik interessiert, und nicht besonders für Innenpolitik; 10. daß unter der Woche das Geschäft um 7 Uhr morgens geöffnet wird, an Sonntagen um 9; 11. daß er den Frühzug versäumt hat; 12. daß Sie im äußersten Fall auch schon im dritten Quartal liefern könnten; 13. daß seine Firma in Niederösterreich gegründet wurde; 14. daß er auch in den Nahen Osten exportiert; 15. daß der Außenhandel des Betriebs 60 Prozent beträgt.

34 Widersprechen Sie der Aussage Ihres Gesprächspartners. (Verwenden Sie dabei das Adjektiv mit der "gegensätzlichen" Bedeutung.)

Muster: - Я слышал, что вы торгуете с Ближним Востоком?
- Нет, это неправильно (Нет, вы ошибаетесь). Мы торгуем с Дальним Востоком.

1. -Я слышал, что объём вашей внешней торговли составляет 75 процентов.
2. -Я слышал, что вы скоро откроете филиал в Нижней Австрии.
3. -Я слышал, что вы в прошлом году купили новый завод.
4. -Я слышал, что ваш офис расположен в задней части здания.

3. Das Adjektiv als Attribut

Das Adjektiv in attributiver Funktion (Wir treiben mit russischen Firmen Handel.) tritt immer in der Langform auf und ist mit dem Bezugswort in Zahl, Fall und Geschlecht übereingestimmt:

Мы сотрудничаем с российскими фирмами. Это крупный завод.
Мы познакомились с новым сотрудником.

4. Das Adjektiv als Prädikat

4.1. Das prädikativ gebrauchte Adjektiv in der Langform

Dies ist die am häufigsten auftretende Form.

Das Unternehmen ist noch neu. Предприятие ещё новое.

4.2. Das prädikativ gebrauchte Adjektiv in der Kurzform

(Zur Bildung der Kurzform siehe S. 68, Nr. 4.3.):

In den folgenden Fällen muß das prädikativ gebrauchte Adjektiv in der Kurzform aufftreten:

4.2.1. wenn das Adjektiv Prädikat zu einem unpersönlichen Subjekt (unpersönliches "es", это, всё, что, ничего, ...) ist:

Известно, что самая высокая гора Кавказа - Эльбрус.	Es ist bekannt, daß der höchste Berg des Kaukasus der Elbrus ist.
Всё хорошо, что хорошо кончается.	Alles ist gut, was gut endet. = = Ende gut, alles gut.
Это не понятно.	Das ist unverständlich.
Непонятно, почему они нам ещё не передали предложение.	Es ist unverständlich, warum sie uns das Angebot noch nicht übergeben haben.

4.2.2. wenn das prädikativ verwendete Adjektiv vor dem Subjekt steht:

Интересен тот факт, что ...	Interessant ist die Tatsache, daß...
Популярны в России такие сделки, ...	Populär in Rußland sind solche Geschäfte, ...
Важны следующие вопросы.	Wichtig sind die folgenden Fragen.

4.2.3. wenn vom prädikativ verwendeten Adjektiv eine Erweiterung abhängt:

Этот город известен своими высококачественными приборами.	Diese Stadt ist für (durch) seine hochwertigen Geräte berühmt.

Эта страна́ бога́та приро́дными ресу́рсами.   Dieses Land ist reich an Naturschätzen.

4.2.4. wenn das Subjekt die Höflichkeitsform вы ist:

Вы о́чень энерги́чны.
Бу́дьте добры́!
Бу́дьте любе́зны!

4.2.5. bei einigen Adjektiven drückt die prädikativ verwendete Kurzform ein *Zuviel des Merkmals* aus:

Таки́е фи́рмы малы́.   Solche Firmen sind zu klein.

In der Umgangssprache wird dieses *Zuviel des Merkmals* aber meist mit *сли́шком* und der Langform ausgedrückt: = Таки́е фи́рмы сли́шком ма́ленькие. = Таки́е фи́рмы недоста́точно больши́е.

Am häufigsten wird die Kurzform in dieser Bedeutung im Zusammenhang mit Bekleidung verwendet:

Э́ти боти́нки мне велики́.   Diese Stiefel sind mit zu groß.
Ю́бка тебе́ широка́.   Der Rock ist dir zu weit.
Ю́бка тебе́ узка́.   Der Rock ist dir zu eng.
Ю́бка тебе́ коротка́.   Der Rock ist dir zu kurz.
Ю́бка тебе́ длинна́.   Der Rock ist dir zu lang.

Ты ещё мо́лод для э́того.   Du bist noch zu jung dafür.
= Ты ещё сли́шком мо́лод.
= Ты ещё сли́шком молодо́й для э́того.

4.2.6. Von einigen Adjektiven hat die Kurzform eine andere Bedeutung als die Langform:

Он ещё жив.	≠	Он о́чень живо́й.
Er lebt noch.		Er ist sehr lebendig.
Тётя о́чень хороша́.	≠	Тётя у нас хоро́шая.
Die Tante ist sehr hübsch.		Unsere Tante ist gut.
Де́душка был о́чень плох.	≠	Кни́га была́ о́чень плоха́я.
Der Großvater war sehr schwach.		Das Buch war sehr schlecht.
Та́ня сего́дня не свобо́дна.	≠	Вход свобо́дный.
Tanja hat heute keine Zeit.		Der Eintritt ist frei. (unentgeltlich)

4.2.7. Die Kurzformen geben im Gegensatz zu den Langformen manchmal eine zeitlich begrenzte Eigenschaft wieder:

Сего́дня он бо́лен, поэ́тому он не мо́жет игра́ть в футбо́л.	≠	Он больно́й. Ему́ нельзя́ занима́ться спо́ртом.
Heute ist er krank, deshalb kann er nicht Fußball spielen.		Er ist ein kranker Mensch. Er darf keinen Sport betreiben.

Он опя́ть здоро́в.	≠	Лю́ди там здоро́вые.
Er ist wieder gesund.		Die Menschen dort sind gesund.

4.2.8. Die Kurzform des prädikativ verwendeten Adjektivs gilt gegenüber der Langform als stilistisch markiert oder als subjektive Einschätzung:

Докла́д был интере́сен.   Докла́д был интере́сный.
(Der Vortrag war interessant.)

4.3. Bildung der Kurzform

Ersatz der Endung durch das Geschlechtsmerkmal:
m.: endungslos, n.: -o, f.: -a; Pl.: -ы

> но́вый –> нов, нова́, но́во; но́вы

-o-/-e- Einschub: (-o-/-e-Regel!) in manchen maskulinen Kurzformen:

бли́зкий	–>	бли́зок, близка́, бли́зко; бли́зки
ва́жный	–>	ва́жен, важна́, ва́жно; ва́жны
интере́сный	–>	интере́сен, интере́сна, интере́сно; интере́сны
больно́й	–>	бо́лен, больна́; больны́

35 Переведи́те!

1. Interessant, was er über diese Verhandlungen erzählen wird. 2. Es zahlt sich nicht aus, diese Lastwagen (грузови́к) zu kaufen. Sie sind für uns zu klein. 3. Entschuldigen Sie, ist das Taxi frei? 4. Seien Sie so gut und sagen Sie mir, wann Sergéj Iwánowitsch Zeit hat. 5. Salzburg ist durch seine wunderschöne Architektur in aller Welt bekannt. 6.-Ist dir noch sehr kalt? -Nein, mir ist schon warm. 7. Dieser Text ist zu schwer für uns. 8. Der Eintritt ist frei. 9. Mir ist all das unverständlich. 10. Das sieht ihm ähnlich! Wiederum hat er vergessen, das Fax abzuschicken. 11. Er ist mit seiner Arbeit sehr zufrieden. 12. Die Fragen waren für uns zu schwer. Wir konnten sie nicht lösen. 13. Die Stadt Irkutsk liegt unweit vom Bajkal-See. 14. Dieser Artikel ist deshalb besonders interessant, weil der Autor hier über den Handel zwischen unseren Ländern schreibt. 15. Heute ist es bei uns ruhig. 16. Besonders interessant ist dieser Artikel aus einem Grund. 17. Ich habe heute leider keine Zeit, ich habe den ganzen Tag zu tun. 18. Es ist wichtig, die folgenden Fragen zu lösen. 19. Wichtig sind die folgenden Fragen. 20. Die folgenden Fragen sind sehr wichtig. 21. Die folgenden Fragen sind sehr wichtig für uns. 22. Sind Sie mit diesem Plan einverstanden? Gut, dann fangen wir gleich an. 23. Ich bin sehr froh, die Verhandlungen erfolgreich abgeschlossen zu haben.

5. Der Prädikativ

Unter Prädikativ versteht man eine besondere Form, die ausschließlich als Prädikat verwendet wird. Man unterscheidet zwei Gruppen.

5. 1. unpersönliche Modalprädikative + Infinitiv

> **мо́жно:** man kann; man darf
> *Antonym: нельзя́*
> Мо́жно (бы́ло, бу́дет) закры́ть окно́.
> (Siehe auch Dativ, S. 157 f, Nr. 4. und 5.)
>
> **на́до:** man muß, es ist nötig
> *Antonym: не на́до*
> На́до (бы́ло, бу́дет) закры́ть окно́.
>
> **ну́жно:** man muß, es ist nötig
> *Antonym: не ну́жно*
> (на́до und ну́жно sind Synonyme)
>
> **нельзя́ + Inf.$_{uv}$:** Verbot (man darf nicht)
> *Antonym: мо́жно*
> Нельзя́ (бы́ло, бу́дет) открыва́ть окно́.
> Man darf (durfte, wird dürfen) das Fenster nicht öffnen.
>
> **нельзя́ + Inf.$_v$:** Unmöglichkeit (man kann nicht, es ist unmöglich)
> *Antonym: мо́жно*
> Нельзя́ (бы́ло, бу́дет) откры́ть окно́.
> Man kann (konnte, wird können) das Fenster nicht öffnen.

Das Subjekt bei unpersönlichen Modalprädikativen steht im Dativ:

Нам на́до (= ну́жно) откры́ть окно́.
=> *Uns (ist) nötig, zu öffnen das Fenster.*   Wir müssen das Fenster öffnen.

Ей нельзя́ бы́ло откры́ть окно́.
=> *Ihr unmöglich war zu öffnen*   Sie konnte das Fenster nicht
das Fenster. (weil v. Inf.)   öffnen.

Ей нельзя́ открыва́ть окно́.
=> *Ihr nicht erlaubt (ist) zu öffnen*   Sie darf das Fenster nicht öffnen.
das Fenster. (weil uv. Inf.)

5.2. brauchen

Ich brauche eine Karte. => *Mir nötig (ist) eine Karte.*
Ich brauchte eine Karte. => *Mir nötig war eine Karte.*
Ich werde eine Karte brauchen. => *Mir nötig wird sein eine Karte.*

Мне	**ну́жен** (был, бу́дет) биле́т. **нужна́** (была́, бу́дет) ма́рка. **ну́жно** (бы́ло, бу́дет) письмо́. **нужны́** (бы́ли, бу́дут) де́ньги.

нужда́ться в + 6.

Я нужда́юсь в по́мощи. = Мне нужна́ по́мощь.
Предприя́тия о́чень нужда́ются в дешёвых креди́тах. = Предприя́тиям о́чень нужны́ дешёвые креди́ты.

Gegenüber dem stilistisch neutralen *ну́жен* ist *нужда́ться* als buchsprachlich markiert.
("brauchen" im Sinne von "Er braucht nicht zu kommen." siehe Verb, S. 99, "Sonderfall")

36 Verändern Sie nach dem Muster:
    У меня́ нет де́нег.   —> а. Мне сро́чно нужны́ де́ньги.
                                      б. Я сро́чно нужда́юсь в деньга́х.

1. У нас пока́ нет информа́ции о ва́ших но́вых станка́х. 2. У меня́ не́ было техни́ческого описа́ния. 3. У нас на фи́рме не́ было грузовика́. 4. У них не́ было компью́теров. 5. У нас пока́ нет никако́й информа́ции о но́вом зако́не. 6. У нас пока́ нет никаки́х перспекти́в.

37 Reagieren Sie zustimmend auf folgende Aussagen.
    Muster: -У нас сли́шком ма́ло сотру́дников.
                  -Да, вы соверше́нно пра́вы, нам нужны́ ещё сотру́дники.

1. У нас о́чень ма́ло серьёзных клие́нтов. 2. У нас не хвата́ет одного́ бухга́лтера. 3. У нас сли́шком ма́ло грузовико́в. 4. У нас сли́шком ма́ло филиа́лов. 5. У нас почти́ нет информа́ции о ва́ших но́вых прибо́рах. 6. У нас сли́шком ма́ло сотру́дников. 7. У меня́ не хвата́ет вре́мени.

5.3. müssen

Zur Wiedergabe des deutschen «müssen» werden im Russischen in der Regel die folgenden Ausdrücke verwendet, die anhand der Übersetzungsvarianten des Satzes "Ich muß das bis Dienstag machen." beschrieben werden. Die notwendige Handlung steht dabei in der Regel im vollendeten Aspekt, außer es handelt sich um eine wiederholte Handlung.

/1/	на́до, ну́жно	stilneutrale Synonyme Мне на́до (= ну́жно) сде́лать э́то до вто́рника. => *Mir nötig (ist) zu machen das bis Dienstag.*

Adjektiv

/2/	до́лжен	signalisiert manchmal noch eine moralische Verpflichtung, wird in der Umgangssprache aber in der Regel надо, нужно gleichgesetzt. Я до́лжен сде́лать э́то до вто́рника. => *Ich verpflichtet (bin) zu machen das bis Dienstag.*
/3/	приходи́ться / / прийти́сь	signalisiert, daß die Tätigkeit nicht unbedingt die Zustimmung des Subjekts findet ("mir kommt zu") Мне пришло́сь сде́лать э́то до вто́рника. => *Mir "kam zu" zu machen das bis Dienstag.*
/4/	необходи́мо	unterstreicht die Dringlichkeit der Verpflichtung ("unbedingt müssen") Мне необходи́мо сде́лать э́то до вто́рника. => *Mir unumgänglich (ist) zu machen das bis Dienstag.*
/5/	сле́дует	signalisiert den Empfehlungscharakter (stilistisch markiert: wissenschaftlicher und publizistischer Stil: сле́дует сказа́ть: es ist zu sagen, soll gesagt werden) (Siehe auch Dativ, "sollen", S. 158, Nr. 6.)

Weiters treten noch die Formen auf:

/6/ Он вы́нужден (был; бу́дет)
    Она́ вы́нуждена (была́; бу́дет)   ⎫
    Они́ вы́нуждены (бы́ли; бу́дут)   ⎬ + Infinitiv   gezwungen sein
                                       ⎭

/7/ Он обя́зан (был; бу́дет)
    Она́ обя́зана (была́; бу́дет)   ⎫
    Они́ обя́заны (бы́ли; бу́дут)   ⎬ + Infinitiv   verpflichtet sein
                                       ⎭

Präsens:

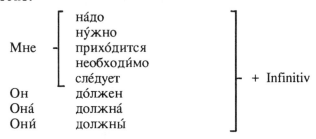

Präteritum:

! Wortstellung !

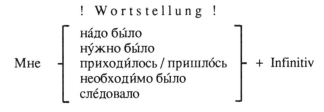

Он	до́лжен был	
Она́	должна́ была́	+ Infinitiv
Они́	должны́ бы́ли	

Futurum:

! Wortstellung !

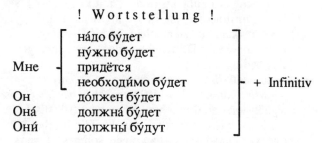

Мне	на́до бу́дет	
	ну́жно бу́дет	
	придётся	
	необходи́мо бу́дет	+ Infinitiv
Он	до́лжен бу́дет	
Она́	должна́ бу́дет	
Они́	должны́ бу́дут	

38 Verändern Sie nach dem Muster:

Он до́лжен был переда́ть запро́с.
—> Ему́ на́до (ну́жно, необходи́мо) бы́ло переда́ть запро́с.
—> Ему́ пришло́сь (сле́довало) переда́ть запро́с.

1. Они́ должны́ бу́дут сде́лать предложе́ние. 2. Она́ должна́ была́ уточни́ть усло́вия платежа́. 3. На́ши партнёры должны́ узна́ть э́то как мо́жно скоре́е.

39 Formulieren Sie,

1. daß Sie ihm mitteilen müssen, daß Sie die Verhandlungen erst in zwei Wochen fortsetzen werden 2. daß die Kollegen das Fax an Herrn Lukín zu senden haben 3. daß wir noch unbedingt die Anfrage beantworten müssen 4. daß Sie gezwungen sind, die Gespräche abzubrechen 5. daß Sie sich noch unbedingt mit Ihrer Firma in Verbindung zu setzen haben.

5.4. Weitere Prädikative

благода́рен, благода́рна; -ы (+ 3.): Я вам о́чень благода́рен.	dankbar sein, zu Dank verpflichtet sein
бо́лен, больна́; больны́ (+5.): Ка́тя больна́. Он бо́лен гри́ппом. (vgl.: Он боле́ет гри́ппом. Он заболе́л.) (*Antonym:* здоро́в)	krank sein
винова́т, -а; -ы: (Я) винова́т, прошу́ проще́ния.	schuld sein (im Sinne einer Entschuldigung!)
вы́нужден, -а; -ы: Мы вы́нуждены сообщи́ть вам, ...	gezwungen sein (genauer siehe S. 70 ff)

готóв, -а; -ы (к + 3.): bereit sein (zu)
   Мы готóвы пойти́ вам навстрéчу.

добр, добрá; добры́:
   Будь добр,   Sei so gut!
   Будь добр, Сáша, дай мне, пожáлуйста, письмó.
   Будь добрá, Кáтя, дай мне, пожáлуйста, письмó.
   Бу́дьте добры́, Сергéй Влади́мирович, дáйте мне, пожáлуйста, письмó.
   Aber: Добрó пожáловать в Вéну!

довóлен, довóльна, -о; -ы (+ 5.): zufrieden sein (mit)
   Они́ óчень довóльны своéй кварти́рой.
   (Antonym: недовóлен)

дóлжен, должнá, -ó; -ы́: "müssen"; schulden
   Он дóлжен (был, бу́дет) передáть письмó.
   (Genauer siehe S. 70 ff, Nr. 5.3.)
   Они́ нам должны́ 30 000 рублéй.

женáт (на + 6.): verheiratet sein (mit) /vom Mann/
   Он женáт на Елéне Петрóвне.
   Vgl.: Онá зáмужем за Олéгом Алексéевичем. (verheiratet sein - von der Frau);
         жени́ться на + 6. (heiraten - vom Mann);
         Они́ поженúлись пять лет назáд. (heiraten - von beiden gemeinsam)

зáнят, занятá, зáнято; -ы: besetzt sein; beschäftigt sein
   Телефóн зáнят.
   Он óчень зáнят.
   Они́ зáняты в промы́шленности.

здорóв, -а, -о; -ы: gesund sein
   Он опя́ть здорóв.
   (Antonym: бóлен)
   Vgl.: выздорáвливать / вы́здороветь: Онá ужé вы́здоровела. Выздорáвливайте! (Genesungswunsch: Ich wünsche Ihnen gute Besserung.)

знакóм, -а, -о; -ы (с + 5.) bekannt sein (mit)
   Мы с Вóвой ужé давнó знакóмы.
   Vgl.: -Вы с Тамáрой Сергéевной знакóмы? Нет? Тогдá познакóмьтесь.

ну́жен, нужнá, ну́жно; нужны́: "brauchen"
   Мне ну́жен (был, бу́дет) билéт. (genauer siehe S. 69 f, Nr. 5.2.)

похóж, -а, -е; -и (на + 4.): jemandem ähnlich sehen
   Онá óчень похóжа на мáму.
   Это похóже на тебя́.

прав, правá; прáвы (в + 6.): recht haben (in, mit)
   Онá правá в том, что всегдá говори́ла о нём хорошó.

рад, ра́да; -ы (+ Inf.; + 3.): Я рад вас ви́деть. Очень рад с ва́ми познако́миться. Я о́чень ра́да ва́шему письму́. (vgl.: /об-/ ра́доваться + 3.)	froh sein (über), sich freuen (über)
расположе́н, -а, -о; -ы: Ве́на располо́жена на Дуна́е.	gelegen sein
свобо́ден, свобо́дна, -о; -ы Эти места́ свобо́дны? Вы сейча́с свобо́дны? (*Antonym: за́нят*)	frei sein
согла́сен, согла́сна; -ы (с + 5.) Мы согла́сны с ва́шим пла́ном.	einverstanden sein (mit)
уве́рен, уве́рена; -ы (в + 6.): Она́ уве́рена в том, что поступи́ла пра́вильно.	sicher sein

40 Переведи́те!

1. Sind Sie mit diesen Lieferbedingungen einverstanden? 2. Nischnij Nowgorod liegt an der Wolga. 3. Igor ist mit Tanja schon sieben Jahren verheiratet. 4. Wéra Petrówna kann leider nicht kommen, sie ist krank. 5. Wir sind mit unserem neuen Mitarbeiter sehr zufrieden. 6. Wir sind Ihnen sehr dankbar, daß Sie uns im Preis entgegengekommen sind. 7. Entschuldigen Sie, sind diese Plätze frei? 8. Ich glaube, daß Herr Krylów recht hat, nicht du.

41 Geben Sie die folgenden Sätze unter Verwendung des Prädikativs wieder:

1. Мы за́няли э́ти места́. 2. Ему́ на́до бы́ло прие́хать. 3. Владивосто́к нахо́дится на восто́ке Росси́и. 4. Она́ о́чень ра́дуется ва́шему письму́. 5. Я о́чень хочу́ поблагодари́ть вас за э́то предложе́ние. 6. Они́ познако́мились уже́ давно́. 7. Лари́сы Петро́вны сего́дня нет. Она́ заболе́ла. 8. Он мо́жет продо́лжить перегово́ры то́лько на сле́дующей неде́ле.

42 Что вы ска́жете? (Verwenden Sie dabei den Prädikativ.)

1. Es war ein Fehler von Ihnen. Sie entschuldigen sich. 2. Der Plan ist gut. Sie stimmen zu. 3. Sie sind mit den Verhandlungsergebnissen zufrieden. 4. Er wird den Vertrag unterschreiben. Sie sind sich dessen sicher.

6. Die Steigerung

6.1. Bildung

[deutsch: interessant (Positiv) - interessanter (Komparativ) - der interessanteste / am interessantesten (Superlativ)]

Es gibt zwei Arten der Steigerung:

	Komparativ	Superlativ
zusammen-gesetzt:	бо́лее + Positiv бо́лее интере́сная кни́га	са́мый + Positiv са́мая интере́сная кни́га
einfach:	-ee -e Кни́га интере́снее.	-ee всего́ / всех -e всего́ / всех Кни́га интере́снее всего́.

6.2. Verwendung

In attributiver Funktion wird nur die zusammengesetzte Steigerung verwendet, in prädikativer und adverbieller Funktion dagegen ist die einfache Steigerung häufiger anzutreffen. (In diesen beiden Funktionen, jedoch bedeutend seltener, kann auch die zusammengesetzte Steigerung verwendet werden.)

Am häufigsten ist folgende Verwendung anzutreffen:

attributive Funktion:	Это бо́лее дли́нная река́. Это са́мая дли́нная река́.
prädikative Funktion:	Эта река́ длинне́е / бо́лее дли́нная. Эта река́ длинне́е всего́ / са́мая дли́нная.
adverbielle Funktion:	Он расска́зывает интере́снее. Он расска́зывает интере́снее всего́.

6.3. "als" beim Vergleich

mit reinem Genitiv:	Во́лга длинне́е Дуна́я.	Die Wolga ist länger als die Donau.
..., чем	Во́лга длинне́е, чем Дуна́й.	

Der Genitiv kann nur verwendet werden, wenn das, was verglichen wird, im 1. Fall steht.

43 Setzen Sie das Adjektiv in den Komparativ und / oder Superlativ.

1. Это изве́стный бизнесме́н. 2. Переговоры бы́ли интере́сные. 3. Дире́ктор интере́сно расска́зывает о свое́й командиро́вке. 4. На перегово́рах бы́ло интере́сно. 5. Эти усло́вия льго́тные. 6. Полити́ческие и экономи́ческие свя́зи ме́жду За́падом и Восто́ком стано́вятся интенси́вными. 7. Тако́е сотру́дничество о́чень ва́жно для на́ших стран.

44 Sie finden, daß Ihr Gesprächspartner untertreibt. Korrigieren Sie ihn.
     Muster: -Это о́чень дли́нная река́.
                -Да что вы говори́те! Это са́мая дли́нная река́!

1. Они́ предлага́ют нам о́чень ни́зкие це́ны. 2. Они́ продаю́т по о́чень высо́ким це́нам. 3. Они́ предлага́ют нам о́чень хоро́шие усло́вия. 4. Этот банк предоста́вил нам о́чень дешёвый креди́т. 5. Мы сотру́дничаем с о́чень кру́пными предприя́тиями э́той страны́. 6. Мы то́лько случа́йно узна́ли об э́тих о́чень хоро́ших усло́виях. 7. Эта фи́рма предлага́ет о́чень большо́й ассортиме́нт това́ров.

6.4. Andere Steigerungspartikel

Komparativ	Superlativ
ме́нее + Positiv	наибо́лее + Positiv
	наиме́нее + Positiv
ме́нее: weniger	наибо́лее: ≈ са́мый
	наиме́нее: am wenigsten

Это ме́нее ва́жный вопро́с. Это наиме́нее ва́жный вопро́с.

6.5. Der einfache Komparativ

Der einfache Komparativ wird gebildet:

- durch Anfügen von -ee (in der Umgangssprache manchmal auch -ей):
    интере́снее, важне́е (umgangssprachlich: интере́сней, важне́й)

- durch Anfügen von -ше:
    да́льше, бо́льше

- durch Anfügen von -e nach Konsonantenwechsel :
    г, д –> ж: дорого́й –> доро́же, молодо́й –> моло́же;
    к, т –> ч: гро́мкий –> гро́мче; бога́тый –> бога́че;
    х –> ш: ти́хий –> ти́ше;
    ст –> щ: просто́й –> про́ще

Der zugehörige einfache Superlativ wird durch Anfügen von всего́ / всех an den Komparativ gebildet.

Im folgenden werden sehr häufige Komparative der 2. und 3. Gruppe aufgelistet:

	Positiv	Komparativ
groß	большо́й	бо́льше
viel	мно́го	
klein	ма́ленький	ме́ньше
wenig	ма́ло	
gut	хоро́ший	лу́чше
schlecht	плохо́й	ху́же
alt	ста́рый	ста́рше
jung	молодо́й	моло́же
hoch	высо́кий	вы́ше
niedrig	ни́зкий	ни́же
früh	ра́нний	ра́ньше
spät	по́здний	по́зже
weit	далёкий	да́льше
nah	бли́зкий	бли́же
lang	до́лгий	до́льше
kurz	коро́ткий	коро́че
leise	ти́хий	ти́ше
laut	гро́мкий	гро́мче
teuer	дорого́й	доро́же
billig	дешёвый	деше́вле
häufig	ча́стый	ча́ще
selten	ре́дко	ре́же
leicht	лёгкий	ле́гче
stark, kräftig	кре́пкий	кре́пче
eng	у́зкий	у́же
breit	широ́кий	ши́ре
reich	бога́тый	бога́че
tief	глубо́кий	глу́бже
einfach	просто́й	про́ще

45 Setzen Sie die in Klammer angegebenen Adjektive im Komparativ ein.

1. В э́том году́ на́ша фи́рма продала́ _____ (мно́го) това́ров, чем в про́шлом.

Adjektiv

2. Они продают _____ (дешёвый), чем конкуренты.
3. Их товары _____ (дорогой) наших.
4. Они _____ (часто) сотрудничают с российскими фирмами, чем с польскими.
5. Торговать с Россией _____ (простой), чем я думал.
6. С каждым годом конкурентов становится _____ (много).
7. Фирма «Сантехника» сотрудничает с нами _____ (долго), чем фирма «Стройтехника».
8. В этом году наша фирма продала _____ (мало) товаров, чем в прошлом.

46 Setzen Sie in den Komparativ und / oder Superlativ.

1. Предложение вашей фирмы хорошее. 2. Ваши цены высокие. 3. Ваши цены низкие. 4. Ваш офис большой. 5. Экономические отношения между Западом и Востоком стали хорошими. 6. Наш завод маленький. 7. Наша продукция дорогая. 8. Наш сотрудник ведёт переговоры очень хорошо.

47 Sie finden, daß Ihr Gesprächspartner untertreibt. Korrigieren Sie ihn.
   Muster: -Мы приехали на выставку очень поздно.
             -Очень поздно?! Мы приехали позже всех.

1. Мы продаём наши товары очень дёшево. 2. Наш ассортимент товаров очень большой. 3. Эти переговоры продолжались очень долго. 4. Ассортимент товаров у них очень маленький. 5. Мы купили этот товар по очень дорогой цене. 6. Они продают товары по низкой цене. 7. Они продают свою продукцию очень дорого.

48 Stimmen Sie der Aussage Ihres Gesprächspartners zu und verstärken Sie sie.
   Muster: -Наша продукция очень дорогая.
             -Да, вы правы. Наша продукция дороже, чем у конкурентов.

1. Ваше предложение очень хорошее. 2. Выбор товаров у вас очень большой. 3. Цены у вас очень низкие. 4. Цены у нас очень высокие. Но и качество у нас очень хорошее. 5. Ассортимент товаров у них очень широкий.

49 Widersprechen Sie Ihrem Gesprächspartner.
   Muster: -Ваши цены выше.
             -Да нет, вы ошибаетесь, наши цены ниже.

1. Качество этих товаров лучше. 2. Проценты за кредит в вашем банке выше. 3. Сеть дилеров у вашей фирмы уже, чем у нас. 4. Количество клиентов у нас гораздо больше. 5. Договоры с фирмами в Албании мы заключаем всё реже. 6. Выбор товаров там гораздо больше. 7. Ваша продукция намного дороже.

50   Переведите!

1. Unsere größte Filiale befindet sich in Petersburg. 2. Die Filiale in Omsk ist kleiner als die in Irkutsk. 3. Unser wichtigster Partner ist die Tokobank. 4. Früher haben wir häufiger zusammengearbeitet. 5. Wir haben mehr Konkurrenten. 6. Uns gefällt es hier am besten. 7. Hier gibt es weniger Konkurrenten als bei uns. 8. Wissen Sie, wie das beste Hotel Moskaus heißt? 9. Diese Ausstellung ist die größte in diesem Jahr. 10. Sie bestellten Zimmer im teuersten Hotel. 11. Hier sind die Preise niedriger als in Moskau. 12. Die Qualität dieser Waren ist schlechter. 13. Ich glaube, daß diese Firma besser ist.

6.6. Die Angabe der Differenz beim Komparativ

(Genauer siehe Zahlwort, S. 133 ff, Nr. 11.)

Он ста́рше меня́ на три го́да.	Er ist (um) drei Jahre älter als ich.
Она́ моло́же тебя́ на год.	Sie ist (um) ein Jahr jünger als ich.
Това́ры подорожа́ли на 15 проце́нтов.	Die Waren wurden um 15% teurer.
На́ша проду́кция на 8 проце́нтов деше́вле проду́кции конкуре́нтов.	Unsere Waren sind um 8% billiger als jene der Konkurrenz.

51   Teilen Sie mit, daß

1. Ihre Firma die Waren billiger verkauft als die Konkurrenz;
2. Ihr Unternehmen länger auf dem russischen Markt ist als die Konkurrenzfirma;
3. Ihre Produkte heuer nur um 3 Prozent teurer sind;
4. die Waren der Firma "Almas" heuer um 6 Prozent teurer wurden;
5. alle Ihre Waren heuer um 2 Prozent billiger geworden sind;
6. Ihre Firma mit Rußland um drei Jahre länger Handel treibt als die englische Konkurrenz;
7. diese Firma die Waren heuer um 10% teurer verkauft als im Vorjahr;
8. die Waren sich um 7% verteuert haben;
9. diese Maschinen um 4% billiger geworden sind;
10. sich im Vergleich zum Vorjahr die Produktionskosten um 11% erhöht haben.

6.7. Gradbestimmungen beim Komparativ

immer	всё
bedeutend	значи́тельно
bei weitem, um vieles	гора́здо
	намно́го
	куда́ (umgangssprachlich)
so ... wie möglich, möglichst	по возмо́жности
	как мо́жно
	как нельзя́

etwas je ...., desto	по + Komparativ: побыстрée чем ..., тем ...

52 Teilen Sie mit, daß

1. die Verhandlungen bedeutend länger gedauert haben, als Sie dachten;
2. er seine Waren bedeutend billiger verkauft als Sie;
3. die Verhandlungen mit «Strojtechnika» bedeutend schwieriger sind als mit «Santechnika»;
4. die Verhandlungen mit der Firma «Almas» viel kürzer waren, als Sie angenommen haben;
5. Ihre Firma die Verhandlungen um drei Tage später begonnen hat;
6. die Verhandlungen viel leichter waren, als Sie gedacht haben;
7. die Preise bedeutend höher geworden sind;
8. im Vergleich zum Vorjahr die Computer viel billiger geworden sind.

53 Переведите!

1. Unsere Zusammenarbeit wird immer besser; das ist ein großer Erfolg. 2. Sie sprechen immer besser russisch. Ich freue mich sehr darüber und wünsche Ihnen weiterhin viel Erfolg. 3. Der Umfang des Exports wurde bedeutend größer. 4. Österreichs Export ist bei weitem kleiner als der Deutschlands. 5. Schreib mir bitte so schnell wie möglich. 6. Sein Vater ist um vieles älter als seine Mutter. 7. Wir liefern unsere Waren immer so schnell wie möglich. 8. Sprechen Sie bitte etwas lauter, ich verstehe Sie nicht! 9. Die wirtschaftliche Lage dieses Landes wird immer schlechter. 10. Alles verändert sich sehr rasch, ich glaube aber, die wirtschaftliche Lage ist etwas besser geworden. 11. Je länger wir zusammenarbeiten, desto größer wird der Erfolg Ihres Unternehmens. 12. Er kommt immer seltener zu uns. 13. Diese Zigarettensorte ist bedeutend stärker. 14. Lebensmittel sind hier nicht viel billiger als bei uns.

6.8. Komparativ- und Superlativformen auf -ший

Vier Gegensatzpaare bilden eine besondere Gruppe im Steigerungssystem des Russischen. Sie gehen auf alte Komparativformen zurück und haben zum Teil neben der Komparativbedeutung oft noch Superlativ- und eine spezielle Bedeutung. Die Bildung des zusammengesetzten Superlativs mit **самый** ist üblich (сáмый хорóший, сáмый лýчший). Diese acht Komparativformen werden attributiv verwendet.

бóльший*	größerer
мéньший	kleinerer, geringerer
стáрший	älterer, ältester; ranghöherer
млáдший	jüngerer, jüngster; rangniederer

* siehe nächste Seite

вы́сший	höherer, höchster; oberster; bester
ни́зший	niedrigerer, niederer, niedrigster; schlechtester
лу́чший	besserer, bester
ху́дший	schlechterer, schlimmerer; schlechtester

*бо́льший: Diese Komparativform muß dann mit einem Betonungszeichen versehen werden, wenn sie sich formal von der Positivform большо́й nicht unterscheidet, z.B.:

бо́льшая часть <—> большая (= больша́я) часть

Aber: бо́льшей частью [Hier weist die Endung -ей dieses Wort als Komparativform aus im Gegensatz zum Positiv большо́й (= большо́й), vgl. o/e-Regel, S. 12 f]

Einige häufige Verwendungen dieser Komparativformen:

бо́льшей ча́стью	größtenteils
по ме́ньшей ме́ре	wenigstens
в лу́чшем слу́чае	bestenfalls
в ху́дшем слу́чае	im schlimmsten Fall
вы́сший о́рган	das höchste Organ
вы́сшее образова́ние	höhere Bildung
ста́рший лейтена́нт	Oberleutnant
мла́дший лейтена́нт	Unterleutnant
бо́льшая часть; са́мая больша́я часть	
ста́рший брат	der ältere / älteste Bruder
мла́дшая сестра́	die jüngere / jüngste Schwester

6.9. Der Superlativ und Elativ auf -ейший / -айший

Dieser einfache Superlativ und Elativ (der Elativ drückt ein außerordentlich hohes Maß aus: z.B.: einer der größten ... , ein außergewöhnlich großer ...) wird durch Anfügen von **-ейший** / **-айший** an den Stamm gebildet. **-айший** wird angefügt, wenn der Stamm auf **г, к, х** endet, wobei **г –> ж, к –> ч, х –> ш** wird.

интере́сный —> интере́снейший   вели́кий —> велича́йший

в ближа́йшие дни	in den nächsten Tagen
в дальне́йшем	im weiteren

54 Bilden Sie die Superlativ- bzw. Elativformen.

1. но́вые това́ры; 2. изве́стные предприя́тия; 3. ва́жные вопро́сы; 4. кру́пные предприя́тия; 5. бе́дные наро́ды.

55 Setzen Sie die passende Superlativform des angegebenen Wortes ein.

1. Мы уже́ мно́го слы́шали об э́том предприя́тии. Оно́, пожа́луй, _____ предприя́тие страны́. | изве́стный
2. В _____ мы ещё ча́сто бу́дем занима́ться э́тими вопро́сами. | да́льний
3. Вы не смо́жете зайти́ в _____ дни? Я ду́маю, что лу́чше не говори́ть об э́том по телефо́ну. | бли́зкий
4. Мы вы́брали то́лько _____ да́нные. | интере́сный
5. Они́ обсуди́ли _____ вопро́сы. | ва́жный
6. Мы сотру́дничаем с _____ предприя́тиями страны́. | кру́пный
7. Вы не мо́жете отве́тить на э́тот запро́с в _____ вре́мя? | бли́зкий
8. На́ша фи́рма поставля́ет _____ медте́хнику и медоборудование для больни́ц. | но́вый

56 Переведи́те!

1. Kommen Sie bitte in den nächsten Tagen auf einen Sprung vorbei, ich möchte mit Ihnen noch einmal über die Zahlungsbedingungen sprechen. 2. Die Preise sind bedeutend höher angewachsen, als wir vermutet haben. 3. Im schlimmsten Fall müssen wir die Preise um 5 Prozent senken. 4. Im weiteren werden wir unsere Zahlungen nur in der Landeswährung durchführen. 5. Liefern Sie bitte so rasch wie möglich. 6. Je früher Sie uns das Anbot übermitteln, desto besser. 7. Unsere Waren sind nicht teurer geworden. 8. Die Produktionskosten haben sich bedeutend vergrößert, daher mußten wir unsere Preise um 4% erhöhen. 9. Senden Sie uns Ihren Fachmann so bald wie möglich. 10. Im Anhang finden Sie die Namen der bekanntesten russischen Börsen. 11. Zum Glück wuchs die Inflation langsamer, als wir befürchtet hatten. 12. Diese Firmen mußten immer häufiger ihre Preise erhöhen. 13. Je länger die Fristen werden, desto höher werden die Zinsen.

Das Adverb

Neben den vielen "selbständigen" Adverbien und Partikeln (das sind solche, die im Wörterbuch zu finden sind wie z.B.: о́чень, то́лько, сли́шком, неда́вно, тогда́...) gibt es solche, die vom Adjektiv gebildet werden.

1. Adverbien auf -о / -е

hart: интере́сный —> интере́сно, хоро́ший —> хорошо́;
weich: вне́шний —> вне́шне, кра́йний —> кра́йне;
Betonung: oft wie im Adjektiv, aber: хорошо́ (< хоро́ший), пло́хо (< плохо́й), тяжело́ (< тяжёлый), высоко́ (< высо́кий), дёшево (< дешёвый), до́рого (< дорого́й), ...

Они́ рабо́тают хорошо́.
Это кра́йне сло́жный вопро́с. (Das ist eine äußerst komplizierte Frage.)

! **Achtung: Strukturunterschied zwischen dem Deutschen und dem Russischen**

Dieses Angebot ist gut.   Это предложе́ние хоро́шее.
Diese Fragen sind schwierig.   Эти вопро́сы тру́дные.

Im Russischen handelt es sich dabei im Gegensatz zum Deutschen um prädikativ verwendete Adjektive (siehe S. 66 ff).

2. Besonderheiten

2.1. "Sprachadverbien": по-ру́сски, по-неме́цки, по-англи́йски, ...

2.2. Adverbien auf -и:

wenn das Adjektiv auf -ский oder -цкий endet (vgl. auch 2.1.):
Рекла́ма э́той фи́рмы графи́чески хорошо́ офо́рмлена.

2.3. mit по- gebildete Adverbien:

по-но́вому   auf neue Art
по-ра́зному   anders
по-сво́ему   auf seine Art
Они́ де́лают э́то по-но́вому.   Sie machen das auf neue Art.
Это вы́глядит по-друго́му.   Das sieht anders aus.
шни́цель по-ве́нски   Wiener Schnitzel
котле́ты по-ки́евски   Kotelett auf Kiever Art
по-моему́ = по моему́ мне́нию
по-ва́шему = по ва́шему мне́нию

2.4. so - *так; такой*

так	такой
Er spricht so schnell, daß ich ihn nicht verstehe. Он говори́т так бы́стро, что я его́ не понима́ю. Bezieht sich "so" auf ein Adverb oder die Kurzform eines Adjektivs, so muß *так* verwendet werden.	Wir erhielten ein so gutes Angebot, daß wir keine anderen mehr brauchen. Мы получи́ли тако́е хоро́шее предложе́ние, что други́е нам уже́ не нужны́. Bezieht sich "so" auf ein Adjektiv in der Langform, so muß immer *тако́й* verwendet werden; es wird mit dem Adjektiv übereingestimmt.

2.5. Wie ist ... / Wie sind ...? - *Како́в, Какова́, Каково́; Каковы́ ...?*
(rezeptiv)

Како́в курс рубля́?   Wie ist der Rubelkurs?

Wird in der Wie-Frage das Prädikat durch eine Form des Wortes "sein" gebildet, so wird die *Како́в*- Struktur verwendet. Diese *Како́в*- Struktur ist stilistisch als buchsprachlich markiert.

Какова́ сейча́с ситуа́ция в Росси́и?
Какова́ сейча́с сре́дняя зарпла́та в Росси́и?
Каковы́ у вас усло́вия поста́вки?

Vergleiche:
Как он рабо́тает?
Ist in der Wie-Frage das Prädikat ein Vollverb, so wird *как* verwendet:
Как вы ду́маете о ситуа́ции в Росси́и?

ABER:

welcher, was für ein - *какой, какая, какое; какие*

Кака́я сейча́с ситуа́ция в Росси́и?   Was für eine Situation gibt es jetzt in Rußland?
О како́й ситуа́ции он говори́т?

Vergleiche: какой ...?	каков ...?
Кака́я сейча́с ситуа́ция в Росси́и? Was für eine Situation gibt es jetzt in Rußland?	Какова́ сейча́с ситуа́ция в Росси́и? Wie ist jetzt die Situation in Rußland?
Die *какой*- Frage ist stilistisch neutral.	Die *каков*- Frage ist stilistisch höher.

Das Verb

1. Der Imperativ

1.1. Der Imperativ an die 2. Person

Der Imperativ an die 2. Person wird am sichersten über die 3. Person Pl. gebildet.

Das Präsens endet auf			
Vokal	Konsonanten		
	ein Kons.		mehrere Kons.
	Betonung in 1. Person Sg. auf Stamm	Betonung in 1. Person Sg. auf Endung	
чита́-ют боле́-ют интересу́-ются откро́-ют бо-я́тся беспоко́-ятся	отве́т-ят знако́м-ятся вста́н-ут бу́д-ут	говор-я́т пи́ш-ут ид-у́т верн-у́тся	ко́нч-ат возьм-у́т
Kennzeichen: -й	Kennzeichen: -ь:	Kennzeichen: betontes -и́	Kennzeichen: -и
Чита́й! Не боле́й! Интересу́йся! Откро́й! Не бо́йся!	Отве́ть! Знако́мься! Вста́нь! Бу́дь!	Говори́! Пиши́! Иди́! Верни́сь!	Ко́нчи! Возьми́!

Besonderheiten:

- einsilbige Verben auf -ить und deren Komposita (Zusammensetzungen):

Inf.	3. Pl.	Sg.	Pl.	
пить	[пь-ют]	**пей!**	**пе́йте!**	trinken
бить	[бь-ют]	бей!	бе́йте!	schlagen
лить	[ль-ют]	лей!	ле́йте!	gießen

- die unvollendeten Verben auf -авáть:

давáть	—>	давáй!	давáйте!	geben
узнавáть	—>	узнавáй!	узнавáйте!	sich erkundigen
вставáть	—>	вставáй!	вставáйте!	aufstehen

- die Verben:

дать	—>	дай!	дáйте!	geben
есть	—>	ешь!	éшьте!	essen
éхать / поéхать	—>	поезжáй!	поезжáйте!	fahren
лечь	—>	ляг!	ля́гте!	sich legen

- die vollendeten Verben mit dem betonten Präfix вы́- bilden den Imperativ wie die Simplexverben:

вы́ступить	—>	вы́ступи!	вы́ступите!
вы́сказать	—>	вы́скажи!	вы́скажите!

Zum Aspektgebrauch im Imperativ siehe Verb, S. 95 f.

57 Ersuchen Sie Ihren Gesprächspartner,

1. не беспокóиться, мы зáвтра продóлжим переговóры; 2. вернýться до десяти́ часóв; 3. покá не передавáть это письмó госпожé Зи́нгер; 4. зайти́ к вам зáвтра в три часá, тогдá всё бýдет готóво; 5. остáться ещё на нескóлько дней, потомý что послезáвтра начинáется интерéсная вы́ставка; 6. как мóжно скорéе передáть это письмó Вéре Пáвловне; 7. заказáть номерá ещё сегóдня; 8. не закрывáть окнó, здесь óчень жáрко; 9. встрéтиться с Ири́ной Влади́мировной зáвтра и́ли послезáвтра; 10. познакóмиться с Анатóлием Алексéевичем; 11. передáть каталóги пóсле обéда; 12. взять с собóй все докумéнты; 13. отвéтить на запрóс срáзу же зáвтра ýтром; 14. откры́ть окнó, здесь óчень дýшно; 15. показáть вам письмó зáвтра пóсле заседáния; 16. не ходи́ть на таки́е встрéчи; 17. срáзу же отвéтить на это письмó; 18. записáть áдрес и телефóн; 19. позвони́ть господи́ну Калáшникову пóсле трёх часóв; 20. уточни́ть услóвия постáвки; 21. не брать с собóй образéц контрáкта; 22. взять с собóй образéц контрáкта; 23. остáвить вéщи здесь; 24. не оставля́ть вéщи здесь; 25. отпрáвить это письмó ещё до обéда; 26. приéхать на два дня рáньше.

1.2. Der Imperativ an die 1. Person Plural (Hortativ)

Давáй,-те* + 1. Person Pl. im vollendeten Aspekt:
Сáша, давáй возьмём эту кни́гу! (Sascha, nehmen wir dieses Buch!) Алексáндр Пáвлович, давáйте возьмём эту кни́гу!

* siehe nächste Seite

1. Person Pl. im vollendeten Aspekt:	
	Са́ша, возьмём э́ту кни́гу!
	Пойдёмте!
Дава́й, -те* + Inf.$_{uv}$:	Дава́йте говори́ть по-ру́сски!**

* *Дава́й* bedeutet die Anrede an eine Person, mit der ich per du bin, *дава́йте* an mehrere Personen oder die Anrede per Sie.

** Diese Imperativform ist eher selten.

1.3. Umgangssprachliche Aufforderung an die 1. Person Plural

Sie steht im Präteritum Plural:

Пошли́! Пое́хали! На́чали!

1.4. Der Imperativ an die 3. Person

Пусть он прие́дет!	Er soll (möge) kommen!
Пуска́й (пусть) он э́то ска́жет!	Soll er es sagen!
Да здра́вствует на́ша дру́жба!	Es lebe unsere Freundschaft!

!! Achtung:

Er möge kommen!	Пусть он прие́дет!
Er sagte, sie möge kommen	Он сказа́л, что́бы она́ пришла́.

(Siehe Konjunktionen, Nebensätze, S. 169, Nr. 3.4.)

58 Fordern Sie Ihren Gesprächpartner auf, mit Ihnen gemeinsam das folgende zu tun.

1. встре́титься за́втра в де́сять часо́в; 2. зайти́ к Ве́ре Па́вловне сего́дня в три часа́; 3. оста́ться ещё на не́сколько дней; 4. переда́ть э́то письмо́ господи́ну Крыло́ву; 5. заказа́ть номера́ ещё сего́дня; 6. купи́ть станки́ ещё в э́том году́; 7. перейти́ ко второ́му вопро́су; 8. перенести́ встре́чу на сле́дующую неде́лю; 9. продо́лжить перегово́ры за́втра по́сле обе́да; 10. обсуди́ть после́дние вопро́сы за́втра у́тром.

59 Переведи́те!

1. Erheben wir das Glas auf unsere Firmen. Es lebe unsere Zusammenarbeit! 2. Herr Andres war lange auf Urlaub. Jetzt soll er auf Dienstreise fahren! 3. Ich habe jetzt sehr viel Arbeit. Frau Nikítina soll diesen Brief schreiben! 4. Beunruhigen Sie sich nicht! Er wird bald zurückkommen.

2. Zum Aspekt

Wie Sie wissen, hat fast jedes Verb einen unvollendeten (imperfektiven) und einen vollendeten (perfektiven) Aspekt.
Die zwei häufigsten Mechanismen zur Bildung von Aspektpaaren:
1. der unvollendete Aspekt kann vom vollendeten Aspekt durch ein Suffix abgeleitet werden: зарабо́тать —> зараба́тывать; обменя́ть —> обме́нивать, ...
   (vgl.: uv. Asp. рабо́тать + Präfix за~ => v. Asp.: зарабо́тать (neue Bedeutung: Geld verdienen), davon wird neuer uv. Asp. gebildet: зараба́тывать; меня́ть —> обменя́ть —> обме́нивать)
2. der vollendete Aspekt kann vom unvollendeten Aspekt durch Präfigierung gebildet werden: слы́шать —> услы́шать; писа́ть —> написа́ть, ...

A s p e k t (< aspicere - betrachten): wie sieht der Sprecher die Handlung, die erzählt wird.

unvollendeter Aspekt	*vollendeter Aspekt*
die Handlung im Verlauf	die Handlung im Hinblick auf ihr Resultat, Ergebnis
"Die Jäger jagten die Hasen."	"Die Jäger erjagten die Hasen."

(Die Jäger waren mit der Hasenjagd beschäftigt.)	(Die Jagd hat stattgefunden, die Hasen sind erlegt.)

Im Präsens wird daher immer der unvollendete Aspekt des Verbs verwendet (die Handlung wird im Verlauf gesehen und hat ihr Resultat noch nicht erreicht), im Präteritum und Futurum dagegen stehen der unvollendete und der vollendete Aspekt meist in Opposition zueinander.

Daß in gar nicht so wenigen Fällen beide Aspekte mehr oder weniger gleichberechtigt verwendet werden können, soll hier nur angemerkt werden. In der Übersicht werden solche Fälle nicht extra dargestellt. Im Schlüssel zu den Übungen finden Sie aber Hinweise darauf.

3. Zur Aspektverwendung in einigen häufigen Situationen

3.1. Der Aspekt im Präteritum und Futurum

unvollendeter Aspekt	*vollendeter Aspekt*
Handlung im Verlauf	Handlung im Hinblick auf ihr Ergebnis
-Где вы бы́ли на про́шлой неде́ле? -До́ма, я отдыха́л. (Ich war mit dem Erholen beschäftigt, hatte Urlaub.) *был* ist uv. und korrespondiert mit dem uv. *отдыха́л*.	К колле́ге по́сле о́тпуска: -Ви́дно, что вы хорошо́ отдохну́ли. (Das Ergebnis des Erholens wird fokussiert.)
-Почему́ у вас вчера́ всё вре́мя бы́ло за́нято? -Прости́те, я до́лго говори́л по телефо́ну. *говори́л* fokussiert die Handlung im Verlauf. ≠	-Почему́ у вас вчера́ всё вре́мя бы́ло за́нято? -Пра́вда? Всё вре́мя бы́ло за́нято? А я не говори́л по телефо́ну. Зна́чит, телефо́н слома́лся. *слома́лся* fokussiert das Ergebnis der Handlung: *das* Telefon ist kaputt.
Когда́ он писа́л письмо́, он слу́шал ра́дио. [Als (während) er den Brief schrieb, hörte er Radio: Gleichzeitigkeit der beiden Handlungen]	Когда́ он написа́л письмо́, он откры́л окно́. [Nachdem (als) er den Brief geschrieben hatte, öffnete er das Fenster. (Aufeinanderfolge der beiden Handlungen; die zweite Handlung kann erst stattfinden, wenn die erste abgeschlossen ist: Vorzeitigkeit)]

когда́-Satz: drei Möglichkeiten

1. Zwei gleichzeitig verlaufende Handlungen:

    когда́ + uv. Asp.: als, während,
    Hauptsatz: uv. Asp.

    Он о́чень волнова́лся, когда́ прои́грывал.
    (Er war sehr erregt, als er im Verlieren war.)

2. "Handlungskette" (zwei aufeinander folgende Handlungen)

когда́ + v. Asp.: nachdem
Hauptsatz: v. Asp.

Когда́ он проигра́л па́ртию,
он о́чень расстро́ился.

3. Während des Verlaufs einer Handlung (когда́-Satz), setzt eine zweite ein:
когда́-Satz: uv. Asp.: als, während,
Hauptsatz: v. Asp.

Я вошёл, когда́ он писа́л письмо́.
[In den Verlauf der einen Handlung (uv.: писа́л)
ist eine zweite Handlung (v.: вошёл) eingeschlossen.]
Когда́ он выходи́л, он вы́ключил свет.
[Beim Hinausgehen (Verlauf der Handlung: uv. выходи́л)
schaltete er das Licht aus (v.: вы́ключил).]

Я узнава́л, како́е предприя́тие произво́дит
э́тот прибо́р, но так и не узна́л. [Ich war mit dem
In-Erfahrung-bringen beschäftigt (= ich erkundigte
mich), hatte aber keinen Erfolg.]
Мы догова́ривались, но так и не договори́лись.
(Wir waren damit beschäftigt, uns zu verabreden, d.h. wir
versuchten es, das Resultat wurde aber nicht erzielt: es
kam aber zu keiner Verabredung.)

!! Achtung im Futurum:	Я вам сейча́с расскажу́ о перегово́рах. (Ankündigung einer unmittelbar bevorstehenden Handlung)
	Когда́ я напишу́ письмо́, я приду́. [Wenn ich den Brief geschrieben habe, komme ich. *("Wenn ich den Brief geschrieben haben werde, werde ich kommen.")*]

viele Unterbedeutungen	*keine Unterbedeutungen*
Wiederholung: Он всегда́ встава́л в 7 часо́в. Мы ча́сто е́здили в Росси́ю.	≠ Сего́дня он встал в 9 часо́в.

Verb

60 Setzen Sie das richtige Verb ein:

1. Когда́ я зашёл к колле́ге, она́ была́ занята́: _____ (писа́ла / написа́ла) письмо́. 2. Бори́с Никола́евич был в кабине́те и _____ (чита́л / прочита́л) статью́. 3. В понеде́льник и вто́рник мы бы́ли в Петербу́рге: _____ (осма́тривали / осмотре́ли) но́вое предприя́тие на́шего партнёра. 4. Смотри́, там стои́т маши́на Алексе́я Алексе́евича, зна́чит, он уже́ _____ (возвраща́лся / верну́лся) из командиро́вки. 5. Когда́ он был в командиро́вке в Петербу́рге, он ча́сто _____ (звони́л / позвони́л) на фи́рму. 6. Когда́ мы _____ (отдыха́ли / отдохну́ли) на ю́ге, всё вре́мя стоя́ла хоро́шая, тёплая пого́да. 7. Он _____ (возвраща́лся / верну́лся) и сра́зу же _____ (сади́лся / сел) за рабо́ту. 8. Мы вчера́ весь день _____ (проверя́ли / прове́рили) э́ти да́нные: они́ в поря́дке. 9. В кабине́те бы́ло жа́рко. А́нна Серге́евна _____ (встава́ла / вста́ла) и _____ (открыва́ла / откры́ла) окно́. 10. Скажи́те, пожа́луйста, когда́ Ива́н Серге́евич _____ (возвраща́лся / верну́лся) с вы́ставки? 11. Когда́ мы _____ (получа́ли / получи́ли) ва́ше письмо́, мы сра́зу же _____ (отвеча́ли / отве́тили) на него́. 12. Мы вчера́ _____ (получа́ли / получи́ли) ваш зака́з и сра́зу же _____ (подтвержда́ли / подтверди́ли) получе́ние зака́за. 13. Я ещё сего́дня _____ (бу́ду свя́зываться / свяжу́сь) с на́шей штаб-кварти́рой. И за́втра, са́мое по́зднее, послеза́втра _____ (бу́ду дава́ть / дам) вам оконча́тельный отве́т. 14. В приложе́нии вы _____ (бу́дете находи́ть / найдёте) техни́ческое описа́ние обо́их прибо́ров. 15. По сравне́нию с про́шлым го́дом э́кспорт _____ (увели́чивался / увели́чился) на 15 проце́нтов. 16. Я _____ (бу́ду звони́ть / позвоню́) через два-три дня и _____ (бу́ду сообща́ть / сообщу́) вам о на́шем реше́нии.

"allgemeinfaktische Bedeutung"
Von Interesse ist nur, ob die Handlung stattgefunden hat: ja oder nein
(typisch in Mitteilungen und in Fragen, die kein Vorwissen voraussetzen, und in den entsprechenden Antworten; der Sprecher will keine Verknüpfung zu irgendeinem Ereignis herstellen; die Satzbetonung liegt immer auf dem Verb)

-Вы слы́шали об э́том?
-Да, слы́шал.

-Вы уже́ обе́дали?
-Нет.
-Дава́йте пойдём в буфе́т!

-Но́вости уже́ бы́ли?
-Да, их уже́ передава́ли.

-Я вас на собрании не видел.
-Я был на вокзале и встречал Катю. ≠ Verknüpfung mit anderer Handlung, (siehe когда- Satz, S. 89 f)
Когда я гулял по городу, я встретил Катю.

-Вы смотрели фильм "Курьер"?
-Нет ещё.
(kein Vorwissen: der Fragende will nur wissen, ob der Befragte den Film schon gesehen hat, ja oder nein)

≠ -Ну как, вы посмотрели фильм "Курьер"? Понравился?
(Vorwissen ist gegeben: entweder war ich über seine Absicht, diesen Film zu sehen, informiert, oder ich habe es angenommen)

-Ты звонил Кате?
(kein Vorwissen: der Fragende will nur wissen, ob ein Anruf an Katja getätigt worden ist, ja oder nein).

≠ -Ты позвонил Кате? Что она сказала?
(Dieser Satz setzt Vorwissen voraus. Er ist nur angemessen, wenn der Fragende wußte, daß der Befragte Katja hatte anrufen wollen oder sollen. Ohne Vorwissen ist der Satz unangemessen. Die Verwendung des anderen Aspekts stört die Kommunikation kaum.)

Zwei-Weg-Handlung:
-Ира вчера приходила?

Die uv. Verben des Typs ходить, ездить, летать sowie die unvollendeten präfigierten Verben der Fortbewegung wie z.B. приходить, уходить, выходить, ... und einige andere Verben haben im Präteritum auch die Bedeutung «hin und zurück».

В прошлом году летом мы ездили в Италию.(= В прошлом году летом мы были в Италии.)

-Кто-нибудь приходил, когда меня не было?
(siehe auch Verben der Fortbewegung: Kommen hat stattgefunden, kein Bezug zum Jetzt; daher Bedeutung: derjenige, der gekommen ist, ist nicht mehr hier)

≠ -Пришёл Иван Петрович. Он ждёт вас в соседней комнате.
(Resultat des Kommens: er ist hier)

-Кто брал ручку? Она сломана.
(Das Resultat des Nehmens ist gleichsam aufgehoben. Die Feder wurde genommen und wieder zurückgegeben: = Wer hatte die Feder?)

≠ -Моей ручки нет. Кто её взял?
(Wer hat sie weggenommen, das Resultat wird fokussiert —> die Feder ist nicht da. = Wer hat die Feder?)

Verb

-Здесь совсéм не жáрко. Навéрное, открывáли окнó.
(Fenster ist im Moment des Sprechens geschlossen. Das Öffnen hat stattgefunden, kein Bezug zum Jetzt; wann, ist unwesentlich. Resultat des Fensteröffnens wird vom Sprechenden nicht fokussiert: das Fenster war offen)

≠ -Ой, как хóлодно. Ну да, открыли окнó. Давáй закрóем!
(Resultat: Fenster ist offen)

61 Setzen Sie das richtige Verb ein:

1. - Здрáвствуйте, Михаи́л Петрóвич. Я вас дáвно не _____ (ви́дела / уви́дела).
   - Здрáвствуйте, Ири́на Леони́довна. Я был на дáче, _____ (отдыхáл / отдохну́л).
2. - Дми́трий Алексéевич, вы ужé _____ (слы́шали / услы́шали), что _____ (случáлось / случи́лось)?
   - Да, _____ (слы́шал / услы́шал).
3. - Вы ужé говори́ли с Нáдей?
   - К сожалéнию, ещё не _____ (звони́л / позвони́л) ей.
4. - Добрó пожáловать, Ни́на Александровна. Как вы _____ (доезжáли / доéхали)? Вы óчень _____ (уставáли / устáли)? Вы ужé _____ (éли / съéли)? Нет? Тогдá сади́тесь, пожáлуйста, всё готóво.
5. - Вы сегóдня ужé _____ (читáли / прочитáли) газéту?
   - Нет, почему́ вы спрáшиваете?
   - Потому́ что там пи́шут о нáшем предприя́тии.
6. - Вы ужé знакóмы с Óльгой Леони́довной?
   - Конéчно, мы с ней ужé _____ (знакóмились / познакóмились).
7. - Вы ужé _____ (ви́дели / уви́дели) Татья́ну Ю́рьевну? Вы с ней ужé _____ (говори́ли / поговори́ли)?
   - Покá ещё нет.
8. - Сергéй Ивáнович, мóжет вы хоти́те чáю?
   - Спаси́бо, Лéна, я ужé дóма _____ (пил / вы́пил).
9. - Этого человéка я когдá-то ужé _____ (встречáла / встрéтила), но не могу́ вспóмнить, как егó зову́т. Помоги́те мне, пожáлуйста!
10. - Вы ужé знáете, что случи́лось?
    - Да, Маргари́та Алексéевна _____ (расскáзывала / рассказáла).
11. - Здрáвствуйте, Лари́са Петрóвна. Вам сегóдня _____ (звони́ли / позвони́ли) из торгпрéдства.
    - Да?
    - Они _____ (говори́ли / сказáли), что пóсле обéда ещё раз позвоня́т.
12. - Что закáжем? Кстáти, госпожá Мюллер, вы ужé _____ (прóбовали / попрóбовали) котлéты по-ки́евски?
    - Нет ещё.
    - Тогдá обязáтельно закáжем.

62 Setzen Sie das richtige Verb ein:

1. - Бо́же мой, как здесь ду́шно!
   - Бою́сь, что никто́ не _____ (открыва́л / откры́л) окно́.
2. - Это Маргари́та Васи́льевна. Она́ вчера́ _____ (приезжа́ла / прие́хала) из на́шего филиа́ла в Ни́жнем Но́вгороде. Познако́мьтесь!
3. - Ты ещё по́мнишь Бо́рю? Нет? Он _____ (приезжа́л / прие́хал) на но́вый год. Сего́дня я _____ (получа́ла / получи́ла) от него́ письмо́: он _____ (зака́нчивал / зако́нчил) университе́т. Дава́й вме́сте его́ поздра́вим.
4. - Вы вчера́ _____ (ви́дели / уви́дели) Фёдора Русла́новича?
   - Кого́?
   - Фёдора Русла́новича из Новосиби́рска. По́мните? Он _____ (прилета́л / прилете́л) про́шлой зимо́й.
   - Ах да, коне́чно, по́мню. Ра́зве он _____ (прилета́л / прилете́л) в Москву́?
   - Да, в суббо́ту. Вы с ним ещё не _____ (встреча́лись / встре́тились)?
   - Пока́ нет.
5. - Что бы́ло вчера́ на совеща́нии?
   - Ни́на Алекса́ндровна _____ (расска́зывала / рассказа́ла) о свое́й командиро́вке в Екатери́нбург.
   - А что ещё?
   - Па́вел Петро́вич не _____ (приходи́л / пришёл). Говоря́т, заболе́л.
6. - Что вы и́щете?
   - Факс из Герма́нии, кото́рый мы вчера́ _____ (получа́ли / получи́ли). Не понима́ю, куда́ он пропа́л.
   - Мо́жет, его́ _____ (брал / взял) Влади́мир Алекса́ндрович. Спроси́те у него́.

Er hat das "in zwei Tagen" gemacht.

Он де́лал э́то в тече́ние двух дней. = Он де́лал э́то два дня. (Im Verlauf von zwei Tagen war er damit beschäftigt) (Siehe auch Zeitangaben, S. 140, Nr. 1.16.)	≠ Он сде́лал э́то за два дня. (Innerhalb von zwei Tagen hat sich das Resultat des Tuns ergeben. spezielle Struktur: v. Verb + за + Zeitausdruck im 4.)

Spezialfall nur im Präteritum:
Handlung steht bevor, "sollte stattfinden"

Мы ещё могли́ осмотре́ть го́род, потому́ что по́езд **отходи́л** то́лько ве́чером.	= Мы ещё могли́ осмотре́ть го́род, потому́ что по́езд **до́лжен был отойти́** то́лько ве́чером.

3.2. Der Aspekt im Imperativ

3.2.1. nichtverneinter Imperativ
(vgl.: Der Aspekt nach Modalwörtern, S. 97 ff)

Aufforderung zur Erreichung des Resultats einer einmaligen Handlung (die häufigste Verwendungsform):
 Узна́йте, пожа́луйста, но́вые усло́вия опла́ты!
 Переда́йте нам образе́ц догово́ра как мо́жно скоре́е!
 Позвони́те госпоже́ Серге́евой по́сле обе́да!
 Реа́кция на стук в дверь:
 -Войди́те!

viele Unterbedeutungen

Aufforderung oder Erlaubnis, die Handlung durchzuführen
(Fokussierung des Verlaufs der Handlung):
 Пиши́те быстре́е!
 -Мо́жно мне отсю́да позвони́ть?
 -Пожа́луйста, звони́те!   Auch möglich: -Пожа́луйста, позвони́те!

Aufforderung, die Handlung wiederholt durchzuführen:
 Посыла́йте э́тим фи́рмам на́ши катало́ги! Покупа́йте таки́е това́ры лу́чше за грани́цей!   ≠ Пошли́те э́тим фи́рмам на́ши катало́ги! Купи́те таки́е това́ры лу́чше за грани́цей. (siehe oben)

Aufforderung, eine Handlung endlich zu beginnen:
 -Почему́ вы не звони́те ему́? Звони́те!

Aufforderung, eine erwartbare, der Konvention entsprechende Handlung durchzuführen:
 -Пожа́луйста, проходи́те, раздева́йтесь!
 -Угоща́йтесь! (Greifen Sie zu!)
 -Выздора́вливайте! (Gute Besserung!)
 -Поправля́йтесь! (Gute Besserung!)
 -Приходи́те к нам! (Besuchen Sie uns mal!)

3.2.2. verneinter Imperativ

fast immer u. Asp.:
-Не говори́те ему́ об э́том!
-Не сотру́дничайте с э́той фи́рмой!

Nur bei ausgesprochener Warnung (oft verstärkt durch -Смотри́! Смотри́те!):
-Смотри́те, не забу́дьте э́то!

3.3. Der Aspekt im Infinitiv

3.3.1. Der Infinitiv nach Verben

Fokussierung des Resultats der im Infinitiv genannten Handlung:
Она́ проси́ла **написа́ть** э́то письмо́. (vgl.: Напиши́те э́то письмо́!)

Fokussierung des Verlaufs der im Infinitiv genannten Handlung:
Здесь он хо́чет **говори́ть** то́лько по-ру́сски. ≠ Я хочу́ сказа́ть вам сле́дующее.

Wiederholung der im Infinitiv genannten Handlung:
Сове́тую вам покупа́ть э́ту газе́ту. ≠ Сове́тую вам купи́ть э́ту газе́ту.
[Ich empfehle Ihnen, diese Zeitung (immer) zu kaufen.]
(auf Grund der Fokussierung des Resultats der im Infinitiv genannten Handlung: diese konkrete Zeitung zu kaufen.)

Nach Verben des Beginnens, Fortsetzens, Beendens und nach люби́ть steht der uv. Inf.:
Он на́чал писа́ть письмо́.
Он стал писа́ть письмо́.
Он продолжа́л писа́ть письмо́.
Он ко́нчил писа́ть письмо́.
Он переста́л писа́ть письмо́.
Она́ бро́сила кури́ть.

Der unvollendete Infinitiv ist abhängig von folgenden Verben:
    привыка́ть / привы́кнуть (sich gewöhnen)
    отвыка́ть / отвы́кнуть (sich abgewöhnen)
    учи́ться / научи́ться (lernen)
    Ø / разучи́ться (in der Regel nur v.: verlernen)
    надоеда́ть / надое́сть (sich langweilen, überdrüssig werden)
    устава́ть / уста́ть (müde werden)
    избега́ть (n u r uv.: vermeiden)
    Мне надое́ло переводи́ть таки́е те́ксты.
    Она́ избега́ет встреча́ться с ним.

Der vollendete Infinitiv hängt von den folgenden Verben im vollendeten Aspekt ab:
    Он забы́л принести́ журна́л.
    Она́ успе́ла купи́ть проду́кты.
    Ему́ удало́сь поговори́ть с дире́ктором.

Imperativ:
    Дава́йте смотре́ть футбо́л! ≠ Дава́йте посмо́трим футбо́л.

Genauer siehe Imperativ, S. 86 f

Der verneinte Inf. steht fast immer im uv. Asp.:
    Партнёры договори́лись не переноси́ть встре́чу. ≠ Партнёры договори́лись перенести́ встре́чу на пя́тницу.
    Прошу́ никому́ не говори́ть об э́том.

3.3.2. Der Infinitiv nach Modalwörtern

на́до ⎤
ну́жно ⎬ + Inf. uv. A.
до́лжен ⎦

на́до ⎤
ну́жно ⎬ + Inf. v. A.
до́лжен ⎦

Es ist nötig, das Resultat der Handlung zu erreichen:
    Я ду́маю, что на́до встре́титься с ним. (Das Treffen soll zustan-

dekommen, ich möchte ihn sprechen.) [Vgl.: Встре́тьтесь с ним!)
Я до́лжен сообщи́ть вам, ...
(Resultat des Mitteilens: Sie sollen es gesagt bekommen, Sie sollen es wissen) [vgl.: Сообщи́те ему́, что ...]

Es ist nötig, die Handlung zu tun, den Prozeß zu realisieren:
Я до́лжен говори́ть по-ру́сски, а то всё забу́ду.
(das Sprechen wird fokussiert)
[vgl.: -Говори́те по-ру́сски, а то всё забу́дете!]

Es ist nötig, die Handlung zu wiederholen
На́до покупа́ть таку́ю газе́ту.
[vgl.: Покупа́йте таку́ю газе́ту!] ≠ На́до купи́ть э́ту газе́ту.
(die konkrete Zeitung einmal zu erwerben) [vgl: Купи́те э́ту газе́ту!]

«Es ist nötig» in der Bedeutung: es ist an der Zeit, es ist höchste Zeit, diese Tätigkeit zu tun.
Уже́ 14 часо́в. На́до /= пора́/ звони́ть в министе́рство. (vgl: Уже́ 14 часо́в, звони́те в министе́рство!)

3.3.3. Der Infinitiv nach verneinten Modalwörtern:

Не на́до смотре́ть э́тот фильм.
(Vgl.: Не смотри́те э́тот фильм!) ≠ На́до посмотре́ть э́тот фильм.
(vgl: Посмотри́те э́тот фильм!)
Не ну́жно смотре́ть э́тот фильм. ≠ Ну́жно посмотре́ть э́тот фильм.
Не сто́ит смотре́ть э́тот фильм. ≠ Сто́ит посмотре́ть э́тот фильм.
Не сле́дует смотре́ть э́тот фильм. ≠ Сле́дует посмотре́ть э́тот фильм.

нельзя́ + uv. Inf. = nicht dürfen, (Verbot) ≠ **нельзя́** + v. Inf. = = nicht können (Unmöglichkeit)
Сейча́с нельзя́ входи́ть. Он за́нят. Сейча́с нельзя́ войти́. Мы потеря́ли ключ.

Об э́том нельзя́ забыва́ть. Об э́том нельзя́ забы́ть. =
= Об э́том не забу́дешь.
Об э́том тебе́ не забы́ть. =
= Об э́том ты не забу́дешь.

Sonderfall:

мо́жет + не + uv. Infinitiv:
nicht brauchten
Вы мо́жете не при-
ходи́ть.
Sie brauchen nicht zu kommen.

≠

мо́жет + не + v. Infinitiv:
es kann sein, daß ... nicht ...
Он мо́жет не прийти́.
Es kann sein, daß er nicht kommt.

Aber: Он не мо́жет прийти́.
Er kann nicht kommen.

Sonderfall:
не мо́жет не + v. Infinitiv:
müssen; nicht umhin können;
es ist unmöglich, daß ... nicht ...,
Это не мо́жет не сказа́ться и на
экономи́ческой ситуа́ции
страны́. Das muß auch in der
wirtschaftlichen Situation des
Landes zum Ausdruck kommen.
(= Das muß sich auch auf die
wirtschaftliche Situation des
Landes auswirken.)
Он не мо́жет не прие́хать на
э́ту вы́ставку. Er kann nicht umhin, zu dieser Ausstellung zu
kommen.

63 Setzen Sie das Verb im richtigen Aspekt und der richtigen Form ein.

1. Я, к сожале́нию, совсе́м разучи́лся _____ (говори́ть / поговори́ть / сказа́ть) по-италья́нски, но зато́ хорошо́ научи́лся _____ (говори́ть / поговори́ть / сказа́ть) по-ру́сски: уже́ шесть лет я рабо́таю в Росси́и. 2. На́ши сотру́дники привы́кли _____ (рабо́тать / порабо́тать) самостоя́тельно. 3. Прости́те, я забы́л _____ (брать / взять) с собо́й образе́ц контра́кта. 4. Вдруг мы услы́шали шум из сосе́днего помеще́ния. Там колле́ги _____ (отмеча́ть / отме́тить) день рожде́ния. 5. Меня́ попроси́ли не _____ (наста́ивать / настоя́ть) на э́том усло́вии. 6. Он серьёзно заболе́л и до́лжен _____ (остава́ться / оста́ться) до́ма. 7. _____ (реша́ть / реши́ть) э́тот вопро́с сейча́с нельзя́. Никто́ не зна́ет, на ско́лько повы́сятся це́ны на энергоноси́тели. 8. Мы договори́лись _____ (встреча́ться / встре́титься) по́сле обе́да. 9. Ему́ удало́сь _____ (зака́нчивать / зако́нчить) рабо́ту во́-время. 10. Я о́чень рад _____ (сообща́ть / сообщи́ть) вам, что мы смогли́ _____ (снижа́ть / сни́зить) на́ши це́ны на 3%. 11. На́шим те́хникам удало́сь _____ (разраба́тывать / разрабо́тать) техноло́гию 21 ве́ка. 12. Не на́до _____ (звони́ть / позвони́ть), они́ и так зна́ют. 13. Он до́лжен _____ (звони́ть / позвони́ть) ещё сего́дня, а то они́ забу́дут вы́слать факс.

64 Übersetzen Sie:

1. Als er zurückkehrte, übersetzte sie immer noch die technische Beschreibung. 2. Als er zurückkehrte, hatte sie die technische Beschreibung schon übersetzt. 3. Haben Sie schon gefrühstückt? Nein? Dann nehmen Sie, bitte, Platz! Ich bringe sofort Kaffee. 4. Als ich gestern zur Arbeit fuhr, traf ich zufällig Herrn Katénin, den Mitarbeiter von «Alisa». 5. Haben Sie das Fax schon gelesen? Nein? Hier ist es. 6. War Frau Kudráwcewa heute schon da? 7. Wenn ich den Mustervertrag erhalte, rufe ich Sie sofort an. 8. Meine sehr geehrten Damen und Herren! Ich möchte Ihnen heute unser neues Produkt vorstellen. 9. Ich habe gehört, daß der Vertrag schon unterschrieben wurde. Ist das wahr? 10. Ich freue mich, Ihnen mitteilen zu können, daß wir auch in diesem Jahr zum alten Preis verkaufen können.

65 Setzen Sie die passenden Verben ein.

- Добрый день, госпожа Запалкина. Это _____ Зинн из фирмы «Терезак».	sprechen
- Здравствуйте, господин Зинн. Очень рада вас _____ . Вы уже _____ наше письмо?	hören / erhalten
- Да, госпожа Запалкина. Поэтому я и _____ . В своей рекламации вы _____ , что управление одного станка в неисправности. Это _____ только после монтажа станка вашими специалистами.	anrufen schreiben entdecken
- Да, и станок _____ уже третью неделю.	stillstehen
- Мы вас _____ , госпожа Запалкина. Мы сразу же _____ нашего специалиста к вам, чтобы _____ станок и управление. Только после проверки мы окончательно _____ _____ , оправдана ли ваша претензия. Ведь может быть, что при монтаже вашими специалистами допущена ошибка.	verstehen schicken kontrollieren können sagen
- Наши специалисты _____ вашими инструкциями. Когда вы можете _____ специалиста?	sich leiten lassen schicken
- Завтра. Он _____ в Москву послезавтра.	kommen
- Хорошо, мы его _____ в аэропорту.	abholen

66 Setzen Sie die passenden Verben ein.

- Слу́шаю.
- Здра́вствуйте, господи́н Петро́в. Э́то говори́т Пе́тер Видхо́льц.
- До́брый день.
- Господи́н Петро́в, мне _____ , что вы _____ , когда́ меня́ не́ было. Вы хоте́ли бы _____ бо́лее подро́бные спра́вки насчёт на́ших гаранти́йных усло́вий.   — mitteilen / anrufen / erhalten
- Да, они́ мне сро́чно нужны́.
- Наш шофёр, господи́н Петро́в, мог бы _____ вам образе́ц контра́кта за́втра.   — übergeben
- Э́то бы́ло бы весьма́ любе́зно с ва́шей стороны́. Но не могли́ бы вы сейча́с _____ на па́ру вопро́сов?   — antworten
- Пожа́луйста, _____ !   — fragen
- Во-пе́рвых, гаранти́йный пери́од...
- Он _____ шесть ме́сяцев со дня поста́вки на ме́сто.   — betragen
- И в слу́чае дефе́кта до истече́ния сро́ка гара́нтии вы за свой счёт _____ дефе́ктное обору́дование но́вым?   — ersetzen
- ... и́ли _____ дефе́кты.   — beseitigen
- От чего́ э́то _____ ?   — abhängen
- От ме́ры дефе́кта.
- А что бу́дет при просро́чке?
- В тако́м слу́чае мы по усло́виям контра́кта _____ пе́ню в полтора́ проце́нта сто́имости непоста́вленного обору́дования за ка́ждую неде́лю.   — zahlen
- Ага́, ну, э́то пока́, пожа́луй, всё. Спаси́бо.
- Пожа́луйста. И за́втра вы _____ образе́ц на́шего контра́кта. Он на обо́их языка́х. До свида́ния, господи́н Петро́в.   — erhalten
- До свида́ния.

4. Die Verben der Fortbewegung

4.1. Einige sehr häufige unpräfigierte Verben der Fortbewegung

Unpräfigierte Verben der Fortbewegung sind immer unvollendet.

1. Gruppe	2. Gruppe	

бежа́ть:
  бегу́, бежи́шь
  бежа́л
	бе́гать
	  бе́гаю, бе́гаешь
	  бе́гал
		laufen

везти́
  везу́, везёшь
  вёз, везла́
	вози́ть
	  вожу́, во́зишь
	  вози́л
		etwas fahren (trans.), transportieren

вести́
  веду́, ведёшь
  вёл, вела́
	води́ть
	  вожу́, во́дишь
	  води́л
		führen, leiten

е́хать
  е́ду, е́дешь
  е́хал
	е́здить
	  е́зжу, е́здишь
	  е́здил
		fahren (intrans.)

идти́
  иду́, идёшь
  шёл, шла, шли
	ходи́ть
	  хожу́, хо́дишь
	  ходи́л
		gehen

лете́ть
  лечу́, лети́шь
  лете́л
	лета́ть
	  лета́ю, лета́ешь
	  лета́л
		fliegen

нести́
  несу́, несёшь
  нёс, несла́
	носи́ть
	  ношу́, но́сишь
	  носи́л
		tragen

плыть
  плыву́, плывёшь
  плыл, плыла́; плы́ли
	пла́вать
	  пла́ваю, пла́ваешь
	  пла́вал
		schwimmen

Bedeutung:

im angesprochenen Moment in einer bestimmten Richtung unterwegs sein
 	
-Куда́ ты идёшь?
-Я иду́ на рабо́ту.
	mehr Spezialbedeutungen:
	- wiederholte Bewegung:
	  Он хо́дит на рабо́ту пешко́м.
	- hin und her, auf und ab, herum, umher
	  Он е́здит по Евро́пе.
	- die Fähigkeit zu einer Bewegung
	  Ребёнок уже́ хо́дит.
	  Ры́ба пла́вает.

	- *im Präteritum: Fortbewegung hin und zurück:* Ле́том мы е́здили в Бе́льгию. (= Ле́том мы бы́ли в Бе́льгии.)
[Selten: Wiederholte Bewegung in e i n e r Richtung, wenn die eine Richtung expressis verbis angegeben ist: У́тром я обы́чно е́ду на рабо́ту, ве́чером иду́ пешко́м домо́й.]	

67 Setzen Sie das richtige Verb im Präsens ein.

1. Ве́ра лю́бит _____ (нести́ / носи́ть) джи́нсы. 2. Ка́тя ещё не уме́ет _____ (плыть / пла́вать). 3.-Ма́ша, куда́ вы _____ (нести́ / носи́ть) э́ти кни́ги? 4. Обы́чно и́ли мой муж и́ли я _____ (вести́ / води́ть) Ле́ночку в де́тский сад. 5. Я обы́чно _____ (е́хать / е́здить) на рабо́ту на метро́. Я _____ (е́хать / е́здить) почти́ со́рок мину́т. 6. Мой брат ре́дко, о́чень ре́дко _____ (лете́ть / лета́ть). Я ду́маю, что он бои́тся _____ (лете́ть / лета́ть). 7. -Ты не зна́ешь, где Ли́за? -Вот она́ уже́ _____ (идти́ / ходи́ть). 8. Мой брат серьёзно занима́ется спо́ртом: ка́ждый день он _____ (бежа́ть / бе́гать) два часа́. 9. Ири́на Петро́вна рабо́тает экскурсово́дом. Осо́бенно ле́том она́ _____ (вести́ / води́ть) ка́ждый день пять и́ли да́же шесть групп по э́тому музе́ю. 10. -Вы не ска́жете, где сейча́с Ири́на Петро́вна? -Она́ _____ (вести́ / води́ть) тури́стов по музе́ю. 11. Вы не зна́ете, ско́лько часо́в самолёт _____ (лета́ть / лете́ть) в Пари́ж? 12. Он не лю́бит _____ (идти́ / ходи́ть) пешко́м.

68 Setzen Sie das richtige Verb im Präteritum ein.

1. В про́шлом году́ мы с семьёй _____ (е́хать / е́здить) на мо́ре. Бы́ло про́сто великоле́пно. 2. Когда́ мы _____ (е́хать / е́здить) в теа́тр, мы встре́тили Бо́рю с жено́й. 3. Про́шлым ле́том у нас была́ великоле́пная экску́рсия: мы _____ (е́хать / е́здить) по Герма́нии, осма́тривали ра́зные города́. 4. Ра́ньше она́ ча́сто _____ (е́хать / е́здить) в Ве́ну на конфере́нции. 5. Два го́да наза́д он _____ (е́хать / е́здить) на конгре́сс в Москву́. Бо́льше он туда́ не _____ (е́хать / е́здить). 6. Ра́ньше мы в э́том о́зере ча́сто _____ (плыть / пла́вать). А тепе́рь вода́ почему́-то о́чень гря́зная. 7. В За́льцбург мы _____ (е́хать / е́здить) почти́ три часа́. 8. Я познако́мился с мое́й жено́й, когда́ я _____ (лета́ть / лете́ть) в Петербу́рг.

Achtung:

	essen	fahren	
	есть:	éхать:	éздить:
	ем	éду	éзжу
	ешь	éдешь	éздишь
	ест	éдет	éздит
	едим	éдем	éздим
	едите	éдете	éздите
!!	едят	éдут !!	éздят

4.2. Mit *по-* präfigierte Verben des Typs *пойти*
Sie sind immer vollendet.

    z.B.:   поéхать: поéду, поéдешь, поéдут;
                          поéхал;
               пойти: пойду, пойдёшь, пойдут;
                          пошёл, пошла, пошли;
               полетéть: полечу, полетишь, полетят;
                          полетéл;

Bedeutung: sich auf den Weg machen werden (поéду, ...)
sich auf den Weg gemacht haben (поéхал, ...);
Unterstreicht den Beginn in der Fortbewegung bzw. die neue Etappe im Ablauf der Handlungen:
Éсли зáвтра погóда бýдет хорóшая, мы поéдем на óзеро.
Мы были у знакóмых и потóм вмéсте поéхали в музéй.

4.3. Präfigierte Verben der Fortbewegung

Präfigierte Verben der Fortbewegung bilden immer Aspektpaare.

	uv. Asp.	v. Asp.
	Präfix~ходить	Präfix~йти
!!	Präfix~езжать	Präfix~éхать
	Präfix~летáть	Präfix~летéть
	Präfix~носить	Präfix~нести
	Präfix~водить	Präfix~вести
	Präfix~возить	Präfix~везти
	Präfix~бегáть	Präfix~бежáть
	Präfix~плывáть	Präfix~плыть

Zur Bedeutung der Präfixe siehe S. 105 ff, Nr. 4.3.2.

4.3.1. Zum Aspektgebrauch bei den präfigierten Verben der Fortbewegung

Es gelten hier dieselben Regeln wie bei jedem Verb, treten doch die präfigierten Verben der Fortbewegung als Aspektpaare auf.

Eine Bedeutung des unvollendeten Aspekts ist bei den Verben der Fortbewegung im Präteritum besonders häufig anzutreffen:

На про́шлой неде́ле к нам приезжа́л гость. In der vorigen Woche war ein Gast bei uns. = Der Gast ist hergefahren, war da und ist wieder weggefahren.
(Vgl. Verb, S. 92 f: -Здесь совсе́м не жа́рко. Наве́рное, открыва́ли окно́.)

Вам звони́ли, когда́ вы выходи́ли. Es war für Sie ein Anruf da, als Sie draußen waren.

На про́шлой неде́ле к нам прие́хал гость. In der vorigen Woche ist ein Gast zu uns gekommen, d.h. seit voriger Woche ist er bei uns.
(Vgl. Verb, S. 92 f:
-Ой, как хо́лодно. Ну да, откры́ли окно́. Дава́й закро́ем!)

4.3.2. Zu wichtigen Bedeutungen einiger Präfixe mit lokaler Bedeutung

в-:	**Bewegung hinein, herein** (Antonym: вы-): *Besonderheiten:* войти́, въезжа́ть - въе́хать -Войди́те! (Herein!) А́встрия ввози́т нефть. (= импорти́рует)
вы-:	**Bewegung hinaus, heraus** (Antonym: в- / во-): *Besonderheiten:* вы́- ist im v. Asp. immer betont А́встрия вывозит ра́зные това́ры. (=экспорти́рует) Со́ня вы́шла из ко́мнаты. **Abflug, Abfahrt:** Самолёт вылета́ет в 16.30 ч. Мы вы́ехали ещё ве́чером.
до-:	Bewegung bis an eine Grenze: Он дошёл до до́ма. (Er ging bis zum Haus.) **idiomatisch:** -Как дойти́ до музе́я? -Как дое́хать до музе́я? -Как вы дое́хали? -Спаси́бо, хорошо́. -Как вы долете́ли?

за-:	**unterwegs auf einen Sprung vorbeischauen:** -Вы не мо́жете зайти́ ко мне за́втра в три часа́?
на-:	**Zusammenstoß (nicht mit -йти́):** Маши́на нае́хала на де́рево. **Aber:** находи́ть / найти́ finden находи́ться sich befinden
об-:	**Bewegung um etwas herum (auch ausweichend):** *Besonderheiten:* обойти́, объезжа́ть - объе́хать Он обошёл о́зеро. Маши́на объе́хала дом и останови́лась в ма́леньком переу́лке.
от-:	**Wegbewegung innerhalb der Sichtweite** (Antonym: под-): *Besonderheiten:* отойти́, отъезжа́ть, отъе́хать Бу́дьте добры́, отойди́те немно́го в сто́рону! **Bewegung dorthin, wohin es nötig ist:** Больно́го отвезли́ в больни́цу. Мы отнесли́ кни́ги в библиоте́ку. **Abfahrt nach Fahrplan:** По́езд отхо́дит че́рез 20 мину́т.
пере-:	**Bewegung hinüber:** Он перешёл (че́рез) у́лицу. Они́ перее́хали на но́вое ме́сто. (= übersiedeln) Они́ уже́ перевели́ контра́кт на англи́йский язы́к.
под-:	**Annäherung innerhalb der Sichtweite** (Antonym: от-): *Besonderheiten:* подойти́, подъезжа́ть - подъе́хать Он встал и подошёл к окну́. Мы ви́дели, как они́ подходи́ли к на́шему до́му.

при-:	**Bewegung her** (von außerhalb der Sichtweite):
	Она́ прие́хала к нам в командиро́вку.
	Когда́ вы прие́дете к нам?
	Из Петербу́рга он привёз нам краси́вую карти́ну.
	
	   Achtung: die mit *при-* präfigierten Verben können im uv. Asp. nie den Handlungsverlauf ausdrücken, sondern nur die Wiederholung:
	
	Он приходи́л. Er kam (oft).
	Aber:
	"Er kommt her." Смотри́, он идёт сюда́.
	                      Он подхо́дит.

про-:	**Bewegung nach vorne:** Здра́вствуйте, раздева́йтесь, пожа́луйста, проходи́те. **Bewegung über eine große Distanz hinweg:** Он прошёл о́коло сорока́ киломе́тров, пока́ не дошёл до посёлка. **Bewegung an etwas vorbei** (ми́мо + 2.): Тури́сты прое́хали ми́мо па́мятника. **idiomatisch:** -Как мне прое́хать в центр?
у-:	**Bewegung weg zu einem nicht unbedingt genannten Ziel außerhalb der Sichtweite (= nicht mehr hier sein):** -Тама́ра Васи́льевна у себя́? -Нет, она́ уже́ ушла́.

4.4. Gegenüberstellung ähnlicher Bedeutungen

/1/ -Мо́жно поговори́ть с Анато́лием Ива́новичем?
     -К сожале́нию нет, он уже́ у ш ё л.
/2/ -Мо́жно поговори́ть с Анато́лием Ива́новичем?
     -К сожале́нию нет, он в ы́ ш е л.

/1/ "Он уже́ ушёл." bedeutet, daß er endgültig weggegangen ist, daß er nicht mehr zurückerwartet wird.
/2/ "Он вы́шел." bedeutet, daß er hinausgegangen ist und (in Kürze) zurückerwartet wird.

/3/   Она́ п р и в е л а́ го́стя к дире́ктору.
/4/   Он п р и н ё с из сосе́дней ко́мнаты докуме́нты.
/5/   Из Петербу́рга она́ п р и в е з л а́ подпи́санный догово́р.

/3/, /4/, /5/ kann im Deutschen mit *"bringen"* wiedergegeben werden. Dabei aber hat /3/ die Bedeutung *herbeigeleiten, herbeiführen*, /4/ bedeutet *herbeitragen, bringen, wenn man zu Fuß geht und etwas trägt*, /5/ hat die Bedeutung *etwas herbeifahren, bringen, wenn man dabei ein Verkehrsmittel (Auto, Bus, Straßenbahn, Eisenbahn, Flugzeug, ...) benützt*.

4.5. Aspektpaare des Typs *ходи́ть - сходи́ть*

uv. Asp.	v. Asp.
ходи́ть	сходи́ть
е́здить	съе́здить
лета́ть	слета́ть

Bedeutung: Bewegung hin und zurück

Вчера́ он е́здил во Влади́мир.
= Вчера́ он был во Влади́мире.

Мы хорошо́ съе́здили во Влади́мир.
(meist wird mit dem v. Asp. verbunden, daß dies eine kurze Reise war)

-Как вы съе́здили?
(Wie war die (Gesamt-) Reise?)

---

holen:

-Сходи́, пожа́луйста, за газе́той!
sehr häufige Verwendungsart dieses v. Asp. "holen, wenn man geht"; (ebenfalls möglich: -Иди́, пожа́луйста, за газе́той!)

-Съе́здите, пожа́луйста, за биле́тами! ("holen, wenn man fährt")

4.6. Gegenüberstellung ähnlicher Bedeutungen

/1/ -Как вы пое́хали?
    -На по́езде.

/2/ -Как вы дое́хали?
    -Спаси́бо, хорошо́.

/3/ -Как вы съе́здили?
    -Спаси́бо, хорошо́.

/1/ Frage nach dem benutzten Verkehrsmittel;
/2/ Frage nach dem Charakter der Reise hierher, in einer Richtung also;
/3/ Frage nach dem Gesamtcharakter der Reise insgesamt, also wie die Hinreise war, wie es dort war und wie die Rückreise war.

69 Setzen Sie die passenden Präfixe ein.

1. Вчера́ к нам __-езжа́л Михаи́л Петро́вич. У нас был интере́сный разгово́р. 2. -Вы __-е́дете на по́езде? -Нет, я __-лечу́ 3. -Добро́ пожа́ловать. Как вы __-е́хали? 4. -Вы не ска́жете, как __-е́хать в центр? 5. Тури́сты __-е́хали ми́мо музе́я и останови́лись на пло́щади. 6. -Скажи́те, пожа́луйста, когда́ __-хо́дит по́езд в Минск? 7. Он __-шёл из ко́мнаты и __-шёл к вы́ходу. 8. -Скажи́те, пожа́луйста, как нам __-йти́ до вы́ставки? -Это недалеко́. __-йди́те до перекрёстка, заверни́те напра́во и че́рез сто ме́тров __-йдёте до вы́ставки. 9. Когда́ он __-шёл в ко́мнату, все вста́ли. 10. -Ни́на Алекса́ндровна, когда́ вы опя́ть __-е́дете к нам? 11. -Где письмо́ господи́ну

Шмидту? -Я его уже __-несла на почту. 12. Из России Австрия прежде всего __-возит нефть и газ. 13. Сколько процентов вашего экспорта вы __-возите в Россию? 14. Наша фирма __-ехала в новый офис. 15. -Попросите к телефону, пожалуйста, Алексея Петровича. -К сожалению, он уже __-шёл. Позвоните, пожалуйста, завтра утром.

70 Übersetzen Sie, verwenden Sie dabei die Verben der Fortbewegung.

1. Bitte übersetzen Sie diesen Brief bis morgen! 2. Kommen Sie bitte morgen bei mir vorbei! 3. Wissen Sie schon, wann Sie nach Petersburg fahren? 4. Ich habe gehört, Sie waren in Asien. Wie war die Reise? War es interessant? 5. Haben Sie die Briefe schon zur Post gebracht? 6. Könnten Sie bitte ein Stück zur Seite gehen! Ich sehe nichts. 7. Wir exportieren nur zehn Prozent unserer Produkte nach Rußland. 8. -Verbinden Sie mich, bitte, mit Herrn Nikítin! -Es tut mir leid, er ist gerade nicht in seinem Zimmer. Kann er Sie in zehn Minuten zurückrufen? 9. -Kann ich, bitte, mit Tatjána Páwlowna sprechen? -Sie ist leider schon weggegangen. 10. Herzlich willkommen in Wien! Wie war der Flug? 11. Könnten Sie bitte Irína Petrówna holen. Ich glaube, sie ist beim Direktor. 12. Schau, dort kommt unser neuer Mitarbeiter. 12. Herr Kósyrew, bitte kommen Sie zu uns! 13. Kolja, geh zu Tanja! Sie möchte dir etwas geben.

4.7. Verben der Fortbewegung in übertragener Bedeutung

In übertragener Bedeutung treten die Verben der Fortbewegung nur in einer einzigen Form auf, die durch das Substantiv bestimmt wird, z.B.:

идёт работа
идёт фильм
идут переговоры
идёт дождь, идёт снег

    Сейчас идёт дождь. Вчера шёл дождь. Каждый день шёл дождь. Когда мы возвращались домой, вдруг пошёл снег.

Часы идут хорошо.	Die Uhr geht gut.
Этот костюм тебе не идёт.	Dieser Anzug steht dir nicht.
нести ответственность	Verantwortung tragen
носить название	eine Bezeichnung tragen
вести переговоры	Gespräche führen
время летит	die Zeit verfliegt
Приборы обошлись ей в 75 000 рублей.	Die Geräte kamen sie auf 75.000 Rubel zu stehen.

5. Die Partizipien

5.1. Einführung

Es gibt vier Partizipien:

Partizipium Präsens Aktiv: der lesende Mann
Partizipium Präsens Passiv: das gelesen werdende Buch
Partizipium Präteritum Aktiv: die gelesen habende Frau
Partizipium Präteritum Passiv: das gelesene Buch

Aspektverwendung:

Partizipium Präsens Aktiv: unvollendeter Aspekt
Partizipium Präsens Passiv: unvollendeter Aspekt
Partizipium Präteritum Aktiv
    unvollendeter Aspekt: Gleichzeitigkeit
    vollendeter Aspekt: Vorzeitigkeit
Partizipium Präteritum Passiv: vollendeter Aspekt

Lang- und Kurzform:

Alle Partizipien treten in der Langform auf, die passiven Partizipien sowohl in der Lang- als auch in der Kurzform. Die Kurzform tritt nur in prädikativer Funktion auf.

Вечера́ мы получи́ли зака́занные биле́ты.	Gestern erhielten wir die bestellten Karten.
Биле́ты уже́ зака́заны.	Die Karten sind schon bestellt.

Der 5. Fall zur Bezeichnung des Urhebers:

Вчера́ мы получи́ли зака́занные Ка́тей биле́ты.	Gestern erhielten wir die von Katja bestellten Karten.
Биле́ты зака́заны Ка́тей.	Die Karten sind von Katja bestellt (worden).

Partizipialkonstruktionen mit der Langform:

Struktur 1: Вчера́ мы получи́ли зака́занные Ка́тей в суббо́ту биле́ты. Gestern erhielten wir die von Katja am Samstag bestellten Karten.

Struktur 2: Вчера́ мы получи́ли биле́ты, зака́занные Ка́тей в суббо́ту. Gestern erhielten wir die Karten, die von Katja am Samstag bestellt worden waren (wurden).

Übersetzung:

Die Partizipien der Struktur 2 werden immer als Relativsatz ins Deutsche übersetzt!

5.2. Partizipium Präsens Aktiv

> Erkennungsmerkmal: **-щий**
> **-щийся**

читáющий —> 3.Pl.: читáю-т —> читáть

возвращáющийся —> 3.Pl.: возвращáю-тся —> возвращáться
возвращáющаяся

71 Nennen Sie den Infinitiv.

1. слéдующий; 2. рабóтающий; 3. производящий; 4. предлагáющий; 5. образýющий; 6. соотвéтствующий; 7. текýщий; 8. возрастáющий; 9. проходящий; 10. учáщийся; 11. решáющий; 12. желáющий; 13. дéйствующий; 14. вызывáющий; 15. слýжащий; 16. лежáщий; 17. находящийся; 18. составляющая; 19. бýдущий; 20. ведýщий.

72 Переведите.

1. Мы посылáем Вам наш нóвый каталóг, содержáщий подрóбное описáние нáших прибóров. 2. В приложéнии к письмý Вы найдёте спи́сок фирм, занимáющихся э́кспортом необходи́мых Вам прибóров. 3. Нáше предприя́тие игрáет ведýщую роль на зáпадном ры́нке. 4. В приложéнии Вы найдёте техни́ческое описáние интересýющего Вас трáктора.

73 Переведите.

1. im folgenden Jahr; 2. mit vielen Anfängern; 3. eine entscheidende und führende Rolle spielen; 4. mit den Studierenden sprechen; 5. in der nächsten Woche; 6. im laufenden Monat.

In manchen Fällen kann das Partizipium Präsens Aktiv mit Hilfe der Partikel -ся in eine Passivform umgewandelt werden:

строящийся гарáж   die gebaut werdende Garage
проводящаяся вы́ставка   die durchgeführt werdende Ausstellung

Dies bedeutet, daß die Partikel -ся im Partizipium Präsens Aktiv zwei Bedeutungen einbringen kann: in der Regel den Hinweis auf ein reflexives Verb (sich), in manchen Fällen auch die Bedeutung des Passivs.

5.3. Partizipium Präsens Passiv
[rezeptiv; nur einige sind sehr häufig und wie Vokabel zu lernen (Übung 75)]

> Erkennungsmerkmal: **-мый**

прилага́емый —>	1.Pl.: прилага́ем	—> прилага́ть
тре́буемый —>	1.Pl. тре́буем	—> тре́бовать
дава́емый		—> дава́ть
иско́мый		—> иска́ть
(несо́мый		—> нести́)
(ведо́мый		—> вести́)

74 Nennen Sie den Infinitiv.

1. называ́емый; 2. применя́емый; 3. предлага́емый; 4. проводи́мый; 5. прилага́емый; 6. импорти́руемый; 7. уважа́емый; 8. люби́мый; 9. подде́рживаемый; 10. тре́буемый; 11. производи́мый; 12. иско́мый; 13. организу́емый; 14. ввози́мый; 15. вывози́мый; 16. жела́емый.

75 Переведи́те.

1. die sogenannte Hyperinflation; 2. ein von allen gekauftes Produkt; 3. auf dem von Herrn Nikítin durchgeführten Seminar; 4. Sehr geehrte Tatjána Páwlowna! 5. die geforderten Resultate; 6. die Waren, die von uns exportiert werden; 7. die von uns angebotenen Waren.

76 Verändern Sie die Sätze.
Muster:
Лю́ди всё бо́льше покупа́ют предлага́емые на́ми това́ры.
—> 1. Лю́ди всё бо́льше покупа́ют това́ры, предлага́емые на́ми.
—> 2. Лю́ди всё бо́льше покупа́ют това́ры, кото́рые мы предлага́ем.

1. В организу́емой э́той фи́рмой вы́ставке уча́ствуют и иностра́нные фи́рмы.
2. Предлага́емые на́ми по ста́рой цене́ това́ры по́льзуются больши́м спро́сом.
3. В проводи́мых ле́том и зимо́й в Ли́пецке вы́ставках уча́ствует о́чень мно́го фирм. 4. Вывози́мые на́шей фи́рмой в стра́ны Евро́пы това́ры по́льзуются больши́м спро́сом.

5.4. Partizipium Präteritum Aktiv (rezeptiv)

> Erkennungsmerkmal: **-вший**
> **-ший**

Suffix **-вший**, wenn das Präteritum auf -л endet:

чита́вший —> чита́- —> чита́л —> чита́ть

Suffix **-ший**, wenn das Präteritum auf Konsonant außer -л endet:

дости́гший	—>	дости́г	—>	дости́гнуть
возни́кший	—>	возни́к	—>	возни́кнуть
ро́с-ший	—>	рос	—>	расти́

die **Verben der Fortbewegung** und einige wenige andere Verben (auch mit Präfixen) [sehr selten]

вё<u>з</u>ший (везу́, везёшь)	—> везти́
нё<u>с</u>ший (несу́, несёшь)	—> нести́
ше́дший	—> идти́
цве<u>т</u>ший (цвету́, цветёшь)	—> цвести́

77 Nennen Sie den Infinitiv:

1. бы́вший; 2. рабо́тавший; 3. чита́вший; 4. верну́вшийся; 5. происходи́вший; 6. возни́кший; 7. проше́дший; 8. сложи́вшийся; 9. проходя́щий.

Zur Verwendung des Aspektes:

Der uv. Asp. drückt Gleichzeitigkeit aus, der v. Asp. - Vorzeitigkeit:

Мы встре́тили возвраща́вшегося из о́тпуска Ива́на Петро́вича. - Wir trafen den aus dem Urlaub zurückkehrenden Iwán Petrówitsch. = Wir trafen Iwán Petrówitsch, der gerade aus dem Urlaub zurückkehrte.

Мы встре́тили верну́вшегося из о́тпуска Ива́на Петро́вича. - Wir trafen den aus dem Urlaub zurückgekehrten Iwán Petrówitsch. = Wir trafen Iwán Petrówitsch, der aus dem Urlaub zurückgekehrt war.

78 Übersetzen Sie die Sätze, danach verändern Sie sie.
Muster:
Мы говори́ли с рабо́чими, зако́нчившими рабо́ту.
—> 1. Wir sprachen mit den Arbeitern, die die Arbeit beendet hatten.
2. Мы говори́ли с зако́нчившими рабо́ту рабо́чими.
3. Мы говори́ли с рабо́чими, кото́рые зако́нчили рабо́ту.

1. Стано́к, вы́звавший снача́ла большо́й интере́с, так и не поступи́л в прода́жу. 2. Все непра́вильно оцени́ли ситуа́цию, сложи́вшуюся в стране́ по́сле войны́. 3. Никто́ не рассчи́тывал на гиперинфля́цию, возни́кшую по́сле переворо́та.

5.5. Partizipium Präteritum Passiv (PPP)

Das PPP hat in Abhängigkeit vom Infinitiv zwei verschiedene Endungssuffixe (siehe Erkennungsmerkmal).
Das PPP kann in der Langform und in der Kurzform auftreten. Die Langform wird immer attributiv, die Kurzform immer prädikativ verwendet.

5.5.1. Erkennungsmerkmal:

Erkennungsmerkmal:	
Langform	Kurzform
1. -нный	-н, -на, -но; -ны (ein *н*!)
2. -тый	-т, -та, -то; -ты

5.5.2. Rückführung des PPP auf den Infinitiv

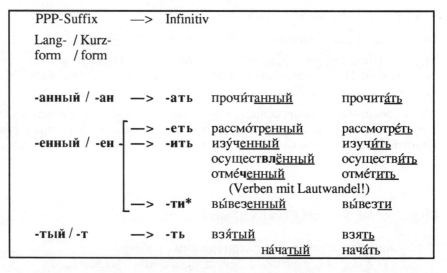

* einige wenige "unregelmäßige" Verben meist auf *-сти́, -зти́* (siehe S. 27 ff)

79 Nennen Sie den Infinitiv.

1. сде́ланный - сде́лан, сде́лана; 2. зака́занный - зака́зан, зака́зана; 3. осно́-ванный - осно́ван, осно́вана; 4. и́збранный - и́збран, и́збрана; 5. откры́тый - откры́т, откры́та; 6. постро́енный - постро́ен, постро́ена; 7. ку́пленный - ку́плен, ку́плена; 8. рассмо́тренный - рассмо́трен, рассмо́трена; 9. предло́-женный - предло́жен, предло́жена; 10. встре́ченный - встре́чен, встре́чена; 11. устано́вленный - устано́влен, устано́влена; 12. решённый - решён, решена́; 13. напи́санный - напи́сан, напи́сана; 14. напеча́танный - напеча́тан,

напеча́тана; 15. и́зданный - и́здан, издана́, и́здано; 16. изу́ченный - изу́чен, изу́чена; 17. осуществлённый - осуществлён, осуществлена́; 18. про́данный - про́дан, про́дана, про́дано; 19. со́бранный - со́бран, собрана́, со́брано; 20. опублико́ванный - опублико́ван, опублико́вана; 21. со́зданный - со́здан, со́здана, со́здано; 22. ра́звитый - ра́звит, развита́, ра́звито; 23. свя́занный - свя́зан, свя́зана; 24. распространённый - распространён, распространена́; 25. изло́женный - изло́жен, изло́жена; 26. проведённый - проведён, проведена́; 27. перенесённый - перенесён, перенесена́; 28. заинтересо́ванный - заинтересо́ван, заинтересо́вана, заинтересо́ваны

5.5.3. Zur Übersetzung

Догово́р подпи́сан.	≠	Догово́р был подпи́сан.
Der Vertrag ist unterschrieben.		Der Vertrag wurde unterschrieben.

80 Переведи́те.

1. Докуме́нты бы́ли и́зданы в США. 2. Мно́гие вопро́сы до сих пор ещё не решены́. 3. Дипломати́ческие отноше́ния между Австро-Ве́нгрией и Сове́тской Росси́ей были установлены в 1918 году́. 4. Со́зданная не́сколько лет наза́д госуда́рственная коми́ссия зако́нчила свою́ рабо́ту в нача́ле э́того го́да. 5. Вы́ставка в Омске была́ проведена́ в про́шлом году́. 6. На́ша фи́рма была́ осно́вана ещё в про́шлом ве́ке. 7. Это свя́зано с тем фа́ктом, что торго́вые свя́зи бы́ли устано́влены на прави́тельственном у́ровне. 8. Поста́вка това́ров бу́дет осуществлена́ в 3 кварта́ле с. г. 9. Опла́та бу́дет произведена́ 24-го с. м. 10. Това́р был отгружен в Га́мбурге 17 октября́ с. г. 11. Серде́чно благодари́м Вас за Ва́ши катало́ги и сообща́ем Вам, что мы о́чень заинтересо́ваны в ва́ших но́вых станка́х.

81 Ersetzen Sie den Partizipialausdruck durch einen Nebensatz.

1. В проведённой в Омске в про́шлом году́ вы́ставке уча́ствовали два́дцать фирм из Австрии. 2. Изло́женные в э́той главе́ мы́сли пока́зывают, что а́втор не знако́м с вопро́сами америка́нской эконо́мики. 3. Предоста́вленный одни́м австри́йским ба́нком креди́т превыша́ет 180 млн. америка́нских до́лларов. 4. Вчера́ мы получи́ли зака́занные полго́да наза́д станки́. 5. Повреждённые во вре́мя транспортиро́вки това́ры бы́ли сра́зу же заменены́.

5.5.4. Bildung des PPP vom Infinitiv

Das PPP wird nur von transitiven vollendeten Verben gebildet.
Die Bildung des PPP setzt beträchtliches zusätzliches Wissen über das Verb voraus. Um aber praktikable, anwenderorientierte Bildungsmechanismen zu bieten, muß insbesondere für die Verben der 3. Gruppe (siehe Verbformen - Verben mit "schwierigeren" Formen und unregelmäßige Verben, S. 27 ff,

Nr. 3.) auf Vollständigkeit verzichtet werden. In der Übersicht auf S. 23 ff sind zudem die Langformen des PPP angegeben.

Infinitiv	Präteritum	PPP
1. Verben der e-Konjugation:		
1.1. -ать (-аю, -аешь)	-ал	-анный
прочита́ть	прочита́л	прочи́танный*
основа́ть	основа́л	осно́ванный*
1.2. -нуть		-утый
дости́гнуть		дости́гнутый
заверну́ть		завёрнутый*

* Die Betonung springt im PPP bei im Infinitiv endbetonten Verben um eine Silbe nach vorne.

2. Verben der i-Konjugation
Bei Verben mit Lautwandel zeigt sich dieser Lautwandel auch im PPP.

-ить (-ю / -у, -ишь)	-л	⎫	
-еть (-ю / -у, -ишь)	-л	⎬	-енный / -ённый
-ать (-ю / -у, -ишь)	-л	⎭	
изучи́ть	изучи́л		изу́ченный*
постро́ить	постро́ил		постро́енный
заме́тить	заме́тил		заме́ченный
	(Lautwandel: 1. Person Sg. заме́чу!)		
объяви́ть	объяви́л		объя́вленный*
	(Lautwandel: 1. Person Sg. объявлю́!)		
рассмотре́ть	рассмотре́л		рассмо́тренный*
услы́шать	услы́шал		услы́шанный

* Die Betonung springt im PPP bei im Infinitiv endbetonten Verben um eine Silbe nach vorne.

3. Verben mit "schwierigeren" Formen und unregelmäßige Verben
Hier lassen sich nur einige wenige Verben in Gruppen fassen (Siehe: Verb formen, S. 27 ff, Nr. 3.).

3.1. -ти	-Kons. außer -л	—>	-ённый
ввезти́	ввёз		ввезённый
вы́везти	вы́вез		вы́везенный*
принести́	принёс		принесённый
спасти́	спас		спасённый

* vollendete Verben mit dem Präfix *вы́-* sind immer auf dem Präfix betont.

	Infinitiv	Präteritum		PPP
3.2.	-йти	-шёл	—>	-йденный
	найти́			на́йденный
3.3.	-сти / -сть	-л	—>	-ённый / -енный
	привести́	привёл		приведённый
		1. Person Sg.: приведу́		
	приобрести́	приобрёл		приобретённый
		1. Person Sg.: приобрету́		
	уче́сть	учёл		учтённый
		1. Person Sg.: учту́		
	укра́сть	укра́л		укра́денный
		1. Person Sg.: украду́		
3.4.	Verben des Typs поня́ть (пойму́, поймёшь)		—>	-тый
	поня́ть	по́нял		по́нятый
	приня́ть	при́нял		при́нятый
	снять	снял		сня́тый

82 Bilden Sie das PPP von den folgenden Infinitiven.

1. постро́ить; 2. основа́ть; 3. избра́ть; 4. дать; 5. провести́; 6. поста́вить; 7. осуществи́ть; 8. произвести́; 9. вы́везти; 10. оплати́ть; 11. заказа́ть; 12. связа́ть; 13. оста́вить; 14. отпра́вить; 15. отгрузи́ть; 16. предоста́вить; 17. откры́ть; 18. увели́чить; 19. пони́зить; 20. сократи́ть.

83 Teilen Sie unter Verwendung des PPP mit, daß

1. die Firma 1953 von Ihrem Vater gegründet wurde;
2. Sie die Zahlung schon am 30. März d. J. getätigt haben;
3. die Aufgabe schon erfüllt wurde;
4. das Angebot schon vorige Woche in Moskau übergeben wurde;
5. dieses Hotel von einer schwedischen Gesellschaft gebaut wurde;
6. die Waren im 4. Quartal d. J. geliefert werden;
7. die Messe in Petersburg durchgeführt wurde;
8. der Vertrag schon nächste Woche unterschrieben wird;
9. das Abkommen vor vier Jahren abgeschlossen wurde;
10. ein Preisnachlaß von 5% nicht gewährt wurde;
11. die Rechnung schon bezahlt ist;
12. Kontakte mit diesem Unternehmen bereits hergestellt sind;
13. die Verhandlungen gestern abend erfolgreich abgeschlossen wurden;
14. alle Vertragsbedingungen akzeptiert wurden.

5.6. Besondere Strukturen

5.6.1.

мо́жет быть + PPP$_{KF}$	"kann PPP werden"
Дом мо́жет быть постро́ен.	=> *Das Haus kann sein gebaut.* Das Haus kann gebaut werden.
= Мо́жно постро́ить дом.	Man kann das Haus bauen.

5.6.2.

до́лжен быть + PPP$_{KF}$	"muß PPP werden"
Дом до́лжен быть постро́ен.	=> *Das Haus muß sein gebaut.* Das Haus muß gebaut werden.
= Ну́жно постро́ить дом.	Man muß das Haus bauen.

5.6.3.

На э́тих вы́ставках бу́дет производи́ться прода́жа.	≠	На э́той вы́ставке бу́дет произведена́ прода́жа.
бу́дет производи́ться: uv. Asp. als Hinweis auf die Wiederholung bzw. den Verlauf		бу́дет произведена́: v. Asp. als Hinweis auf die Einmaligkeit und Erreichung des Resultats
Auf diesen Ausstellungen wird (wiederholt) ein Verkauf durchgeführt.		Auf dieser Ausstellung wird (einmal) ein Verkauf durchgeführt (werden).

Zur Aspektverwendung siehe auch Verb, S. 88 ff.

84 Переведи́те.

1. Самолёт АН-2 мо́жет быть испо́льзован как ли́чный самолёт, на сельскохозя́йственных и строи́тельных рабо́тах. 2. Настоя́щий догово́р мо́жет быть допо́лнен и́ли изменён по соглаше́нию сторо́н. 3. Все измене́ния и дополне́ния к догово́ру должны́ быть предста́влены в пи́сьменной фо́рме.

6. Die Partizipialadverbien oder Adverbialpartizipien (rezeptiv)

6.1. Zur Wiedergabe des Partizipialadverbs im Deutschen:

Слу́шая ра́дио, он чита́л газе́ту.
1. wörtlich: Radio hörend, las er Zeitung.
2. als Nebensatz: Als er Radio hörte, ...
3. als Vorwortgruppe: Beim Radiohören ...
4. als Hauptsatz: Er hörte Radio und ...

6.2. Das Partizipialadverb der Gleichzeitigkeit (uv. Asp.)
Es drückt die Gleichzeitigkeit dieser Handlung mit jener des Hauptsatzes aus.

> Erkennungsmerkmal: **-я / -а**

	3. Pers. Pl.	Infinitiv

6.2.1.   **включа́я**   —> включа́-ют   —> включа́ть
        исходя́   —> исход-я́т   —> исходи́ть
        ссыла́ясь   —> ссыла́-ются   —> ссыла́ться
        обраща́ясь   —> обраща́-ются   —> обраща́ться

(-*a* statt -*я* wird angefügt, wenn der Verbstamm auf Zischlaut endet:
- -щ: иска́ть: ищу́, и́щешь —> ища́
- -ч: пла́кать: пла́чу, пла́чешь —> пла́ча
- -ш: слы́шать: слы́шу, слы́шишь —> слы́ша
- -ж: держа́ть: держу́, де́ржишь —> держа́)

6.2.3. Besonderheit bei Verben auf -*ава́ть*

дава́я	—> да__ва́__ть
передава́я	—> переда__ва́__ть
~знава́я	—> ~зна__ва́__ть
узнава́я	—> узна__ва́__ть
встава́я	—> вста__ва́__ть

6.2.4.   бу́дучи   —> быть

85   Bilden Sie den Infinitiv von den folgenden Partizipialadverben.

1. рабо́тая; 2. образу́я; 3. передава́я; 4. сра́внивая; 5. зака́нчивая; 6. включа́я; 7. бу́дучи; 8. проводя́; 9. проверя́я; 10. учи́тывая;

11. име́я в виду́; 12. принима́я во внима́ние; 13. исходя́ из э́того; 14. начина́я с 1991 го́да; 15. Ссыла́ясь на Ва́ше письмо́ от 20-го с.м., ...

86 Verändern Sie die Sätze.
Muster:
Заполняя бланки, сотрудники тихо разговаривали.
—> Сотрудники заполняли бланки и тихо разговаривали. / Когда сотрудники заполняли бланки, они тихо разговаривали.

1. Заканчивая свой доклад, директор фирмы-партнёра ещё раз поблагодарил за тёплый приём. 2. Исходя из данных диаграммы, можно сделать следующий вывод. 3. Проверяя контракт, мы обнаружили неточность в гарантийных условиях. 4. Проводя испытание станков, сотрудники нашей фирмы обнаружили неисправность одного станка. 5. Анализируя данные, мы убедились в том, что нужно будет ещё долго заниматься этим вопросом. 6. Принимая во внимание результаты опроса, мы должны будем изменить нашу стратегию. 7. Ссылаясь на Ваше письмо от 23-го с.м., направляем Вам наш новейший каталог.

6.3. Das Partizipialadverb der Vorzeitigkeit (v. Asp.)
Es drückt die Vorzeitigkeit dieser Handlung gegenüber jener des Hauptsatzes aus.

> Erkennungsmerkmal bzw. Bildung:
> 1. -в / (-вши)
>   -вшись
> 2. -ши
> 3. -я (präfigierte Verben der Fortbewegung)

		Präteritum		Infinitiv
6.3.1.	прочита<u>в</u> =	—> прочита-<u>л</u>	—>	прочитать
	верну<u>вшись</u>	—> верну -<u>л</u>-ся	—>	вернуться
6.3.2.	погибши	—> погиб	—>	погибнуть

6.3.3. einige präfigierte Verben der Fortbewegung:
-идя   —> -йти
придя   —> прийти
-неся   —> -нести
принеся   —> принести
-ведя   —> -вести
проведя   —> провести

87 Bilden Sie von den folgenden Partizipialadverbien die Infinitive.

1. закончив; 2. проанализировав; 3. проведя; 4. опубликовав; 5. заменивши; 6. продав; 7. купив; 8. выпустив; 9. вернувшись.

88 Verändern Sie die Sätze.
Muster:
Вернувшись домой, он сразу же сел за письменный стол.
—> Он вернулся домой и сразу же сел за письменный стол. / Когда он вернулся домой, он сразу же сел за письменный стол.

1. Закончив испытание станков, стороны составили испытательный документ. 2. Достигнув желаемых результатов у покупателей, предприятие увеличило выпуск товаров. 3. Проанализировав результаты исследования, специалисты пришли к следующему выводу. 4. Подписав договор, стороны отправились на приём к министру. 5. Открыв ряд филиалов в своей стране, предприятие значительно расширило сферу своей деятельности.

6.4. Das verneinte Partizipialadverb

Не обращая внимания на высокую себестоимость, он продавал свою продукцию по самым низким ценам. => *Nicht wendend die Aufmerksamkeit auf die hohen Selbstkosten, er verkaufte seine Produktion zu den niedrigsten Preisen.* Ohne die hohen Selbstkosten in Betracht zu ziehen, verkaufte er zum niedrigsten Preis.
Das verneinte Partizipialadverb wird in der Regel mit "ohne zu" wiedergegeben (genauer siehe Konjunktionen, Nebensätze, S. 172).

89 Переведите!

1. Исходя из данных этой диаграммы, можно сделать следующий вывод. 2. Принимая во внимание бурный рост цен, можно ожидать гиперинфляцию. 3. Начиная с 1 января этого года, цены постепенно повышаются. 4. Не принимая жёстких и непопулярных мер, невозможно будет остановить инфляцию. 5. Опубликовав законы о приватизации с большим опозданием, правительство не способствовало нормализации экономического положения в стране. 6. Не учитывая резко повышенные с этого года производственные расходы, наши конкуренты продают свою продукцию по старой цене. 7. Не имея никаких данных, нельзя делать такие выводы.

Das Zahlwort
(Zahlen- und Mengenangaben)

1. Einführung

Das Geschlecht unterscheiden nur die Grundzahlwörter один, одна, одно; два, оба (beide), полтора (eineinhalb) (m., n.); две, обе, полторы (f.) und die mit ihnen zusammengesetzten. Das bedeutet, daß sie mit dem Bezugswort übereingestimmt werden, z.B.: двадцать два станка, двадцать две выставки; полтора часа, полторы тысячи, ... Die Zahlwörter ab *три* unterscheiden das Geschlecht nicht mehr: три сотрудника, три машины, три государства, ...

2. Die Rektion

Die Rektionsregeln gelten nur dann, wenn der Zahlenausdruck im Nominativ oder im formal gleichen Fall steht:			
Nach Zahlwort	steht	Adj. im	Subst. im
1	один, одна, одно	1. Sg.	1. Sg
2, 3, 4	два, оба, полтора	2. Pl.	2. Sg.
	две, обе, полторы, три, четыре	2. Pl. / 1. Pl.	2. Sg.
5,...	пять, ...	2. Pl.	2. Pl.

Anmerkung: Wie die Zahlwörter 2, 3, 4 verhalten sich alle Zahlwörter mit dem Zahlwort *два, три, четыре* an der Einerstelle (nicht der Ziffer, also auch двадцать два, тридцать три, сто четыре, ...); wie das Zahlwort 5 verhalten sich alle Zahlwörter mit dem Zahlwort 5, 6, ... an der Einerstelle (nicht der Ziffer, also auch *одиннадцать, двенадцать, тринадцать, четырнадцать, пятнадцать, ...*)

2.1. Struktur: Zahlwort + Substantiv

m., n.	f.
один дом одно письмо	одна комната
полтора ⎤ два, оба ⎥ дома, письма три ⎥ четыре ⎦	полторы ⎤ две, обе ⎥ комнаты три ⎥ четыре ⎦
m., n., f.	
пять, ... домов, писем; комнат	

2.2. Struktur: Zahlwort + Adjektiv (+ Substantiv)

m., n.	f.
оди́н но́вый дом одно́ но́вое письмо́	одна́ но́вая ко́мната
полтора́ два, о́ба но́вых до́ма, три но́вых пи́сьма́ четы́ре	полторы́ две, о́бе но́вых /но́вые/ три кни́ги четы́ре
	две, о́бе три столо́вых четы́ре
m., n., f.	
пять,...	но́вых домо́в но́вых книг но́вых столо́вых но́вых пи́сем

90 Auf die Frage: -Ско́лько там ... ? antworten Sie unter Verwendung des angegebenen Zahlwortes.

    Muster: -Ско́лько там (у вас) ... ?
                   интере́сный музе́й - /3/
        —> -Ско́лько там интере́сных музе́ев?
        —> -Там три интере́сных музе́я.

1. но́вый стано́к - /4/
2. ма́лое предприя́тие - /5/
3. дефе́ктный прибо́р - /22/
4. подпи́санный догово́р - /2/
5. серьёзный запро́с - /3/
6. но́вое усло́вие - /3/
7. сро́чное сообще́ние - /3/
8. ру́сский сотру́дник - /11/
9. интере́сная возмо́жность - /2/
10. интере́сное приложе́ние - /2/
11. совме́стное предприя́тие - /22/
12. про́бная па́ртия - /2/
13. свобо́дная экономи́ческая зо́на - /12/
14. кру́пный заво́д - /11/
15. серьёзный конкуре́нт - /2/
16. надёжный партнёр - /4/

Ist jedoch das Substantiv dem Zahlwort vorgestellt, so steht es immer im 2. Pl.:

    ма́рок 2 652 = 2 652 ма́рки
    америка́нских до́лларов 160 841 = 160 841 америка́нский до́ллар
    фу́нтов 34 569 = 34 569 фу́нтов
    Vgl. die deutsche Wortstellung: Das kostet DM 2.652,-

3. Die Deklination der Grundzahlwörter

	m. - n.	f.	m.-n., f.	m., n., f.	m., n., f
1.	один, одно́	одна́	два, две	три	четы́ре
2.	одного́	одно́й	двух	трёх	четырёх
3.	одному́	одно́й	двум	трём	четырём
4.	1./2.	одну́	1./2.	1./2.	1./2.
5.	одни́м	одно́й	двумя́	тремя́	четырьмя́
6.	одно́м	одно́й	двух	трёх	четырёх

1.	пять	во́семь	де́сять	два́дцать	три́дцать
2.	пяти́	восьми́	десяти́	двадцати́	тридцати́
3.	пяти́	восьми́	десяти́	двадцати́	тридцати́
4.	пять	во́семь	де́сять	два́дцать	три́дцать
5.	пятью́	восьмью́	десятью́	двадцатью́	тридцатью́
6.	пяти́	восьми́	десяти́	двадцати́	тридцати́

1.	пятьдеся́т	шестьдеся́т	се́мьдесят	во́семьдесят
2.	пяти́десяти	шести́десяти	семи́десяти	восьми́десяти
3.	пяти́десяти	шести́десяти	семи́десяти	восьми́десяти
4.	пятьдеся́т	шестьдеся́т	се́мьдесят	во́семьдесят
5.	пятью́десятью	шестью́десятью	семью́десятью	восемью́десятью
6.	пяти́десяти	шести́десяти	семи́десяти	восьми́десяти

1.	со́рок	девяно́сто	сто
2.	сорока́	девяно́ста	ста
3.	сорока́	девяно́ста	ста
4.	со́рок	девяно́сто	сто
5.	сорока́	девяно́ста	ста
6.	сорока́	девяно́ста	ста

1.	две́сти	три́ста	четы́реста
2.	двухсо́т	трёхсо́т	четырёхсо́т
3.	двумста́м	трёмста́м	четырёмста́м
4.	две́сти	три́ста	четы́реста
5.	двумяста́ми	тремяста́ми	четырьмяста́ми
6.	двухста́х	трёхста́х	четырёхста́х

1.	пятьсо́т	шестьсо́т	семьсо́т	.....
2.	пятисо́т	шестисо́т	семисо́т	.....
3.	пятиста́м	шестиста́м	семиста́м	.....
4.	пятьсо́т	шестьсо́т	семьсо́т	.....
5.	пятью́ста́ми	шестью́ста́ми	семью́ста́ми	.....
6.	пятиста́х	шестиста́х	семиста́х	.....

beide: (wird behandelt wie два, две)

	m, n.	f.
1.	óба	óбе
2.	обóих	обéих
3.	обóим	обéим
4.	1. / 2.	1. / 2.
5.	обóими	обéими
6.	обóих	обéих

Там живýт óба брáта / óбе сёстры.
Я былá у обóих брáтьев / обéих сестёр.
Я пишý обóим брáтьям / обéим сёстрам.
Я вижу обóих брáтьев / обéих сестёр.
с обóими брáтьями / обéими сёстрами
Он говорит об обóих брáтьях / обéих сёстрах.

eineinhalb: (wird behandelt wie два, две)

	m., n.	f.
1.	полторá	полторы́
2.	полýтора	
3.	полýтора	
4.	полторá	полторы́
5.	полýтора	
6.	полýтора	

полторá процéнта, полторы́ минýты

4. Die Aufhebung der Rektionsregel

Steht der Zahlenausdruck in einem obliquen Fall, d. h. in einem Fall außer dem 1. und dem unbelebten 4., so wird das Zahlwort mit dem Bezugswort in Fall und Zahl übereingestimmt (so wie ein Adjektiv). Die Rektionsregel verliert also ihre Wirkung!

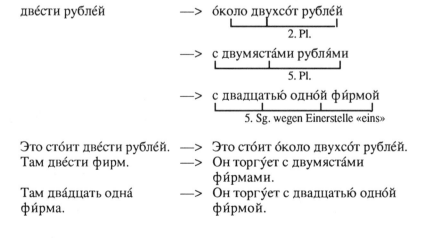

91 Переведите!

1. Er unterhielt sich sehr lange mit den beiden neuen Mitarbeitern. 2. Sie war schon in beiden Unternehmen. 3. Sie beherrscht beide Sprachen ausgezeichnet. 4. In diesen beiden Angeboten sind die Preise höher als im Angebot der Firma Neumer. 5. In beiden Firmen arbeiten ausgezeichnete Leute.

92 Vervollständigen Sie die Sätze.

У них есть филиа́лы в .....
 3, го́род;
 4, го́род;
 12, го́род;
 21, го́род;
 22, большо́й го́род;
 2, западноевропе́йская страна́;

Они́ сотру́дничают с .....
 2, неме́цкая фи́рма;
 5, неме́цкая фи́рма;
 10, неме́цкая фи́рма;
 20, западноевропе́йское предприя́тие;
 21, западноевропе́йское предприя́тие;
 22, западноевропе́йское предприя́тие;

Они́ принима́ют уча́стие в .....
 3, больша́я я́рмарка;
 4, междунаро́дная вы́ставка;
 2, совме́стное предприя́тие;
 6, междунаро́дный прое́кт;
 10, междунаро́дный семина́р.

5. Mit *ты́сяча, миллио́н, миллиа́рд* zusammengesetzte Zahlwörter

ты́сяча, миллио́н, миллиа́рд, ... sind Substantive und werden wie solche dekliniert:

	Sg.	Pl.	Sg.	Pl.
1.	ты́сяча	ты́сячи	миллио́н	миллио́ны
2.	ты́сячи	ты́сяч	миллио́на	миллио́нов
3.	ты́сяче	ты́сячам	миллио́ну	миллио́нам
4.	ты́сячу	ты́сячи	миллио́н	миллио́ны
5	ты́сячей	ты́сячами	миллио́ном	миллио́нами
6.	ты́сяче	ты́сяче	миллио́не	миллио́нах

Sie werden sehr häufig abgekürzt:
 ты́сяча: тыс., миллио́н: млн., миллиа́рд: млрд.

Zahlwort

Тысяча, миллион, миллиард, ... sind keine Zahlwörter, sondern Substantive. Sie stehen daher in dem Fall, den das davorstehende Zahlwort verlangt:

одна́ ты́сяча один миллио́н один миллиа́рд
1. Sg.   1. Sg.   1. Sg.

две ты́сячи   два миллио́на   два миллиа́рда
2. Sg.   2. Sg.   2. Sg.

пять ты́сяч   пять миллио́нов пять миллиа́рдов
2. Pl.   2. Pl.   2. Pl.

100 000 р.   сто ты́сяч рубле́й
                2.Pl.   2.Pl.

105 000 р.   сто пять ты́сяч рубле́й
                        2.Pl. 2.Pl.

101 000 р.   сто одна́ ты́сяча рубле́й
                     1.Sg.   2.Pl.

102 000 р.   сто две ты́сячи рубле́й
                       2.Sg.   2.Pl.

100 000 000 р. сто миллио́нов рубле́й
                    2.Pl.   2.Pl.

105 000 000 р. сто пять миллио́нов рубле́й
                         2.Pl.   2.Pl.

101 000 000 р. сто один миллио́н рубле́й
                    1.Sg.   2.Pl.

122 000 000 р. сто два́дцать два миллио́на рубле́й
                                 2.Sg.   2.Pl.

93 Отве́тьте на вопро́с «Ско́лько э́то сто́ит?».

1. 200 000 неме́цких ма́рок
2. 100 000 ие́н
3. 70 000 швейца́рских фра́нков
4. 92 000 австри́йских ши́ллингов
5. 41 000 америка́нских до́лларов
6. 2 000 фра́нков
7. 2 000 000 гу́льденов
8. 3 500 000 фу́нтов сте́рлингов
9. 250 000 лир
10. 12 000 австри́йских ши́ллингов
11. 460 000 гу́льденов
12. 94 000 фра́нков
13. 2 млн. рубле́й
14. 1 млрд. ие́н
15. 91 000 австри́йских ши́ллингов
16. 40 млн. америка́нских до́лларов
17. 19 000 лир
18. 32 млн. фра́нков

Deklination: in den obliquen Fällen (= außer im 1. und 4. Fall) werden beide Zahlenausdrücke dekliniert:

1.	две ты́сячи	пять ты́сяч
2.	двух ты́сяч	пяти́ ты́сяч
3.	двум ты́сячам	пяти́ ты́сячам
4.	две ты́сячи	пять ты́сяч
5.	двумя́ ты́сячами	пятью́ ты́сячами
6.	двух ты́сячах	пяти́ ты́сячах

Das von den mit *ты́сяча, миллио́н, миллиа́рд, ...* zusammengesetzten Zahlausdrücken abhängige Wort steht immer im 2. Pl.

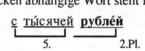

Он пла́тит:
   ты́сячу **ши́ллингов.**
   два миллио́на **рубле́й.**

   оди́н миллиа́рд **рубле́й.**

   два́дцать оди́н миллио́н **рубле́й.**

Он пла́тит:
   о́коло ты́сячи **ши́ллингов.**
   о́коло двух миллио́нов **рубле́й.**
   о́коло одного́ миллиа́рда **рубле́й.**
   о́коло двадцати́ одного́ миллио́на **рубле́й.**

94 Отве́тьте на вопро́с «Ско́лько э́то сто́ит?» (Geben Sie die ungefähre Mengenangabe durch «о́коло» wieder).

1. ~ 200 000 неме́цких ма́рок
2. ~ 100 000 ие́н
3. ~ 70 000 швейца́рских фра́нков
4. ~ 92 000 австри́йских ши́ллингов
5. ~ 41 000 америка́нских до́лларов
6. ~ 2 000 фра́нков
7. ~ 2 000 000 гу́льденов
8. ~ 3 500 000 фу́нтов сте́рлингов
9. ~ 250 000 лир
10. ~ 12 000 австри́йских ши́ллингов
11. ~ 460 000 гу́льденов
12. ~ 94 000 фра́нков
13. ~ 2 млн. рубле́й
14. ~ 1 млрд. ие́н
15. ~ 91 000 австри́йских ши́ллингов
16. ~ 40 млн. америка́нских до́лларов
17. ~ 19 000 лир
18. ~ 32 млн. фра́нков
19. ~ 150 000 фу́нтов сте́рлингов
20. ~ 1 млрд. америка́нских до́лларов
21. ~ 82 млн. гу́льденов
22. ~ 4 млн. америка́нских до́лларов
23. ~ 21 млн. австри́йских ши́ллингов
24. ~ 85 000 фу́нтов сте́рлингов
25. ~ 350 000 гу́льденов

> Schreibung der Ziffern:
> Im Russischen werden keine Punkte verwendet:
> 100 000 рубле́й (deutsch: 100.000 Rubel) oder 100 тыс. рубле́й,
> 20 000 000 рубле́й = 20 млн. рубле́й

6. Die Uhrzeitangabe

6.1. "Bahnhofszeit"	umgangssprachliche Uhrzeitangabe
Сейчас три часа десять минут.	Сейчас десять минут четвёртого.
Сейчас два часа пятнадцать минут.	Сейчас четверть третьего.
Сейчас четыре часа тридцать минут.	Сейчас половина пятого / полпятого.
Сейчас шесть часов сорок минут.	Сейчас без двадцати минут семь.
Сейчас семь часов сорок пять минут.	Сейчас без четверти восемь.
Он пришёл	Он пришёл
в три часа десять минут.	(в) десять минут четвёртого.
в два часа пятнадцать минут.	(в) четверть третьего.
в четыре часа тридцать минут.	в половине пятого / (в) полпятого.
в шесть часов сорок минут.	без двадцати минут семь.
в семь часов сорок пять минут.	без четверти восемь.

95 Ответьте на вопрос:
  /1/ -Сколько сейчас времени?
  /2/ -Когда он пришёл?

1.:	0.10	13.:	4.22	25.:	5.58
2.:	2.45	14.:	8.49	26.:	7.05
3.:	1.30	15.:	5.44	27.:	0.00
4.:	13.15	16.:	4.56	28.:	2.57
5.:	10.10	17.:	9.35	29.:	9.54
6.:	8.25	18.:	11.13	30.:	4.59
7.:	6.55	19.:	0.45	31.:	0.59
8.:	11.35	20.:	1.15	32.:	11.40
9.:	11.59	21.:	6.23	33.:	0.45
10:.	7.13	22.:	8.40	34.:	4.30
11.:	3.05	23.:	3.50	35.:	0.55
12.:	7.25	24.:	1.12		

6.2. Von zwei bis drei Uhr - с двух до трёх часов
с + 2. - до + 2.
с двух (часов) до трёх часов,
с десяти до одиннадцати часов

Aber: с часу до двух   von ein Uhr bis zwei (Uhr)
       с двенадцати до часу   von zwölf bis eins

> **6.3.** nach zwei Uhr   -   после двух часо́в
> gegen drei Uhr   -   к трём часа́м
> по́сле + 2.   к + 3.
> Они́ прие́хали по́сле трёх (часо́в). Он верну́лся к шести́ (часа́м).

6.4. Ungefähre umgangssprachliche Uhrzeitangabe (rezeptiv)

Они́ прие́хали в пя́том часу́.   Sie kamen nach vier (Uhr). [ungefähr zwischen vier und halb fünf]

96   Прочита́йте вслух!

1. Магази́н закры́т на обе́денный переры́в с 1 до 3 ч.
/с 12 до 2 ч.   / с 11 до 1 ч.
2. Врач принима́ет с 10 до 2 ч.
/с 9 до 3 ч.   /с 8 до 12 ч.   /с 1 до 7 ч.
3. Библиоте́ка откры́та с 9 до 6 ч.
/с 1 до 9 ч.   /с 8 до 1 ч. и с 3 до 11 ч.
4. Кио́ск рабо́тает с 11 до 2 и с 4 до 8 ч.
/с 7 до 10 ч. ве́чера
5. Столо́вая рабо́тает с 11 ч. до 3 ч.
/с 6 ч. до 9 ч.   /с 10 до 4 ч.   /с 5 до 10 ч.

97   Прочита́йте вслух и переведи́те!

1. Мы обяза́тельно прие́дем до 2 ч.; 2. Он опозда́л на 2 ч.; 3. Они́ прие́хали к 3 ч.; 4. Они́ прие́хали по́сле 3 ч.; 5. Они́ прие́хали к 2 ч.; 6. Они́ опозда́ли на 1/2 ч.; 7. Они́ обяза́тельно приду́т до 5 ч.; 8. Они́ прие́хали к 5 ч.; 9. Они́ прие́хали по́сле 10 ч.; 10. Они́ прие́хали к 10 ч.

7. "Belebt" - "Unbelebt" beim Zahlwort

Die Kategorie belebt (4. = 2.) - unbelebt (4. = 1.) ist nur in Verbindung mit den Zahlwörtern «оди́н, одна́, одно́; одни́», «два, две», «три», «четы́ре» sowie in Zahlwörtern mit der Einerstelle «оди́н, одна́, одно́; одни́» von Relevanz, nicht jedoch in Zahlwörtern mit der Einerstelle «два, две», «три», «четы́ре»; d. h. der Akkusativ von 22, 23, 24, 25, ... ist immer gleich dem Nominativ.

Я ви́жу одного́ сотру́дника.
Я ви́жу двух (обо́их, трёх, четырёх) сотру́дников.
Я ви́жу пять (шесть, де́сять) сотру́дников.
Я ви́жу два́дцать одного́ сотру́дника.
Я ви́жу два́дцать два сотру́дника.
Я ви́жу два́дцать три сотру́дника.
Я ви́жу два́дцать четы́ре сотру́дника.
Я ви́жу два́дцать пять сотру́дников.

8. Die Sammelzahlwörter

Die Sammelzahlwörter **двóе, трóе, чéтверо,** пя́теро, ше́стеро, се́меро, во́сьмеро müssen verwendet werden, wenn das auf das Zahlwort bezogene Substantiv ein Pluralwort [**де́ти, су́тки** (24-Stundeneinheit, "Tag"), но́жницы (Schere), ...)] ist.

1.	двóе	трóе	чéтверо	пя́теро	usw.
2.	двои́х	трои́х	четверы́х	пятеры́х	
3.	двои́м	трои́м	четверы́м	пятеры́м	
4.	= 1./2.	= 1./2.	= 1./2.	= 1./2.	
5.	двои́ми	трои́ми	четверы́ми	пятеры́ми	
6.	двои́х	трои́х	четверы́х	пятеры́х	

У них двóе дете́й.   Sie haben zwei Kinder.
Они́ е́хали трóе су́ток.   Sie fuhren drei Tage (= 72 Stunden).
Нас бы́ло чéтверо.   Wir waren zu viert.
Их бы́ло трóе.   Sie waren zu dritt.

9. Die Bruchzahlen

1/2	одна́ втора́я	=> *ein zweiter (Teil)*
	1. Sg.	
1/3	одна́ тре́тья / одна́ треть	тре́ть, -и
1/4	одна́ четвёртая / одна́ че́тверть	че́тверть, -и
1/5	одна́ пя́тая	=> *ein fünfter (Teil)*
1/6	одна́ шеста́я	

2/7	две седьмы́х	3/8	три восьмы́х
	2. Pl. (Rektion)		
4/9	четы́ре девя́тых	8/11	во́семь оди́ннадцатых

Die Bruchzahlen sind feminine Ausdrücke, weil sie (mit Ausnahme *треть* und *че́тверть*) auf *часть* oder *до́ля* bezogen sind.
Es wirkt auch hier die Rektion der Zahlwörter (siehe S. 123, Nr. 2.2.).

10. Die gemischten Zahlen, Dezimalzahlen

1 1/2   полтора́ (m., n.), полторы́ (f.)

2 1/3   две (це́лых) и одна́ тре́тья => *zwei (der Ganzen) und ein Drittel-Teil*
Gemischte Zahlen sind in der Regel auf *це́лая* bezogen und daher meist feminin.

4 1/4   четы́ре (це́лых) и одна́ четвёртая
1 1/5   одна́ (це́лая) и одна́ пя́тая
5 3/5   пять (це́лых) и три пя́тых

0, 5	ноль це́лых и пять деся́тых = ноль и пять деся́тых = ноль це́лых, и пять деся́тых
1, 2	одна́ це́лая и две деся́тых = одна́ и две деся́тых = одна́ це́лая, две деся́тых
2, 3	две це́лых и три деся́тых = две и три деся́тых = две це́лых, три деся́тых
3, 4	три це́лых и четы́ре деся́тых = три и четы́ре деся́тых = три це́лых, четы́ре деся́тых
5, 63	пять це́лых и шестьдеся́т три со́тых = пять це́лых, шестьдеся́т три со́тых = пять и шестьдеся́т три со́тых
6, 782	шесть (це́лых) и семьсо́т во́семьдесят две ты́сячных
7, 8641	семь (це́лых) и во́семь ты́сяч шестьсо́т со́рок одна́ десятиты́сячная
21, 3	два́дцать одна́ це́лая и три деся́тых

Anmerkung: Es wirkt auch hier die Rektion der Zahlwörter (siehe S. 123, Nr. 2.2.).
це́лых wird häufig weggelassen (daher in Klammer gesetzt), *деся́тых, со́тых, ...* dagegen nie. Wird *це́лых* gesprochen, so kann dafür das *и* weggelassen werden

Das auf die gemischte Zahl bezogene Wort steht immer im 2. Sg.:

3 2/5 Meter	три (це́лых) и две пя́тых **ме́тра**
18 3/8 Meter	восемна́дцать (це́лых) и три восьмы́х **ме́тра**
1, 1 t	одна́ (це́лая) и одна́ деся́тая **то́нны**
2, 1 t	две (це́лых) и одна́ деся́тая **то́нны**
1, 1 ha	одна́ це́лая и одна́ деся́тая **гекта́ра**
	Auch möglich: **оди́н** и одна́ деся́тая **гекта́ра** (*оди́н*, weil *гекта́р* maskulin ist)
2, 1 ha	две це́лых и одна́ деся́тая **гекта́ра**
	Auch möglich: **два** и одна́ деся́тая **гекта́ра** (*два*, weil *гекта́р* maskulin ist)
9, 1 t	де́вять (це́лых) и одна́ деся́тая **то́нны**
2, 2 t	две (це́лых) и две деся́тых **то́нны**
12, 2 t	двена́дцать (це́лых) и две деся́тых **то́нны**
22, 2 t	два́дцать две (це́лых) и две деся́тых **то́нны**
22,4 km	два́дцать две це́лых и четы́ре деся́тых **киломе́тра**
	Auch möglich: два́дцать **два** и четы́ре деся́тых **киломе́тра**
25, 45 Mill. qkm	два́дцать пять (це́лых) и со́рок пять со́тых **миллио́на квадра́тных киломе́тров**
10,3 млрд. р.	де́сять (це́лых) и три деся́тых **миллиа́рда рубле́й**

[Rezeptiv:
Wenn die Dezimalzahl in einem obliquen Kasus steht, steht das abhängige Substantiv im 2. Sg.: по сравне́нию с 7,9 (с семью́ це́лыми и девятью́ деся́тыми) проце́нта в про́шлом году́ (im Vergleich zu den 7, 9% im Vorjahr)]

98 Прочитайте вслух.

Задо́лженность составля́ет .....

1.	1,6 млрд.		2.	2,5 млрд.
3.	1,5 млрд.		4.	8,25 млрд.
5.	1,2 млрд.		6.	3,85 млрд.
7.	22,75 млрд.		8.	5,85 млрд.
9.	22,4 млрд.		10.	31,5 млрд.
11.	21,4 млрд.		12.	24,75 млрд.
13.	22,2 млрд.		14.	32,2 млрд.
15.	12,3 млрд.		16.	43,2 млрд.

99 Прочитайте вслух.

Задо́лженность дости́гла .....

1.	1,6 млрд.		2.	2,5 млрд.
3.	1,5 млрд.		4.	8,25 млрд.
5.	1,2 млрд.		6.	3,85 млрд.
7.	22,75 млрд.		8.	5,85 млрд.
9.	22,4 млрд.		10.	31,5 млрд.
11.	21,4 млрд.		12.	24,75 млрд.
13.	22,2 млрд.		14.	32,2 млрд.
15.	12,3 млрд.		16.	43,2 млрд.

11. Vergrößern / Verkleinern um, auf
в, на, с, до bei Mengenangaben

11.1. Zur Angabe einer Differenz (Strichrechnung):

sich vergrößern / sich verkleinern UM = увели́читься / уме́ньшиться НА

Э́кспорт увели́чился на 20 проце́нтов. Der Export vergrößerte sich um 20%.
Dort wohnen (um) 2 Mill. Menschen mehr als hier. Там живёт на 2 млн. челове́к бо́льше, чем здесь.

11.2. Zur Angabe einer Punktrechnung:

sich vergrößern AUF DAS ...-FACHE
sich verkleinern AUF EIN ...-TEL (Drittel, Viertel, ...)
= увели́читься / уме́ньшиться В ... РАЗ(А)

Die Zahl 3 wurde verdreifacht. = Die Zahl 3 vergrößerte sich auf das Dreifache. Число́ 3 увели́чилось в три ра́за. (3 x 3 = 9)

Zahlwort

Die Ausgaben wurden auf ein Drittel gesenkt. Расхо́ды сни́зились в три ра́за.

!! «в» verbindet sich nur mit раз(а), «на» dagegen nie. !!

на	в ... ра́з(а)
1. Объём увели́чился на 20 проце́нтов. Der Umfang vergrößerte sich um 20%. Объём сократи́лся на 20 проце́нтов. Der Umfang verringerte sich um 20%.	
	2. Объём увели́чился в три ра́за. Der Umfang vergrößerte sich auf das Dreifache. (= Der Umfang wurde verdreifacht. = Der Umfang vergrößerte sich auf 300%. = = Der Umfang stieg um 200%.) Объём сократи́лся в три ра́за. Der Umfang verringerte sich auf ein Drittel.
	3. в два ра́за = вдво́е в три ра́за = втро́е Произво́дство сократи́лось вдво́е. = Произво́дство сократи́лось в 2 ра́за. (Die Produktion verringerte sich auf die Hälfte.)
	4. Произво́дство увели́чилось в 3,2 ра́за. (Die Produktion vergrößerte sich (auf das 3,2-fache) auf 320%. = Die Produktion vergrößerte sich um 220%.) Произво́дство уме́ньшилось в 3,2 ра́за.* (bei Verkleinerung mit gemischten Zahlen: Umrechnung in Prozente: 100 : 3,2 = 31,25%) —> Die Produktion verringerte sich auf 31,25%. Ist keine Zeit zur Umrechnung in Prozente gegeben, so empfiehlt sich Auf-

Zahlwort

oder Abrunden: *в 3, 2 ра́за* liegt zwischen *в 3 ра́за* (auf ein Drittel) und *в 4 ра́за* (auf ein Viertel), wobei es deutlich näher zu *в 3 ра́за* (auf ein Drittel) liegt: —> Die Produktion verringerte sich auf etwas weniger als ein Drittel, auf ein knappes (schwaches) Drittel.

5. Объём в 3-4 ра́за бо́льше. **
   Der Umfang ist 3 bis 4 mal größer.

   Но́вый коэффицие́нт в 2-4 ра́за ме́ньше ста́рого коэффицие́нта. (—> Umrechnung in Prozente und Umstellung)
   Der Koeffizient beträgt nur 25-50% des alten.

6. Произво́дство увели́чилось в три с ли́шним ра́за. Die Produktion erhöhte sich auf (etwas) mehr als das Dreifache.

*   zu lesen als: Произво́дство уме́ньшилось в три и две деся́тых ра́за.
** zu lesen als: Объём в три-четы́ре ра́за бо́льше.

11.3. Zur Angabe der Ausgangs- und Endzahl: von ... auf: с + 2. ... до + 2.

Die Kosten wurden von 50 auf 45 Millionen gesenkt.
Расхо́ды бы́ли сни́жены с 50 (пяти́десяти) до 45 (сорока́ пяти́) миллио́нов.
Наш э́кспорт увели́чился с 200 (= двухсо́т) до 300 (= трёхсо́т), т.е. на 50%. Unser Export vergrößerte sich von 200 auf 300, d.h. um 50%.

Наш и́мпорт сократи́лся на 20 проце́нтов до 140 000. (до ста сорока́ ты́сяч). Unser Import verringerte sich um 20% auf 140.000.

ACHTUNG
Экспорт сни́зился **на 40%**.   Der Export verringerte sich **um 40%**.
Экспорт сни́зился **до 40%**.   Der Export verringerte sich **auf 40%**.

«zunehmen»   «abnehmen»

увели́чиваться / увели́читься   уменьша́ться / уме́ньшиться
повыша́ться / повы́ситься   снижа́ться / сни́зиться
расти́ / вы́расти   сокраща́ться / сократи́ться
возраста́ть / возрасти́
поднима́ться / подня́ться

100 Um wieviel hat sich der Export gegenüber dem Vorjahr verändert?

Экспорт составил   в прошлом году,   а в этом году

1. 330 млн.   363 млн.
2. 400 млн.   600 млн.
3. 500 млн   1500 млн.
4. 100 млн.   150 млн.
5. 350 млн.   280 млн.
6. 600 млн.   150 млн.
7. 150 млн.   450 млн.
8. 23 000   31 000
9. 13,4 млн.   18,4 млн.

101 Каков экспорт в этом году?

В прошлом году ...   В этом году ...

1. 450 млн.   он уменьшился в 3 раза.
2. 120 млн.   он увеличился на 20%.
3. 360 млн.   он уменьшился в 3 раза.
4. 240 млн.   он сократился втрое.
5. 430 млн.   он увеличился на 30 млн.
6. 450 млн.   он сократился на 10%.
7. 360 млн.   он в 3-4 раза меньше.
8. 470 млн.   он в 2-3 раза меньше.
9. 340 млн.   он в 3-4 раза больше.

102 Übersetzen Sie.

1. Die Preise für unsere Produkte mußten im Vergleich zum Vorjahr um 4 Prozent erhöht werden. 2. Der Import von landwirtschaftlichen Produkten wurde auf ein Viertel gesenkt. 3. Das Defizit dieses Unternehmens wurde im Vorjahr um 300.000 Schilling auf 2 Millionen gesenkt. 4. Der Export konnte verdreifacht werden. 5. Der Umfang unserer Lieferungen in die EU-Länder erhöhte sich in diesem Jahr um 23 Prozent und wird 96 Mill. erreichen. 6. In diesem Land stiegen die Lebenshaltungskosten (стоимость жизни) im September um 27,5 Prozent. 7. Der Export von Kleidung nach Rußland ist im ersten Halbjahr um zehn Prozent auf 1,8 Mrd. S gestiegen. 8. Das Defizit wurde auf 70% gesenkt. 9. Das Defizit wurde um 70% gesenkt. 10. Die Ausgaben konnten von 62 auf 58 Millionen verkürzt werden. 11. Das Defizit wurde auf 60 Milliarden gesenkt. 12. Der Umfang unserer Exporte stieg auf 35 Milliarden an.

12. je / zu

Он купи́л станки́ по 10 000 (= по де́сять ты́сяч) до́лларов.	Er kaufte die Werkzeugmaschinen für 10.000 Dollar pro Stück. (... zum Stückpreis von...)
В гру́ппах рабо́тает по 20 (= по два́дцать) челове́к.	In den Gruppen arbeiten je 20 Mann.
Им по 23 (= по два́дцать три) го́да.	Sie sind (alle, beide) 23 Jahre alt.

по in dieser Bedeutung verlangt in Verbindung mit allen Zahlwörtern den 4. Fall. Nur wenn das Zahlwort "eins" (1) auftritt, verlangt по den 3. Fall:

пода́рки по (одно́й) ты́сяче фра́нков   пода́рки по две ты́сячи фра́нков.
       3.   2.Pl.   4.   2. Sg.   2. Pl.

13. Die Preisangabe

Э́тот прибо́р сто́ит 75 000 рубле́й.	Dieses Gerät kostet 75.000 Rubel.
Цена́ на э́тот прибо́р (составля́ет) 75 000 рубле́й.	Der Preis des Gerätes ist (beträgt) 75.000 Rubel.
Цена́ э́того прибо́ра (составля́ет) 75 000 рубле́й.	Der Preis des Gerätes ist (beträgt) 75.000 Rubel.
Она́ купи́ла э́тот прибо́р за 75 000 рубле́й.	Sie kaufte dieses Gerät um (für) 75.000 Rubel.
Она́ купи́ла прибо́р по цене́ (в) 75 000 рубле́й.	Sie kaufte dieses Gerät zum Preis von 75.000 Rubel.
Э́тот прибо́р обхо́дится ей в 75 000 рубле́й.	Dieses Gerät kommt sie auf 75.000 Rubel zu stehen.
Э́тот прибо́р обошёлся ей в 75 000 рубле́й.	Dieses Gerät kam sie auf 75.000 Rubel zu stehen.
Она́ купи́ла три прибо́ра по 75 000 рубле́й.	Sie kaufte drei Geräte zu je 75.000 Rubel.

103 Geben Sie den Preis auf verschiedene Arten an.

1. Цена́ станка́ - 50 000 до́лларов.
2. Инструме́нт сто́ит 1 000 до́лларов.
3. Проду́кты стоя́т 25 000 рубле́й.

14. Die Entfernungsangabe

В десяти́ мину́тах езды́ от нас ...	=> *In 10 Minuten der Fahrt von uns ...* 10 Minuten (mit dem Auto) von uns ...
В пяти́ мину́тах ходьбы́ от нас ...	=> *In 5 Minuten zu Fuß von uns ...* 5 Minuten zu Fuß von uns ...

В трёх шагах от станции ... => *In 3 Schritten von der Station ...*
3 Schritte von der Station entfernt ...
(= ganz nahe der Station ...)

В семи километрах от города ... => *In 7 Kilometern von der Stadt ...*
7 Kilometer von der Stadt ...

104 Sagen Sie anders.

1. От моего дома до остановки автобуса я иду 3 минуты.
2. От моего дома до офиса я еду 10 минут.
3. От города, где работает Владимир Анатольевич, до места, где он живёт, 15 километров.

105 Beantworten Sie die Fragen und geben Sie die Entfernung an.

1. Где вы живёте?
2. Где вы работаете?
3. Где находится станция метро, остановка автобуса?
4. Где находится ваш офис?

3. Teil: Häufige Strukturen der Satzgrammatik

Zeitangaben

1. Zu einer bestimmten Zeit / zu bestimmten Zeiten, während einer bestimmten Zeit / während bestimmter Zeiten

1.1. **am ...-tag:** в ... день (+ Akkusativ)
в понедéльник, во втóрник, в срéду, в четвéрг, в пя́тницу, в суббóту, в воскресéнье; в э́тот день;

1.2. **montags, an Montagen:** по + Dativ Pl.
по понедéльникам, по суббóтам, по прáздникам;
По воскресéньям магази́н рабóтает тóлько у́тром.

1.3. **in der .... Woche:** на .... недéле (+ Präpositiv)
на э́той недéле, на прóшлой недéле, на слéдующей недéле;
Aber: в бу́дние дни - während der Woche (siehe auch Adjektiv, S. 63 f, Nr.2.)

1.4. **im Monat:** в мéсяце (+ Präpositiv)
в январé, в февралé, в мáрте, в апрéле, в мáе, в ию́не, в ию́ле, в áвгусте, в сентябрé, в октябрé, в ноябрé, в декабрé;
в э́том /прóшлом, слéдующем/ мéсяце;

1.5. **im .... Quartal, Halbjahr:** в ... квартáле, полугóдии (+ Präpositiv)
в трéтьем квартáле; в пéрвом полугóдии

1.6. **im .... Jahr:** в году́ (+ Präpositiv)
в э́том /прóшлом, слéдующем/ году́;
в ты́сяча девятьсóт восемьдеся́т девя́том году́; в 1989 году́; в 1989 г.;

1.7. **im .... Jahrhundert:** в .... вéке / столéтии (+ Präpositiv)
(Jahrhundert: век, столéтие)
в э́том /прóшлом, слéдующем/ вéке;
в э́том /прóшлом, слéдующем/ столéтии;

1.8. **im .... Jahrtausend:** в тысячелéтии (+ Präpositiv)
во вторóм тысячелéтии

1.9. **in der Gegenwart, in der Vergangenheit, in der Zukunft**
в настоя́щее врéмя =   in der Gegenwart
= в настоя́щем
в прóшлом   in der Vergangenheit
в бу́дущем   in der Zukunft

1.10. **zu einer Tageszeit: reiner Instrumental**
у́тром, днём, ве́чером, но́чью;
ра́нним у́тром, по́здней но́чью;

1.11. **-lang (tagelang, nächtelang, monatelang): reiner Instrumental**
дня́ми,ноча́ми, месяца́ми, года́ми, века́ми; це́лыми ноча́ми

1.12. **in einer Jahreszeit: reiner Instrumental**
весно́й, ле́том, о́сенью, зимо́й; э́той весно́й - весно́й э́того го́да, про́шлым ле́том - ле́том про́шлого го́да

1.13. **an einem bestimmten Datum:** siehe S. 141 f, Nr. 2.

1.14. **zu einer bestimmten Uhrzeit**
(Genauer siehe Zahlwort, S. 129 f, Nr. 6.)

1.15. **im Laufe einer bestimmten Zeit, während einer bestimmten Zeit:**
в э́то вре́мя (+ Akkusativ)
в хоро́шую /плоху́ю/ пого́ду,
(1) В про́шлую ночь мы опя́ть рабо́тали.
(2) Про́шлой но́чью мы опя́ть рабо́тали.
Der Bedeutungsunterschied zwischen (1) und (2) kann vernachlässigt werden.

1.16. (1) Стро́или э́то зда́ние два го́да. <—> (2) Постро́или э́то зда́ние за два го́да.
(1) unv. Asp.: Man baute dieses Gebäude zwei Jahre hindurch. (Fokussierung auf den Verlauf der Handlung)
(2) voll. Asp und Präp. за + 4. F.: innerhalb einer bestimmten Zeit wurde eine Tätigkeit zum Resultat geführt; Fokussierung auf das Resultat der Handlung
За э́то вре́мя бы́ло постро́ено но́вое зда́ние. (In dieser Zeit, innerhalb dieser Zeit wurde dieses Gebäude erbaut.)
За 1988-й - 1990-й го́ды э́кспорт значи́тельно увели́чился. (Von 1988 bis 1990 vergrößerte sich der Export bedeutend.)
(Vgl. auch Verb, S. 94)

1.17. **in bestimmten, während bestimmter Zeiten: Zeitangaben im Plural: meist: в + Akkusativ Pl.**
в э́ти дни, в э́ти го́ды, в сле́дующие ме́сяцы, в кани́кулы, в двадца́тые го́ды: в 20-е го́ды, в 20 го́ды;
(daneben auch: на кани́кулах, в двадца́тых года́х)

1.18. **Zur Wiedergabe von Zeitspannen, die durch Jahre begrenzt sind**

1.18.1. **von 1980 bis 1982:** *с 1980 до 1982 го́да* oder *с 1980 по 1982 год*
с, до: + 2., по: + 4.
с ты́сяча девятьсо́т восьмидеся́того до ты́сяча девятьсо́т во́семьдесят второ́го го́да;
с ты́сяча девятьсо́т восьмидеся́того по ты́сяча девятьсо́т во́семьдесят второ́й год;

1.18.2. in den Jahren 1980 bis 1982
за 1980-82 го́ды (гг.) oder *за пери́од с 1980 по 1982 год* oder *в 1980-82 года́х (гг.)*
за: + 4.
с: + 2., по: + 4.
в + 6.
за ты́сяча девятьсо́т восьмидеся́тый - (ты́сяча девятьсо́т) во́семьдесят второ́й го́ды + Verb$_{v.Asp.}$;
за пери́од с ты́сяча девятьсо́т восьмидеся́того по (ты́сяча девятьсо́т) во́семьдесят второ́й го́ды + Verb$_{v.Asp.}$: Fokussierung des Resultats der Handlung (vgl. auch Verb, S. 94 und Zeitangaben, S. 140, Nr. 1.16.)
в ты́сяча девятьсо́т восьмидеся́том - (ты́сяча девятьсо́т) во́семьдесят второ́м года́х;

1.18.3. (in den Jahren) 1980/81: в 1980-81 года́х, в 1980-81 гг.
в + 6.
в ты́сяча девятьсо́т восьмидеся́том - (ты́сяча девятьсо́т) во́семьдесят перво́м года́х;

1.18.4. **für die Jahre 1980 bis 1982:** на ... го́ды
на: + 4.
на ты́сяча девятьсо́т восьмидеся́тый - (ты́сяча девятьсо́т) во́семьдесят второ́й го́ды (гг.);

2. Die Datumsangabe

2.1. **Datumsangabe: Heute ist der 25. Februar.**
Сего́дня (два́дцать пя́тое) 25-е февраля́. => *Heute ist das 25. (Datum) des Februars.*

2.2. **am 25. Februar.**
Diese Angabe steht im 2. Sg. n.
-Како́го числа́ он роди́лся?
-Он роди́лся два́дцать пя́того февраля́.
-Он роди́лся 25-го февраля́.
-Он роди́лся 25 февраля́.

2.3. **bei Kombination** (das erste Glied steht in der ihm entsprechenden Form, die abhängigen Glieder, auch das Jahr, immer im 2. Sg.)

Он прие́хал ⎡ 25-го (=два́дцать пя́того) ма́я ты́сяча девятьсо́т семидеся́того го́да.
в октябре́ ты́сяча девятьсо́т во́семьдесят тре́тьего го́да.
о́сенью про́шлого го́да.
ра́нним у́тром пе́рвого ма́я.

3. Vor einer bestimmten Zeit

**3.1. vor Ablauf einer Zeitstrecke: vor einem Tag, vor 2 (5) Tagen:
... (тому́) наза́д**
день (тому́) наза́д, два дня (тому́) наза́д, пять дней (тому́) наза́д; неде́лю (тому́) наза́д

3.2. vor einem Ereignis: (1) пе́ред + 5.
                                   (2) до + 2.

(1) Он заболе́л пе́ред о́тпуском. Er erkrankte (unmittelbar) vor dem Urlaub.
(2) Он боле́л до о́тпуска. Er war vor dem Urlaub krank. (= Er war in der Zeit vor dem Urlaub krank.)
Это случи́лось до войны́. Das passierte vor dem Krieg. (= in der Zeit vor dem Krieg.)
Это случи́лось пе́ред са́мым нача́лом войны́. (unmittelbar vor Kriegsbeginn)

3.3. eine bestimmte Zeit vor einem Ereignis: за вре́мя до собы́тия
за + 4.   до + 2.
Он прие́хал з а неде́лю д о собы́тия. (= Er kam eine Woche vor dem Ereignis.)

4. Nach einer bestimmten Zeit

4.1. nach einem Ereignis: по́сле + Genitiv
Он прие́хал по́сле собы́тия.

4.2. bald nach dem Ereignis: вско́ре по́сле + Genitiv:
вско́ре по́сле собы́тия;

4.3. sofort nach dem Ereignis: сра́зу по́сле + Genitiv:
сра́зу по́сле собы́тия;

4.4. nach Ablauf einer Zeitstrecke: in einem Tag (= nach Ablauf von einem Tag); in, nach 2 (5) Tagen: че́рез + 4. (спустя́ + 4.)
Er kommt in zwei Tagen. <—> Er kam nach zwei Tagen.
че́рез день, че́рез два дня, че́рез пять дней; че́рез неде́лю
seltener: спустя́ два дня, спустя́ неде́лю
Он прие́дет че́рез неде́лю. Er wird in einer Woche kommen.
Он прие́хал че́рез неде́лю. Er kam nach einer Woche.
Achtung:
Он пришёл че́рез два часа́.   ≠   Он пришёл в два часа́.
Er kam nach zwei Stunden.   Er kam um zwei Uhr.

**4.5. eine bestimmte Zeit nach einem Ereignis:
че́рез вре́мя по́сле собы́тия**
че́рез + 4., по́сле + 2.
Он прие́хал че́рез неде́лю п о с л е собы́тия. (= Er kam eine Woche nach dem Ereignis.)

4.6. in Kürze, bald: в ско́ром вре́мени

5. Weitere Zeitangaben

5.1. Uhrzeitangabe
(Genauer siehe: Zahlwort, S.129 f, Nr. 6.)

5.2. zu einer bestimmten Uhr- und Tageszeit:

Он пришёл вéчером, в 8 часóв.	Он пришёл в 8 часóв вéчера.
Он пришёл нóчью, в 3 часá.	Он пришёл в 3 часá нóчи.
Он пришёл ýтром, в 6 часóв.	Он пришёл в 6 часóв утрá.
(Keine Abweichung von der Norm, Tageszeit und nachfolgende Uhrzeit sind durch Beistrich getrennt)	(Steht die Angabe der Tageszeit nach der Uhrzeit, so steht sie im 2.: =>"um 8 Uhr des Abends")

5.3. ...mal pro Zeiteinheit: раз в + Akkusativ
два рáза в недéлю, пять раз в год (in der Umgangssprache auch: пять раз в годý)

5.4. am Vormittag; am Nachmittag:
в пéрвой половúне дня (до обéда); во вторóй половúне дня (пóсле обéда)

5.5. eine bestimmte Zeit hindurch: reiner Akkusativ
На э́том завóде он рабóтал 10 лет.
Мы там отдыхáли недéлю.

5.6. seit

5.6.1. seit einer bestimmten Zeit: reiner Akkusativ
Er arbeitet dort seit 10 Jahren. = Er arbeitet dort 10 Jahre:
Он рабóтает там дéсять лет. Oder: У ж é 1 0 л е т , к а к он там рабóтает.

5.6.2. seit einem Zeitpunkt, von einem Zeitpunkt an: (начинáя) с + Genitiv
с э́того собы́тия
начинáя с э́того гóда

5.7. im Alter von ... Jahren, mit ... Jahren:
в 2 (два) гóда, в 5 (пять) лет, в 21 (двáдцать одúн) год;
oder:
в вóзрасте двух лет, в вóзрасте пятú лет, в вóзрасте двадцатú однóго гóда;

06 Переведúте!

1. Er wurde am 3. Oktober 1968 geboren. 2. Sie hatte in der vorigen Woche Geburtstag. 3. Die Sommerferien sind im Juli, August und September. 4. Petersburg wurde im 18. Jahrhundert, und zwar am Anfang des 18. Jahrhunderts gegründet. 5. Wir wollen uns in zwei Stunden, also um zwei Uhr, treffen. 6. In diesen Jahren und Monaten wurde hier sehr viel gebaut.

07 Ответьте на вопрос «Когда́ э́то бы́ло?»! Verwenden Sie dabei die folgenden Ausdrücke.

1. in der Nacht; 2. in den vierziger Jahren des 18. Jahrhunderts; 3. im 17. und 18. Jahrhundert; 4. immer am Montag; 5. drei Tage vor den Ferien; 6. vor ungefähr drei Wochen; 7. in den letzten Wochen; 8. im vorigen Monat; 9. eine Woche nach seiner Geburt; 10. am Abend; 11. am 3. Februar; 12. 1860; 13. zwei Tage nach der Prüfung; 14. in den ersten Tagen; 15. in den fünfziger Jahren; 16. in den Jahren 1985 bis 1988.

08 Переведите!

1. In den Jahren 1985 bis 1990 verringerte sich der Export um 33%. 2. In den Jahren 1975 bis 1985 erzeugten sie Strickwaren, von 1986 bis 1990 Konsumgüter. 3. Von 1970 bis 1980 trieben wir fast keinen Handel mit der Sowjetunion, während in den Jahren 1981 bis 1985 unsere Außenhandelsoperationen mit der UdSSR fast zwei Drittel unseres Exports erreichten. Doch seit 1986 verringern sich unsere Exporte in die Sowjetunion bzw. GUS beständig. 4. Der Index für die Jahre 1985 bis 1990 ist gleichgeblieben. 5. Von 1985 bis 1988 studierte er in Moskau. 6. Von 1980 bis 1985 erhöhte sich der Umfang des Exports um 8%.

09 Переведите!

1. Wir kamen zwei Tage vor Beginn der Ausstellung nach Petersburg. 2. Wir verließen Rußland schon einen Tag vor Beendigung der Ausstellung. 3. Vier Monate nach Eröffnung der zweiten Filiale können wir heute unsere dritte Filiale eröffnen. 4. Die Summe wurde einen Tag vor Ablauf der Zahlungsfrist bezahlt. 5. Wir bezahlten die Rechnung vor vier Tagen. 6. Herr Samsonow arbeitet schon seit fünf Jahren bei uns. 7. Vor Eröffnung unserer Filiale verhandelten wir noch einige Zeit mit unserem Partner. 8. Wir bezahlten die Rechnung zwei Wochen nach Erhalt der Dokumente. 9. Wir werden die Rechnung in zwei Wochen bezahlen. 10. Innerhalb der letzten fünf Jahre konnten wir unseren Umsatz verdoppeln.

Die Verneinung

1. Die einfache Verneinung

1.1. Die einfache Verneinung mit *не*

Verneint wird mit der Partikel *не*. Sie steht **vor dem zu verneinenden Wort**, das Zentrum der Satzintonation (fett gedrucktes Wort) ist:

-Он **читáет**?
   -Да, он **читáет**.   —>   -Нет, он не **читáет**.

-Он **читáет** кнúгу?
   -Да, он **читáет** кнúгу.   —>   -Нет, он не **читáет** кнúгу.

-Он читáет **кнúгу**?
   -Да, он читáет **кнúгу**.   —>   -Нет, он читáет не **кнúгу**, а газéту.

1.2. und nicht: ..., *а не*

Wir kauften die "Moskauer Nachrichten", **und nicht** die "Prawda".
Мы купúли "Москóвские нóвости", **а не** "Прáвду".

2. Die Verneinung der Existenz, des Vorhandenseins: *нет* + 2. (Frage mit *есть*)

Das Zentrum der Satzintonation liegt im Fragesatz auf "есть", in der Verneinung auf "нет", "нé было", "не бýдет".

-У тебя́ éсть э́тот докумéнт (э́ти докумéнты)?
-Нет, у меня́ нет э́того докумéнта (э́тих докумéнтов).

-У тебя́ был (бы́ли) э́тот докумéнт (э́ти докумéнты)?
-Нет, у меня́ нé было э́того докумéнта (э́тих докумéнтов).

-У тебя́ бýдет (бýдут) э́тот докумéнт (э́ти докумéнты)?
-Нет, у меня́ не бýдет э́того докумéнта (э́тих докумéнтов).

3. Die Verneinung der "Befindlichkeit einer Person an einem Ort" (Frage im Präsens ohne *есть* !)

-Антóн Владúмирович дóма?
-Егó нет дóма.

-Антóн Владúмирович был дóма?
-Егó нé было дóма.

-Антóн Владúмирович бýдет дóма?
-Егó не бýдет дóма.

4. не име́ть + 2. (meist in abstrakten Wortfügungen)

Он не име́ет представле́ния.	Er hat keine Vorstellung.
Мы не име́ем основа́ний ...	Wir haben keinen Grund ...
Он не име́ет влия́ния на нас.	Er hat keinen Einfluß auf uns.

5. Die mit *ни / ни-* erweiterte Verneinung

ни / ни- benötigt eine zusätzlich Verneinung des Verbs mit *не:* das Akkusativobjekt wird dabei meist zu einem Genitivobjekt.

5.1. *ни-* als Bestandteil von Negativpronomina

никто́
ничего́
никако́й
ниче́й
⎫ + не + Verb

Мы там н и к о г о́ не ви́дели.

Tritt zu diesen Negativpronomina eine Präposition, so trennt sie die Pronomina: ни у кого́; ни к чему́; ни с каки́м челове́ком: Он ни с кем не говори́л.

Der Nominativ *ничто́* wird nicht verwendet, sondern an seiner statt der Genitiv: Ничего́ не измени́лось (Nichts hat sich geändert.). Auch im Akkusativ wird - auf Grund der Verneinung - der Genitiv *ничего́* verwendet. Die Akkusativform *ничто́* gibt es nur in Verbindung mit einer Präposition: *ни на что́* : Он ни на что не обраща́л внима́ния.

Никто́ не отсу́тствует.	Niemand fehlt.
Он никого́ не ви́дел.	Er hat niemanden gesehen.
Он ни на что́ не смо́трит.	Er schaut auf nichts.
Она́ ни с ке́м не говори́ла.	Sie sprach mit niemandem.
Он никогда́ не чита́ет.	Er liest nie.
Он никако́го отве́та не получи́л.	Er hat keinerlei Antwort bekommen.

Ни в ко́ем слу́чае!   Auf keinen Fall!
Ни в ко́ем слу́чае не уступа́йте ему́ в цене́!

5.2. Die Negativadverbien: никогда́, никуда́, нигде́, ...

Он никогда́ ничего́ не де́лает.
Они́ никуда́ не е́здили.

5.3. *ни* als Verstärkung der Verneinung

Он не сказа́л ни сло́ва.	Er sagte (überhaupt) kein Wort (kein einziges Wort.)
Она́ не чита́ет ни газе́т, ни журна́лов.	Er liest weder Zeitungen noch Zeitschriften.

6. Das Akkusativobjekt nach Verneinung

Nach einem verneinten Verb wird das Akkusativobjekt oft in den Genitiv gesetzt (bei abstrakten Begriffen immer!)

Он понял вопрос. —> Он не понял вопрос / вопроса.
Она получила письмо. —> Она не получила письмо / письма.

Ein mögliches Unterscheidungskriterium:
Я не вижу картин.   Ich sehe keine Bilder.
Я не вижу картины.   Ich sehe die Bilder nicht.

7. Die implizite Verneinung der Existenz: + Genitiv
(in Ausdrücken, die bedeutungsmäßig der Verneinung нет ähnlich sind)

Однако существенных изменений не произошло. = Однако существенных изменений не было.
Там не происходит изменений. = Там нет изменений.
Об этом не существует данных. = Об этом нет данных.

-Нужны ли какие-нибудь документы?
-Нет, не нужно никаких документов. / ≈ Не нужны документы./

8. Die Verneinung des Typs "Es gab niemanden, mit dem ich sprechen konnte." (rezeptiv)

Мне не с кем было поговорить.

8.1. Deklination (von diesen beiden Negativpronomina gibt es keinen 1. Fall):

1. –	–
2. некого	нечего
3. некому	нечему
4. некого	нечего
5. некем / не с кем	нечем / не с чем
6. не о ком	не о чем

8.2. Verwendung

Es handelt sich dabei um eine unpersönliche Konstruktion, deren Struktur am einfachsten durch eine Gegenüberstellung von Frage und Antwort sichtbar wird.

-Кого спросить?   => *Wen zu fragen?*
                     Wen soll man fragen?
-Некого спросить.   => *Niemanden zu fragen.*
                     Es ist niemand da, den man fragen kann.

Der Handlungsträger steht in solchen Sätzen im Dativ:

-Кого́ мне спроси́ть?   => *Wen (ist) mir zu fragen?*
   Wen soll ich fragen?

-Мне не́кого спроси́ть.   => *Mir (ist) niemanden zu fragen.*
   Es ist niemand da, den ich fragen kann.

Мне не́ с кем бы́ло   => *Mir mit niemandem war zu sprechen.*
поговори́ть.   Es war keiner da, mit dem ich sprechen
   konnte.

110 Antworten Sie verneinend.

1. Как ты ду́маешь, за́втра бу́дет дождь? 2. Ира до́ма? 3. Кто там? 4. Скажи́те, пожа́луйста, он име́ет пра́во э́то сде́лать? 5. Что её интересу́ет? 6. Вы обрати́ли внима́ние на э́того челове́ка? 7. Этот фа́ктор име́ет влия́ние на эконо́мику? 8. Он собира́ет и ма́рки и откры́тки? 9. Когда́ он пи́шет пи́сьма? 10. Что он де́лает? 11. Чем она́ интересу́ется? 12. Куда́ они́ ле́том е́здили? 13. Вы получи́ли катало́ги? 14. С кем она́ говори́ла? 15. Чем я тебе́ меша́ю? 16. На что ты наде́ешься? 17. Что ты там ви́дишь? 18. Ты об э́том име́ешь представле́ние?

111 Переведите!

1. Wir haben überhaupt kein Angebot von Ihrer Firma erhalten. 2. Er hat keinen einzigen Fehler gemacht. 3. Ich habe leider keine Ahnung, warum Sie unseren Brief nicht bekommen haben. 4. Wir haben solange gewartet, bis wir die Antwort erhalten haben. 5. Wir haben Ihrem Angebot keine Aufmerksamkeit mehr geschenkt, weil die Preise viel höher waren als die der Konkurrenten. 6. Das hat keinen Einfluß auf die wirtschaftliche Entwicklung. 7. Ich konnte weder mit «Stankoimport» noch mit «Alisa» in Verbindung treten. 8. Wir haben von Ihnen weder ein freibleibendes noch ein festes Angebot erhalten. 9. Wir haben keine Kataloge von Ihnen bekommen. 10. Wir haben von Ihnen kein freibleibendes, sondern ein festes Anbot erhalten. 11. Frau Sokolówa ist zur Zeit nicht da. Sie kommt in einer Stunde wieder.

112 Finden Sie die zu diesen Antworten die passenden Fragen.

1. -Я никому́ не звони́л.
2. -Нет, (мы плати́ли) не нали́чными, а че́ком.
3. -Нет, я сейча́с не пишу́ авторучкой.
4. -Нет, (я получи́ла биле́ты) не от Ка́ти.

5. -Нет, магазин сейчас не работает.
6. -Нет, я не видел Татьяну Алексеевну.
7. -Нет, мы от вас не получали каталоги.
8. -Нет, от вас мы получили не свободное, а твёрдое предложение.
9. -Мы торгуем не с «Меркурием», а с «Венерой».
10. -Нет, мы от вас не получали предложений.
11. -Нет, Владимира Сергеевича сейчас нет.

113 Reagieren Sie verärgert auf die Fragen.

Muster:
-Что вы там делали?
-Нам нечего было делать.

1. -И к кому вы обратились? 2. -У кого вы попросили помощи? 3. -С кем вы обсудили этот вопрос? 4. -И кого вы спросили? 5. -И с кем вы говорили?

Der Konjunktiv

> Im Russischen gibt es nur eine einzige Konjunktivform:
> **Verb im Präteritum + бы:** купи́ла бы, пришёл бы, верну́лись бы, ...
> (das *бы* steht dabei in der Regel unmittelbar nach dem Verb)

Die exakte Wiedergabe der Konjunktivform im Deutschen ist daher nur auf Grund des Kontextes möglich:

Я хоте́ла бы узна́ть...	Ich möchte gerne erfahren ...
Не могли́ бы вы ...	Könnten Sie vielleicht ...
Е́сли бы вам бы́ло удо́бно, мы могли́ бы встре́титься ве́чером.	Wenn es Ihnen recht wäre, könnten wir uns am Abend treffen.

114 Formulieren Sie frei unter Verwendung des Ausdrucks «Я хоте́л (-а) бы»:

Sie möchten gerne:

1. den Geschäftspartner zum Abendessen einladen; 2. Ihren Geschäftspartner fragen, wann Sie sich mit ihm treffen können; 3. Ihren Geschäftspartner bitten, Sie morgen am Abend anzurufen; 4. von Frau Smirnówa erfahren, ob Sie bei ihr die Briefe vergessen haben; 5. Ihren Geschäftspartner mit Herrn Moskvín bekannt machen;

Am häufigsten wird der Konjunktiv wohl zum Ausdruck der **Irrealität** verwendet:
Wenn er am Morgen **angerufen hätte, wäre** ich nicht zu spät gekommen.
Dabei folgt im irrealen Konditionalsatz das *бы* meist unmittelbar auf das *éсли:* Éсли бы он позвони́л у́тром, я не опозда́л бы.

Hätte er am Montag angerufen, wäre ich nicht zu spät gekommen.
= Позвони́л бы он у́тром, я не опозда́л бы. (umgangssprachliche Variante) = Éсли бы он позвони́л у́тром, я не опозда́л бы. (neutrale Variante, sie paßt immer).

115 Переведи́те!

1. Wenn Sie mich gestern nicht angerufen hätten, hätte ich unser Treffen vergessen. 2. Hätte ich das gewußt, hätte ich ihm das Angebot noch heute übergeben. 3. Wenn er nicht erkrankt wäre, wären wir schon vorige Woche auf Dienstreise gefahren. 4. Könnten Sie Herrn Soloúchin morgen unser Angebot übergeben? 5. Könnten Sie mich mit Herrn Petrów bekannt machen? 6. Wenn Sie mir davon erzählt hätten, hätte ich sofort Herrn Serpúchin angerufen. 7. Wenn er uns nicht angerufen hätte, hätten wir darüber nichts erfahren. 8. Hätten Sie mir das Telex noch gestern gezeigt, hätte ich sofort angerufen. 9. Wären wir rechtzeitig angekommen, hätten wir ihn noch angetroffen.

Das Passiv

Da das Russische - im Gegensatz zum Deutschen - kein ausgeprägtes Passiv hat, gibt es mehrere Möglichkeiten, das deutsche Passiv im Russischen wiederzugeben. Die am häufigsten anzutreffenden Entsprechungen des deutschen Passivs sind:

> 1. Verb mit der Partikel -ся,
> 2. Partizipium Präteritum Passiv,
> 3. Umformung in die "man"-Struktur.

Auf Grund der beiden Aspekte muß man im Russischen die Passivformen des unvollendeten Aspekts von jenen des vollendeten Aspekts unterscheiden. Die Auswahlkriterien entsprechen natürlich den Aspektregeln (siehe Verb, S. 88 ff).

1. Das Passiv von Verben des unvollendeten Aspekts

1.1. Es wird in der Regel mit Hilfe der Partikel *-ся* gebildet:

В э́той статье́ говори́тся об экономи́ческих рефо́рмах. => *In diesem Artikel spricht (es) sich über die wirtschaftlichen Reformen.* In diesem Artikel wird über die wirtschaftlichen Reformen gesprochen. (unvollendeter Aspekt, weil Präsens.)

Опла́та бу́дет производи́ться 15 (= пятна́дцатого) числа́ ка́ждого ме́сяца. => *Die Bezahlung wird sich (immer) am 15. jeden Monats durchführen.* Die Bezahlung wird (immer) am 15 jeden Monats erfolgen. (unvollendeter Aspekt im Futurum wegen Wiederholung.)

Э́тот банк создава́лся не́сколько лет. => *Diese Bank gründete sich einige Jahre lang.* => Diese Bank wurde einige Jahre lang gegründet. Diese Bank befand sich einige Jahre lang im Gründungsstadium. (unvollendeter Aspekt wegen Fokussierung der Dauer.)

стро́ящееся зда́ние
Zu dieser Besonderheit siehe Partizipium Präsens Aktiv, S. 111.

1.2. **-ся <—> man**

Банк создава́лся не́сколько лет. <—> Банк создава́ли не́сколько лет.
Häufig, insbesondere dann, wenn das Verb transitiv ist, also ein Objekt im 4. Fall bei sich hat, kann die Passivform mit der Partikel *-ся* durch jene Struktur ersetzt werden, die dem deutschen "man" entspricht.

Unpersönliches "man":
Diese Struktur wird im Russischen oft durch die 3. Person Pl. ohne Subjekt wiedergegeben:
Здесь говоря́т по-ру́сски.
Im Russischen ist diese Struktur aber nicht immer möglich. Insbesondere in Nebensätzen (z.B.: Wenn man diesen Faktor berücksichtigt, kann man ...) wird

sie nicht verwendet (Zur Wiedergabe des "man" in Nebensätzen siehe: Konjunktionen, Nebensätze, S. 175 f, Nr. 9).

1.3. In einigen Fällen, die sich aber einer kurzen Beschreibung entziehen, kann die Passivform auf -ся nicht verwendet werden. In diesen Fällen wird jene Struktur verwendet, die zur Wiedergabe des unpersönlichen "man" benutzt wird.

Hier wird nicht geraucht. —> Hier raucht man nicht. —> Здесь не курят.
Jetzt wird dort nicht gearbeitet. —> Jetzt arbeitet man dort nicht. —> Сейчас там не работают.

2. Das Passiv von Verben des vollendeten Aspekts

2.1. Das Passiv von transitiven Verben des vollendeten Aspekts wird mit Hilfe des Partizipium Präteritum Passiv (PPP) gebildet. (siehe Verb, S. 114 ff) (vollendeter Aspekt wegen Fokussierung des Resultats der einmaligen Handlung.)

Оплата будет произведена в среду. Die Bezahlung wird am Mittwoch durchgeführt (werden). (= Futurum!)

По сравнению с прошлым годом цена была повышена только на три процента. Im Vergleich zum Vorjahr wurde der Preis nur um 3% erhöht.

2.2. Gegenüberstellung:

Работа закончена.	≠	Работа была закончена.
Die Arbeit ist abgeschlossen.		Die Arbeit wurde abgeschlossen.

116 Übersetzen Sie aus einem Gründungsvertrag eines Kleinbetriebs (МП).

1. Уставный фонд Товарищества устанавливается в размере двенадцати тысяч рублей. 2. Перспективные планы работы МП разрабатываются директором МП и подлежат обязательному утверждению учредителями МП. 3. Бухгалтерский учёт ведётся бухгалтером, основные права и обязанности определяются соответствующим Положением. 4. Настоящий договор может быть дополнен или изменён по соглашению сторон. Все изменения и дополнения к договору должны быть представлены в письменной форме и подписаны всеми "УЧАСТНИКАМИ".

Zur Verwendung des Genitivs
(ohne Präposition)

Es ist Ihnen sicherlich aufgefallen, daß der Genitiv in russischen Strukturen häufiger zu finden ist als im Deutschen. Wo unterscheidet sich seine Verwendung deutlich von der im Deutschen?

1. Der Genitiv nach bestimmten Verben

1.1. Verben mit der Bedeutung «sich fürchten», «meiden»

бояться: боюсь, боишься	Они не боятся конкуренции.	sich fürchten vor
опасаться	Мы опасаемся ошибки.	befürchten (stilistisch markiert)
избегать / избежать	Чтобы избежать ошибок, мы ещё раз связались с ним.	(ver-) meiden
лишать / лишить (кого чего)	Их лишили банковской лицензии. Ihnen entzog man die Banklizenz.	jmd. etw. entziehen
лишаться / лишиться	Они лишились банковской лицензии. Sie büßten die Banklizenz ein. Ihnen entzog man die Banklizenz.	etw. einbüßen, entzogen werden

1.2. Andere Verben:

держаться	Держитесь левой стороны!	Links halten!
придерживаться	Он придерживается этого мнения.	Er ist dieser Meinung.
добиваться / / добиться / добьюсь, добьёшься	Они добились успеха.	etw. erringen, erreichen (wenn man sehr darum kämpft)
достигать / / достигнуть / достиг, достигла	Они достигли успеха.	etw. erreichen
/по-/ желать	Я желаю вам всего хорошего.	wünschen
/подо-/ ждать: жду, ждёшь ждал, ждала, ждали	Мы ждём совета. **Aber konkret:** Мы ждём поезд в Линц. (+ 4.)	warten (auf)
заслуживать	Этот проект заслуживает доверия.	Achtung, Vertrauen verdienen

каса́ться / косну́ться	Он косну́лся э́того вопро́са. Что каса́ется э́того вопро́са, ...	betreffen; berühren
/по-/ тре́бовать тре́бую, тре́буешь	Э́то тре́бует объясне́ния. **Aber konkret:** Он потре́бовал опла́ту до 16-го. (+ 4.!)	(er-) fordern
хвата́ть / хвати́ть	У меня́ не хвата́ет вре́мени.	

2. Der Genitiv der Teilmenge

(Genauer siehe Substantiv, S. 48, Nr. 3.3.)

Он купи́л хле́ба и мя́са.	Er kaufte (etwas) Brot und Fleisch.
Вы хоти́те ещё воды́?	Wollen Sie noch etwas Wasser?

117 Переведи́те.

1. Ich verstehe nicht, wovor Sie sich fürchten. 2. Er ist schon sehr lang dieser Meinung. 3. Er konnte diesen Fehler nicht vermeiden. 4. Dieses Recht hat er eingebüßt. 5. Erlauben Sie mir, bitte, noch eine Frage zu berühren. 6. Sie hatten ihr Ziel erreicht. 7. Beide Seiten erzielten Übereinstimmung. 8. Was diese Frage betrifft, so wenden Sie sich bitte an Irína Petrówna. 9. Er wünschte uns Glück und Gesundheit. 10. Worauf wartest du noch? Ich habe alles gesagt. 11. Der Präsident befürchtete eine Verschlimmerung der wirtschaftlichen Lage des Unternehmens. 12. Iwanów studierte ohne besonderen Erfolg, daher entzog man ihm das Stipendium. 13. Mit seiner konstanten Arbeit erzielte er ausgezeichnete Resultate. 14. Im Sommer erreichen die Temperaturen hier 40-50 Grad. 15. Hast du schon etwas Käse und Wurst gekauft? 16. Sie vermied immer Gespräche über dieses Thema.

3. Der Genitiv in der Verneinung

(genauer siehe Verneinung, S. 145 ff)

3.1. Bei Verneinung der Existenz, des Vorhandenseins
У нас нет серьёзного конкуре́нта.

3.2. Bei Mehrfachverneinung: die Verneinung mit *ни-* erfordert eine zusätzliche Verneinung des Verbs mit *не*.
Он никако́го отве́та не получи́л.

3.4. не име́ть + Genitiv
Он не име́ет представле́ния об э́том.

3.5. Wenn implizit die Existenz verneint wird
Одна́ко суще́ственных измене́ний не произошло́.
Там не происхо́дит измене́ний. = Там нет измене́ний.

3.6. Oft wird nach einem verneinten Verb das Akkusativobjekt in den Genitiv gesetzt (bei abstrakten Begriffen immer)

Он понял вопрос. —> Он не понял вопрос / вопроса.
Она получила письмо. —> Она не получила письмо / письма.

4. Der Genitiv in der Datumsangabe

(Genauer siehe Zeitangaben, S. 141, Nr. 2.)

Она родилась 30-го (= тридцатого) августа 1976 г.(= тысяча девятьсот семьдесят шестого года.).

5. Der Genitiv nach Zahlwörtern

5.1. Als Folge der Rektion
(Genauer siehe Zahlwörter, S. 122 f)

2 (два), 3, 4 завода / 2 (=две), 3, 4 фирмы
5, 6, ... (пять, шесть, ...) заводов, фирм

2 (два), 3, 4 больших завода / 2 (=две), 3, 4 большие / больших фирмы
5, 6, ... (пять, шесть, ...) больших заводов, фирм

5.2. In Bruchzahlen und gemischten Zahlen
(Genauer siehe Zahlwörter, S. 131 ff, Nr. 9. und 10.)

16,4 km   шестнадцать (целых) и четыре десятых километра
3,2 л   три (целых) и две десятых литра

6. Der Genitiv des Vergleichs

(Genauer siehe Adjektiv, S. 75 f, Nr. 6.3.)

Он старше меня.

7. Der Genitiv in festen Fügungen

такого рода / вида	von solcher Art, derartig
Такого вида вопросы мы не будем решать.	Derartige Fragen werden wir nicht lösen.
Он крестьянского происхождения.	Er ist bäuerlicher Abstammung.

Zur Verwendung des Dativs
(ohne Präposition)

1. Der Dativ nach bestimmten Verben

/по-/ жа́ловаться: sich beschweren (bei jemandem), klagen
    жа́луюсь, жа́луешься
                 Он жа́ловался своему́ нача́льнику на то, что ...

/по-/ **звони́ть**   anrufen
                 Позвони́те мне, пожа́луйста, за́втра по́сле обе́да.

изменя́ть / измени́ть   verraten, untreu werden
                 Они́ измени́ли свои́м пре́жним взгля́дам. Sie wurden ihren früheren Ansichten untreu.

/по-/ **меша́ть**   stören
                 Таки́е посту́пки меша́ют ми́рному разви́тию регио́на. Solche Handlungen stören die friedliche Entwicklung der Region.

надоеда́ть / надое́сть   überdrüssig sein, lästig werden
                 Мне надое́ло всё вре́мя повторя́ть одно́ и то же.

напомина́ть / напо́мнить   jemanden an etwas erinnern
    ~ кому́ о чём (что)
                 Бу́дьте добры́, напо́мните мне, пожа́луйста, о встре́че.

обуча́ть / обучи́ть   unterrichten
    ~ кого́ чему́
                 Мы обуча́ем студе́нтов ру́сскому языку́.

обуча́ться / обучи́ться   ausgebildet werden
    ~ чему́
                 У нас студе́нты обуча́ются англи́йскому и францу́зскому языка́м.

подража́ть / —   nachahmen
                 Про́сто не сто́ит подража́ть э́тим экономи́ческим иде́ям.

/вос-/ **препя́тствовать:**   hindern, hinderlich sein
    препя́тствую, препя́тствуешь
                 Таки́е посту́пки препя́тствуют ми́рному разви́тию регио́на. Solche Handlungen behindern die friedliche Entwicklung der Region.

/об-/ ра́доваться: sich freuen über
    ра́дуюсь, ра́дуешься

соде́йствовать (uv., v. Asp.):   unterstützen, beitragen zu
    соде́йствую, соде́йствуешь
                 На́ша фи́рма соде́йствует бы́строму разви́тию э́того регио́на.

	Unsere Firma trägt zur schnellen Entwicklung dieser Region bei.
/по-/ спосо́бствовать: спосо́бствую, спосо́бствуешь	förderlich sein, fördern Тако́е законода́тельство не спосо́бствует ма́лому би́знесу. Eine solche Gesetzgebung fördert Kleinbetriebe nicht.
удивля́ться / удиви́ться	sich wundern (über) Все удиви́лись созда́нию предприя́тия в таки́х усло́виях. Alle wunderten sich über die Gründung des Unternehmens unter solchen Bedingungen.
удовлетворя́ть / удовлетвори́ть	Mit Dativ nur in der Bedeutung: genügen, entsprechen Они́ удовлетвори́ли всем тре́бованиям по вы́плате креди́та. Sie erfüllten alle Verpflichtungen (hinsichtlich) der Kreditrückzahlung.
учи́ться / научи́ться ~ чему́	lernen, studieren Он у́чится му́зыке.
рад	froh sein über Я о́чень рад ва́шему визи́ту. Ich bin über Ihren Besuch sehr erfreut.

2. "brauchen" + "Subjektsdativ"

(Genauer siehe Adjektiv, S. 69 f; andere Bedeutungen von "brauchen" siehe Verb, S. 99, "Sonderfall")

Мне ну́жен надёжный партнёр. Мне необходи́м надёжный партнёр.	=> *Mir notwendig (ist) ein verläßlicher Partner.* Ich brauche einen verläßlichen Partner.

3. "müssen" + "Subjektsdativ"

(Genauer siehe Adjektiv, S. 70 ff, Verb, S. 97, Nr. 3.3.2. und S. 99, "Sonderfall")

Нам ну́жно (на́до) ещё поговори́ть об э́том. Нам необходи́мо ещё поговори́ть об э́том.	=> *Uns notwendig (ist) noch zu sprechen über das.* Wir müssen noch darüber sprechen.

4. "(nicht) können" + "Subjektsdativ"
"unmöglich (nicht möglich) sein"

Мне мо́жно войти́?	=> *Mir möglich (ist) einzutreten?* Kann ich eintreten?

мне мо́жно kann in der Regel mit der persönlichen Form *я могу́* wiedergegeben werden.

Сейча́с мне нельзя́ посла́ть факс. => *Jetzt mir unmöglich (ist) zu schicken ein*
Наш факс слома́лся.   *Fax. Unser Gerät ist kaputt.* Jetzt kann ich
 kein Fax schicken. Unser Gerät ist kaputt.

нельзя́ + v. Inf. = nicht können (Unmöglichkeit)
(siehe auch Verb, S. 98, Nr. 3.3.3.)

5. "nicht dürfen" + "Subjektsdativ"

Мне нельзя́ опа́здывать. => *Mir nicht erlaubt (ist) zu spät zu*
 kommen. Ich darf nicht zu spät kommen.

нельзя́ + uv. Inf. = nicht dürfen (Verbot)
(siehe auch Verb, S. 98, Nr. 3.3.3.)

6. "sollen" + "Subjektsdativ"

6.1. Struktur: Was soll ich tun? => *Was mir (ist) zu tun? (Dativ + Infinitiv)*

Что мне де́лать?   => *Was (ist) mir zu tun?* Was soll
 ich tun?
Что нам заказа́ть?   => *Was (ist) uns zu bestellen?*
 Was sollen wir bestellen?

6.2. Struktur: Sie sollen / sollten das tun. (Aufforderung)

Dativ + сле́дует / сле́довало бы / + Infinitiv

Вам следовало бы отве́тить на запро́с по возмо́жности ещё сего́дня. Sie
sollten auf die Anfrage möglichst heute noch antworten.
(Vgl. auch Adjektiv, S. 70 f, Nr. 5.3.)

6.3. Struktur: Er sagte, Sie sollten um drei Uhr vorbeikommen.

Он сказа́л, что́бы вы зашли́ в три часа́.
(Genauer siehe Konjunktionen, Nebensätze, S. 169, Nr. 3.4.)

7. Der "Subjektsdativ" in der Verneinung

(Genauer siehe Verneinung, S. 147 f)

Мне не́ с кем бы́ло поговори́ть. => *Mir mit niemandem war zu*
 sprechen. Es gab niemanden, mit dem
 ich hätte sprechen können.

Нам не́ о чем говори́ть. => *Uns über nichts (ist) zu*
 sprechen. Es gibt nichts, worüber
 wir hätten sprechen können.

8. Der "Subjektsdativ" in "unpersönlichen Ausdrücken"

Der Urheber steht in diesen Konstruktionen im Dativ ("Subjektsdativ").

8.1. Мне отсюда плохо видно и слышно. = Я отсюда плохо вижу и слышу.
Нам непонятно, почему он так поступает.
= Мы не понимаем, почему ...
Мне хочется сказать вам следующее. = Я хочу сказать вам следующее.

=> *Mir ist von hier schlecht sichtbar und hörbar.* Von hier höre und sehe ich schlecht.
Uns ist unverständlich, warum er so handelt.

=> *Mir will es sich Ihnen (zu) sagen das folgende.*

8.2. Мне пора (идти).

=> *Mir ist Zeit (zu gehen).* Es ist für mich an der Zeit (zu gehen). Ich muß jetzt gehen.

Мне очень жаль, но я не знаю.

Es tut mir sehr leid, aber ich weiß es nicht.

Мне лень.

Ich habe keine Lust. (Ich bin zu faul.)

8.3. Мне не спится. (rezeptiv)

=> *Es schläft sich mir nicht.* Ich kann nicht schlafen.

Мне здесь как-то не работается.

Irgendwie kann ich hier nicht arbeiten.

9. Der "Altersdativ"

Мне двадцать пять лет.

=> *Mir ist 25 der Jahre.* Ich bin 25 Jahre alt.

Тогда ей было сорок три года.

=> *Damals ihr war 43 des Jahres.* Damals war sie 43 Jahre alt.

Ему исполнилось пятьдесят лет.

=> *Ihm erfüllte sich 50 der Jahre.* Er wurde 50 Jahre (alt).

118 Переведите!

1. Sie sollten Herrn Grigórjew noch heute anrufen. 2. Wir wissen nicht, was wir tun sollen. 3. Erinnern Sie mich, bitte, an diesen Brief. 4. Sollen wir die Printer heute bestellen? 5. Eine solche Regelung trägt nicht zur Konsolidierung des Betriebs bei. 6. Ich möchte nochmals betonen, daß ich über unseren Geschäftskontakt sehr froh bin.

Zur Verwendung des Instrumentals
(ohne Präposition)

1. Der Instrumental nach bestimmten Verben

1.1. Verben des Besitzens und Leitens

/o-/ владе́ть: владе́ю, владе́ешь	beherrschen; besitzen
~ языко́м	
~ землёй	
заве́довать: заве́дую, заве́дуешь	leiten
заве́дующий ка́федрой	Lehrkanzelinhaber
облада́ть	besitzen, verfügen über
~ пра́вом	(positive Eigenschaften)
располага́ть	verfügen über
~ больши́ми ресу́рсами	
~ больши́ми сре́дствами	
руководи́ть: руковожу́, руководи́шь	leiten
~ отде́лом	eine Abteilung ~
управля́ть	lenken, verwalten
управля́ть госуда́рством	

1.2. Verben mit der Bedeutung "sein", "werden"

быть - был - бу́ду
(Genauer siehe Wortfelder, S. 177)
 Ра́ньше он был ди́лером. (Händler)

/по-/ каза́ться: scheinen
 ка́жется
 Вопро́сы ка́жутся тру́дными.

ока́зываться / оказа́ться: sich erweisen als
 / ока́жется
 Вопро́с оказа́лся о́чень тру́дным.

остава́ться / оста́ться: bleiben
 остаю́сь, остаёшься /
 / оста́нусь, оста́нешься
 Он оста́лся ве́рным клие́нтом.

станови́ться / стать: werden
 становлю́сь, стано́вишься
 / ста́ну, ста́нешь
 Он стал изве́стным предпринима́телем.

явля́ться sein
(Genauer siehe Wortfelder, S. 177 f)
 А́встрия явля́ется нейтра́льной
 страно́й.

1.3. Verben mit der Bedeutung "gelten als", "machen zu", "halten für"

/с-/ де́лать	machen zu
/с-/ де́латься	werden zu
избира́ть / **избра́ть**	wählen zu
Его́ избра́ли президе́нтом.	
назнача́ть / назна́чить	ernennen zu
Его́ назна́чили дире́ктором.	
счита́ть / счесть:	halten für
/ сочту́, сочтёшь (sehr selten)	
/ счёл, сочла́	
счита́ться / счёсться	gelten als
Он счита́ется уме́лым предпринима́телем.	

1.4. Verben mit der Bedeutung "besondere Freude an etw. haben"

восхища́ться	entzückt sein von
горди́ться:	stolz sein auf
горжу́сь, горди́шься	
занима́ться / **заня́ться**:	sich beschäftigen mit
/ займу́сь, займёшься	
/за-/ **интересова́ться**:	sich interessieren für
интересу́юсь, интересу́ешься	
ABER: Он заинтересо́ван в на́ших	
прибо́рах.	
заинтересо́ван в + 6.	
/по-/ любова́ться:	sich erfreuen an
любу́юсь, любу́ешься	
наслажда́ться / наслади́ться	etwas genießen
увлека́ться / увле́чься:	begeistert sein von
/ увлеку́сь, увлечёшься, увлеку́тся (sehr selten)	
/ увлёкся, увлекла́сь, увлекли́сь	

1.5. Andere Verben

боле́ть: боле́ю, боле́ешь	krank sein (an)
/по-/ дыша́ть:	atmen
дышу́, ды́шишь	
~ све́жим во́здухом	frische Luft ~
/по-/ же́ртвовать:	opfern
же́ртвую, же́ртвуешь	
~ жи́знью	
заболева́ть / **заболе́ть**	erkranken an
~ гри́ппом	
называ́ть / **назва́ть**:	nennen, bezeichnen
/ назову́, назовёшь	
/ назва́л, назвала́, назва́ло	
Ра́ньше э́ту террито́рию называ́ли «ру́сской землёй».	

называ́ться / назва́ться	heißen
Ра́ньше э́та террито́рия называ́лась «ру́сской землёй».	
ограни́чиваться / ограни́читься	sich beschränken auf
/вос-/ по́льзоваться:	benutzen
по́льзуюсь, по́льзуешься	
(Genauer siehe Wortfelder, S. 181 ff)	
~ тра́нспортом	
~ пра́вом	das Recht haben
in übertragener Bedeutung:	
~ слу́чаем	die Gelegenheit ergreifen
~ успе́хом	Erfolg haben
~ репута́цией	Ansehen genießen
рабо́тать	arbeiten als
~ медсестро́й	
рискова́ть / рискну́ть:	riskieren
риску́ю, риску́ешь /	
~ жи́знью	
/по-/ служи́ть	dienen als
Э́то слу́жит нам приме́ром.	
/по-/ страда́ть	leiden an
~ анги́ной	

2. Der Instrumental nach bestimmten Substantiven

Viele der Substantive, die von diesen Verben abgeleitet sind, verlangen den Instrumental:

обме́н о́пытом	Erfahrungsaustausch
Aber: обме́н де́нег	Geldwechsel
руково́дство строи́тельством	Bauleitung
управле́ние госуда́рством	Staatsverwaltung
владе́ние иму́ществом	Besitz von Vermögen

119 Verändern Sie nach dem Muster:

Австрия - нейтра́льная страна́.
—> **Австрия явля́ется нейтра́льной страно́й.**

1. АСО «Викто́рия» - одно́ из кру́пных страховы́х о́бществ. 2. Оймяко́н - са́мый холо́дный го́род Сиби́ри. 3. Линц - столи́ца Ве́рхней Австрии. 4. «Евге́ний Оне́гин» - са́мое изве́стное произведе́ние Пу́шкина. 5. «Война́ и мир» - са́мый изве́стный рома́н Толсто́го. 6. Важне́йший фа́ктор в о́бществе - функциони́рование эконо́мики. 7. Санкт-Петербу́рг оди́н из краси́вейших городо́в ми́ра. 8. ЭКЮ про́сто расчётная едини́ца, её курс публику́ется ежедне́вно.

120 Verändern Sie nach dem Muster:
Са́мый тру́дный вопро́с после́дний. —>
—> Са́мым тру́дным вопро́сом был после́дний.

1. Мой оте́ц - хи́мик. 2. Этот го́род оди́н из интере́снейших городо́в ми́ра. 4. На́ши са́мые кру́пные партнёры - «Алма́з», «Се́вер», «Свет». 5. Её колле́га - архите́ктор.

121 Verändern Sie nach dem Muster:
Ка́жется, что э́тот вопро́с о́чень тру́дный.
—> Этот вопро́с ка́жется о́чень тру́дным.

1. Нам показа́лось, что са́мая си́льная фи́рма - «Алма́з». 2. Оказа́лось, что са́мый сло́жный вопро́с - перестро́йка эконо́мики. 3. Нам ка́жется, что э́та зада́ча не така́я тру́дная. 4. Оказа́лось, что са́мая тру́дная зада́ча на́ша. 5. Ка́жется, что он о́чень изве́стный предпринима́тель.

3. Der Instrumental nach bestimmten Prädikativen

Он бо́лен гри́ппом. Она́ о́чень дово́льна рабо́той. Этот го́род изве́стен свое́й интере́сной исто́рией. Эта страна́ бога́та ле́сом.

4. Der "Urheber"-Instrumental: von, durch

Наш институ́т был предста́влен профе́ссором Его́ровым. Unser Institut wurde durch Professor Jegorow vertreten.
Эта вы́ставка организу́ется францу́зской торго́вой пала́той. Diese Ausstellung wird von der französischen Handelskammer organisiert.
Откры́тие дире́ктором я́рмарки состои́тся в сре́ду в три часа́. Die Eröffnung der Messe durch den Direktor findet am Mittwoch um 3 Uhr statt.

5. Der "als"-Instrumental

Австрия одно́й из пе́рвых в За́падной Евро́пе вы́ступила с инициати́вой организова́ть у себя́ ку́рсы по подгото́вке ру́сских ме́неджеров. Österreich trat als eines der ersten Länder Westeuropas mit der Initiative auf, (bei sich) Kurse zur Ausbildung von Managern durchzuführen.
Ещё ребёнком он владе́л францу́зским языко́м. Он рабо́тает врачо́м. Ка́тя пришла́ пе́рвой.
Они́ расста́лись друзья́ми. Sie schieden als Freunde.
На́шей зада́чей (на́шей це́лью) мы ви́дим улучше́ние на́шей проду́кции. =>
Als unsere Aufgabe (unser Ziel) sehen wir die Verbesserung unserer Produkte.
Unsere Aufgabe (unser Ziel) sehen wir in der Verbesserung unserer Produkte.
Вот э́то мы поста́вили себе́ це́лью. Eben das setzten wir uns als / zum Ziel.

6. Der "mittels" - Instrumental (mit, mit Hilfe)

6.1. Я пишу́ ру́чкой.

6.2. е́здить / е́хать маши́ной, трамва́ем, автобусом, тролле́йбусом.

Aber häufiger:
е́здить / е́хать НА маши́не, НА авто́бусе, НА трамва́е, НА тролле́йбусе, НА такси́, НА велосипе́де, ...

7. Der Instrumental in Adverbialbestimmungen

7.1. Temporale Adverbialbestimmungen (Genauer siehe Zeitangaben, S. 139 ff):

Про́шлым ле́том они́ отдыха́ли на мо́ре.

7.2. lokale Adverbialbestimmungen:

Он идёт свое́й доро́гой. Er geht seinen Weg.

7.3. modale Adverbialbestimmungen:

Они́ живу́т этажо́м вы́ше. Sie wohnen einen Stock höher.

7.4. feste Fügungen:

Они́ жи́ли споко́йной и до́лгой жи́знью. Sie lebten ein ruhiges und langes Leben.

Они́ поги́бли наси́льственной сме́ртью. Sie starben eines unnatürlichen Todes.

Всё идёт свои́м чередо́м. Alles nimmt seinen gewohnten Lauf.

8. Der Instrumental bei Zahlenangaben (rezeptiv)

у́лица ширино́й (в) 40 ме́тров eine Straße mit (in) einer Breite von 40 Metern

доска́ толщино́й (в) 8 см ein Brett von 8 cm Stärke

гора́ высото́й (в) 7495 м

122 Переведите.

1. Мы ви́дим на́шей важне́йшей зада́чей осуществле́ние э́того прое́кта. 2. Торго́вля ме́жду на́шими стра́нами развива́ется бу́рными те́мпами. 3. Я́рмарка была́ откры́та мини́стром внешнеэкономи́ческих свя́зей. 4. В своём выступле́нии он ограни́чился двумя́ приме́рами. 5. Это предприя́тие располага́ет большинство́м а́кций. 6. Несмотря́ на колеба́ния ку́рса до́ллара в после́днее вре́мя, до́ллар продолжа́ет остава́ться той валю́той, по кото́рой опре-

деля́ются це́ны таки́х важне́йших сырьевы́х това́ров, как нефть, медь, зерно́ и т.д. 7. При э́том ба́нки заключа́ют сде́лки то́лько с фи́рмами, облада́ющими хоро́шей репута́цией. 8. Правле́ние руководи́т дела́ми акционе́рного о́бщества. 9. Правле́ние обы́чно назнача́ется наблюда́тельным сове́том на не́сколько лет.

123 Переведите!

1. Ich möchte die Gelegenheit ergreifen und Ihnen unser neues Produkt vorstellen. 2. Früher war er einige Jahre Aktionär dieser Bank. 3. Die Bedingungen auf dem Markt scheinen jetzt besser zu sein als vor einem Jahr. 4. Er wurde zum Präsidenten der Unternehmervereinigung gewählt und genießt hohes Ansehen. 5. Diese Frage erwies sich als sehr schwer. 6. Er beherrscht Russisch sehr gut. 7. Dies dient als Beispiel für eine mikroökonomische Frage. 8. Für mich blieb ein Großteil der Fragen unklar. 9. Früher hieß Nischni Nowgorod Gorki. 10. Diese Frage blieb ungelöst. 11. Er leitet dieses Unternehmen schon das acht Jahr. 12. Rußland verfügt in Westsibirien über große Erdgas- und Erdölvorkommen. 13. Ich möchte mich hier auf zwei Beispiele beschränken. 14. Österreichisches Bier ist auf dem russischen Markt sehr beliebt. 15. Früher arbeitete er lange Zeit als Fremdsprachenlehrer, heute leitet er ein großes Übersetzerbüro. 16. Österreich ist Mitglied der EU. 17. Das Unternehmen hat das Recht, im eigenen Namen Verträge abzuschließen.

Konjunktionen, Nebensätze

Es werden hier nur jene häufigen Konjunktionen und Nebensätze behandelt, in denen es Unterschiede zum Deutschen gibt.

1. auch: *и - тóже - тáкже*

Das deutsche "auch " ist mehrdeutig, wie z.B. die Zeitungsüberschrift "Jetzt wollen sie auch Raketen!" beweist:
/1/ Jetzt wollen sie **áuch** Raketen!
/2/ Jetzt wollen sie auch **Rakéten**!
/1/ (betontes "auch") bedeutet, daß sie - genauso wie andere - Raketen wollen, während /2/ (unbetontes "auch") darüber informiert, daß sie - zusätzlich zu anderen Waffen - auch Raketen wollen.

Dem betonten deutschen "auch" entspricht das betonte russische *тóже*, dem unbetonten deutschen "auch" entspricht das unbetonte russiche *и*.
тáкже umfaßt beide Bedeutungen, ist aber stilistisch eher als buchsprachlich markiert. Der gesprochenen Sprache gehören daher primär *и* und *тóже* an. Vergleicht man die Häufigkeit im Auftreten, so überwiegt die Konjunktion *и* bei weitem.

Formale Besonderheiten in der Verwendung:

тóже:
- ist immer Zentrum der Satzintonation;
- steht (in der Regel) vor dem Verb;
- steht nie am Satzanfang, es sei denn der Satz ist verkürzt;
- der nach *тóже* folgende Teil kann weggelassen werden (Пётр читáет газéты. Я тóже.);

и:
- ist immer unbetont, kann nie Zentrum der Satzintonation sein;
- steht immer vor dem Wort, das Zentrum der Satzintonation ist;
- das Wort, vor dem *и* steht, kann nie mit dem Wort des vorangehenden Satzes gleich sein, auf das es repliziert;
- kann nie am Ende einer Äußerung stehen (Пётр читáет кни́гу. Он читáет и.) Dieser Satz ist sinnlos, denn es fehlt die entscheidende Mitteilung).

Verleichen Sie:

/1/ Я говорю́ по-рýсски. Брат **тóже** говори́т по-рýсски.
/2/ Я говорю́ по-рýсски. По-рýсски говори́т и **брат**.
/3/ Я говорю́ по-рýсски. И **брат** говори́т по-рýсски.
/4/ Я говорю́ по-рýсски. Я говорю́ и **по-англи́йски**.
/5/ Я говорю́ по-рýсски. По-англи́йски (я) **тóже** говорю́.
/6/ Я говорю́ по-рýсски. Брат говори́т и **по-англи́йски**.
(fett: Zentrum der Satzintonation, siehe auch Intonation, S. 9 f)

124 Übersetzen Sie diese sechs Sätze ins Deutsche. Sie werden sehen, daß Sie dieselben "auch"-Strukturen im Deutschen vorfinden.

125 Verbinden Sie die beiden Sätze durch "auch". Gibt es Varianten?

1. Ирина Петровна работает в магазине. Её сын работает в магазине. 2. Там она покупает хлеб и колбасу. Она покупает сыр. 3. Они занимаются микроэкономическим анализом. Они занимаются макроэкономическим анализом. 4. Серёжа учит английский язык. Володя учит английский и немецкий языки. 5. Она любит играть в шахматы. Она любит играть в домино.

126 Auf welchen Satz könnte der "auch"-Satz replizieren?

1. Наша фирма тоже покупает такую продукцию за рубежом. 2. И наша фирма покупает такую продукцию за рубежом. 3. Мы тоже сотрудничаем с этой британской фирмой. 4. Мы торгуем, конечно, и холодильниками. 5. И наша фирма предлагает товары по самым низким ценам.

2. und, aber, sondern: и - а - но

2.1. и - und
Aneinanderreihung, Aufzählung:
В приложении вы найдёте прейскурант и техническое описание.
Мы предлагаем спецоборудование и юридические услуги.

sowohl ... als auch: и ... и
                          как ..., так и ...
Мы предлагаем и спецоборудование и юридические услуги.
Мы предлагаем как спецоборудование, так и юридические услуги.

2.2. а - aber, und, sondern

aber, und: Gegenüberstellung von "Gegensätzlichkeiten"
Раньше здесь была фабрика, а теперь строят супермаркет.

Fragesatztyp: -А вы? (-Und Sie?)
Я живу в Австрии. А вы?

sondern
Он работает не в бухгалтерии, а в рекламном отделе.
S y n o n y m : ... und nicht ...
Он работает в рекламном отделе, а не в бухгалтерии.

2.3. *но* - aber, jedoch, doch

Наша фирма маленькая, но рентабельная.
Gegenüberstellung von Aussagen verschiedener Bedeutungsebenen, deren zweite irgendwie unerwartet ist. Der "Größe" wird die "Rentabilität" gegenübergestellt.

2.4. Achtung:

Наша фирма маленькая и рентабельная.
In dieser Aussage werden die beiden Eigenschaften aufgezählt, nicht aber einander gegenübergestellt: Unsere Firma ist klein und rentabel.
Die Konjunktion *a* kann dabei nicht verwendet werden. *a* wird nur dann bei Gegenüberstellungen (Gegensätzen) verwendet, wenn die eine Bedeutungsebene nicht verlassen wird: Наша фирма маленькая, а не большая. Hier werden auf der Bedeutungsebene "Größe" die Gegensätze dargestellt.
(Die Konjunktion *a* kann also nie durch *и* ersetzt werden!)

3. um ... zu, damit, daß - *чтобы*

чтобы	1. + Infinitiv: um ... zu (Finalsatz)	
	2. + Präteritum: damit (Finalsatz)	
	3. + Präteritum: daß (Wunschstrategie)	"wollen,...", daß ...
		"sollen, mögen "

3.1. um ... zu: *чтобы* + Infinitiv

Он изучает русский язык, **чтобы сотрудничать** с русскими предприятиями.

3.2. damit (Finalsatz): *(для того), чтобы* + Präteritum

Он сказал это, чтобы вы были в курсе дела.   Er sagte das, damit Sie es wissen.

Он сказал это для того, чтобы вы были
в курсе дела.

127 Verbinden Sie die beiden Sätze!

1. Мы поедем в Нижний Новгород. Мы хотим познакомиться с нашим партнёром. 2. Я звонил господину Зайцеву. Он должен нам переслать образец контракта. 3. Мы с вами поедем в наш филиал в Петербург. Вы должны лично познакомиться с нашими сотрудниками. 4. Давайте встретимся на той неделе. Тогда мы подпишем договор. 5. Они переслали нам новые каталоги и прейскуранты. Таким образом, мы сможем подготовиться к переговорам. 6. Мы попросили их прислать нам подробное описание прибора. Мы хотим лучше познакомиться с этим прибором.

3.3. daß - чтóбы:

Nach den folgenden Verben (es sind dies Verben des Wollens, Wünschens, der Notwendigkeit) heißt "daß" immer *чтóбы*, das Prädikat dieses Satzes steht im Präteritum:

Я хочу́,
Она́ хоте́ла бы,
Мне хо́чется,
Я жела́ю,   ⎫
На́до,   ⎬ чтóбы + **Präteritum**
Ну́жно,   ⎭ (Ausdruck eines Wunsches)
Необходи́мо,
Жела́тельно,
Я тре́бую,
Я прошу́,

Ну́жно, чтóбы вы пришли́ ко мне. = Вам ну́жно прийти́ ко мне.
Es ist nötig, daß Sie zu mir kommen.   Sie müssen zu mir kommen.

128 Verändern Sie die Sätze nach dem Muster:

-Ва́ля, переда́йте ему́ письмо́!

-Ну́жно,
-На́до,   ⎬ чтóбы Ва́ля передала́ ему́ письмо́.
-Жела́тельно,

1. Алексе́й Алекса́ндрович, познако́мьте меня́, пожа́луйста, с А́нной Алексе́евной. 2. Господи́н Хофманн, свяжи́тесь, пожа́луйста, с Ва́шей штаб-кварти́рой в Ве́не. 3. Ле́на, зайди́те ко мне, пожа́луйста, за́втра в пе́рвой полови́не дня. 4. Госпожа́ Зеленцо́ва, перенеси́те, е́сли возмо́жно, на́шу встре́чу на пя́тницу. 5. Ка́тя, бу́дьте добры́, закажи́те, пожа́луйста, биле́ты на февра́ль. 6. А́нна Петро́вна, не могли́ бы вы узна́ть, когда́ прие́дет делега́ция? 7. Тама́ра Па́вловна, прове́рьте, пожа́луйста, ещё раз э́ти да́нные. 8. Ему́ ну́жно посла́ть телегра́мму в Мю́нхен.

3.4. Er sagte, Sie möchten / sollten kommen. (Wunschsatz)
Он сказа́л, чтóбы вы пришли́.

Он сказа́л, что вы пришли́.	≠	Он сказа́л, чтóбы вы пришли́.
Er sagte, daß Sie gekommen sind. что weist dabei auf ein bereits eingetretenes Ereignis hin.		=> *Er sagte, damit Sie kommen.* Er sagt, Sie möchten / sollten kommen. чтóбы weist dabei auf ein zukünftiges, noch nicht eingetretenes Ereignis hin (Wunschsatz).

129 Übersetzen Sie und geben Sie, wenn es möglich ist, Varianten an:

1. Wir sagten Wéra Michájlowna, sie möchte am Donnerstag um 14 Uhr zu uns kommen. 2. Mein Kollege bat mich, ich möchte die Flugkarten kaufen. 3. Er schlug vor, die ganze Gruppe möchte sich am Abend treffen. 4. Er sagte uns, wir sollten nicht mehr mit dieser Bank zusammenarbeiten. 5. Tatjána Iwánowna riet, die Reise auf die nächste Woche zu verschieben. 6. Walja bat mich, die Dokumente noch heute zu unterschreiben. 7. Er bat mich, ihm den Weg ins Stadtzentrum zu erklären.

130 Переведите!

1. Es ist schön, daß Sie kommen. 2. Es ist wichtig, daß Sie ihm dies gesagt haben - er hat es verstanden. 3. Es ist besonders wichtig, daß Sie ihn anrufen. 4. Der Filialleiter sagte, wir möchten die Bestätigung nicht per Fax schicken, sondern als eingeschriebenen Brief. 5. Es ist nicht notwendig, daß Sie Ihn herbitten. 6. Der Filialleiter sagte, daß er von uns die Bestätigung noch nicht erhalten hat. 7. Es ist besonders wichtig, daß Sie ihm dies sagen - er wird es verstehen. 8. Alekséj Petrówitsch will, daß wir noch heute zurückkommen. 9. Es ist nötig, daß morgen in der Früh alles bereit ist. 10. Er hat mir das Buch gebracht, damit ich es lese. 11. Willst du, daß wir mit dir gehen? 12. Er bat, daß wir ihm helfen. 13. Er ist gekommen, um mit uns über diese Frage zu sprechen. 14. Sagen Sie ihm, daß Frau Berger gestern gekommen ist. 15. Sagen Sie ihm, daß Frau Berger morgen kommen soll. 16. Er kam zu mir, um den Artikel zu übersetzen. 17. Sie riet mir, ich möge dieses Gerät kaufen.

131 Переведите!

1. Es ist wünschenswert, daß wir die Anfrage morgen beantworten. 2. Er bat, daß wir ihn noch heute zurückrufen mögen. 3. Wir trafen uns, um den Vertrag zu unterschreiben. 4. Es ist wichtig, daß wir die Lieferbedingungen präzisieren. 5. Er forderte, daß wir das Angebot schon in der nächsten Woche übermitteln. 6. Es ist wichtig, daß wir den ersten Teil schon im zweiten Quartal liefern. 7. Es ist nicht nötig, daß wir unser Treffen verschieben. 8. Er sagte, daß ich am Nachmittag bei ihm vorbeischauen möchte. 9. Er bat, daß ich in der Handelsvertretung anrufe. 10. Es ist unbedingt notwendig, daß wir diese Fragen noch einmal besprechen.

4. Der indirekte Fragesatz: ob - ли

- Что вы сказáли, Татья́на Па́вловна? - Я спроси́ла, придёт ли Алекса́ндр Петро́вич. - Да, сего́дня ве́чером.	*ли* steht immer an 2. Stelle. Davor steht das sinntragende Wort, in der Regel das Verb.

Beachten Sie die Veränderungen zwischen direkter und indirekter Rede:
Он спроси́л меня́: -Ты придёшь? ≠ Он спроси́л меня́, приду́ ли я.

Achtung: Vermeide Sie unter allen Umständen den Fehler, "ob" mit Hilfe des Bindewortes *éсли* wiederzugeben. In der Regel wird dies für Russen unverständlich.

132 Geben Sie die folgenden Fragen, die Ihr Gesprächspartner an Sie richtet, als indirekte Frage weiter:

Muster: ob Iván Petrówitsch kommt?
—> Он хотéл бы узнáть, придёт ли Ивáн Петрóвич.

1. ob Iván Petrówitsch den Brief erhalten hat? 2. ob Kátja die Eintrittskarten hat? 3. ob Frau Wolygina angerufen hat? 4. ob Herr Mamédow die Karten bekommen hat? 5. ob Alla Nikolájewna ins Zentrum fährt? 6. wer mit ins Kino geht? 7. wann Herr Kabánow kommen wird? 8. ob Frau Sórina den Brief geschrieben hat? 9. ob Kátja die Karten gestern gekauft hat? 10 ob Alexander Zeit hat? 11. wann gestern der Zug angekommen ist? 12. ob wir die Anfrage schon erhalten haben? 13. ob Sie noch Kataloge haben? 14. ob der neue Mitarbeiter schon gekommen ist? 15. ob er schon die Ware hat?

4.1. "ob" wird im Russischen meist ohne *ли* wiedergegeben, wenn in diesem "ob"-Satz eine Gegenüberstellung mit "oder" enthalten ist.

Покупáтель сам решáет, кýпит ли он э́ти товáры. Der Käufer entscheidet selbst, ob er diese Waren kauft.	≠	Покупáтель сам решáет, кýпит он э́ти товáры и́ли нет. Der Käufer entscheidet selbst, ob er diese Waren kauft oder nicht.

133 Geben Sie die folgenden Fragen, die Ihr Gesprächspartner an Sie richtet, als indirekte Frage weiter:

Muster: ob Iván Petrówitsch kommt oder nicht
—> Он хотéл бы узнáть, придёт Ивáн Петрóвич и́ли нет.

1. ob Iván Petrówitsch kommt oder nicht? 2. wann der Kiosk geöffnet wird? 3. ob Olég Marken gekauft hat oder nicht? 4. ob in der Zeitschrift oft Leserbriefe gedruckt werden? 5. ob Sie mit diesen Bedingungen einverstanden sind oder nicht? 6. ob Herr Neuner die Zahlungsbedingungen schon kennt? 7. ob die Firma auch auf diesem Gebiet arbeitet? 8. ob Sie mit allen Lieferbedingungen einverstanden sind?

4.2. Ausdrücke mit *ли* (rezeptiv)

вряд ли	kaum, schwerlich
Вряд ли он придёт.	*Er wird kaum kommen.*
едвá ли	kaum
Едвá ли он придёт.	*Er wird kaum kommen.*
едвá ли не	wohl, fast, beinahe
Егó рабóта едвá ли не сáмая хорóшая.	*Seine Arbeit ist wohl die beste.*

не пра́вда ли?	oder nicht?
Э́то ты написа́л, не пра́вда ли?	Das hast du geschrieben, oder nicht?
не так ли?	oder nicht?

5. um ... zu, (an-) statt ... zu, ohne ... zu

5.1. um ... zu - *что́бы + Infinitiv*

siehe S. 168

5.2. (an-) statt ... zu - *вме́сто того́, что́бы + Infinitiv*

Вме́сто того́, что́бы посла́ть нам подтвержде́ние, они́ пересла́ли нам ко́пию запро́са. Statt uns eine Bestätigung zu schicken, haben sie uns die Kopie der Anfrage übersandt.

5.3. ohne ... zu

Diese Struktur kann im Russischen nur mit Hilfe des Partizipialadverbs (siehe S. 121, Nr. 6.4.) wiedergegeben werden:

Er saß da, ohne auf die Fragen zu antworten.	=>	*Er saß da, nicht antwortend auf die Fragen.* Он сиде́л, не отвеча́я на вопро́сы.
Er ging weg, ohne auf die Fragen geantwortet zu haben.	=>	*Er ging weg, nicht geantwortet habend auf die Fragen.* Он ушёл, не отве́тив на вопро́сы.

134 Übersetzen Sie.

1. Statt die Produktionskosten zu senken, erhöhen sie laufend die Preise. 2. Ohne die Universität abgeschlossen zu haben, beginnen viele Studenten zu arbeiten. 3. Ohne diese Analysen durchgeführt zu haben, können wir nichts sagen. 4. Er kam nach Rußland, um den ersten Vertrag mit dem russischen Partner in Moskau zu unterschreiben. 5. Statt entschlossene Maßnahmen gegen die Inflation zu ergreifen, beschäftigte sich die Regierung immer häufiger mit zweitrangigen Fragen.

6. Der Relativsatz

(z.B.: Das Haus, d a s d o r t s t e h t, gefällt mir.)

6.1. eingeleitet durch ein Relativpronomen

(Genauer siehe Relativpronomen, S. 56, Nr. 5.1.)
Зда́ние, в кото́ром помеща́ется наш о́фис, нахо́дится недалеко́ от ста́нции метро́.

6.2. eingeleitet durch ein Partizipium in der Langform

(Genauer siehe Partizipien, S. 110 ff)
Es ist mit dem Bezugswort des davorstehenden Satzes in Zahl, Fall und Geschlecht übereingestimmt:

На предприятии, производящем спецодёжду, занято около ста сотрудников.

In dem Unternehmen, das Berufskleidung herstellt, sind ungefähr hundert Mitarbeiter beschäftigt.

6.3. eingeleitet durch ein Adjektiv in der Langform

(Genauer siehe Adjektiv, S. 63)
Es ist mit dem Bezugswort des davorstehenden Satzes in Zahl, Fall und Geschlecht übereingestimmt:

В этой партии товаров, очень тяжёлой по весу, повреждены шесть комплектов.

6.4. eingeleitet durch *кто, что*

(Genauer siehe Pronomen, S. 56, Nr. 5.2.)
Все, кто знает его, голосовали за него.

6.5. eingeleitet durch *чей* (rezeptiv)

(Genauer siehe Pronomen, S. 57, Nr. 5.4.)

Предприятие, чья продукция пользовалась не очень большим спросом, закрыли в прошлом месяце. = Предприятие, продукция которого пользовалась не очень большим спросом, закрыли в прошлом месяце.
Das Unternehmen, dessen Produkte nicht sehr nachgefragt waren, wurde im vorigen Monat geschlossen.

7. Häufige mehrteilige Konjunktionen (rezeptiv)

7.1. mit *как* zusammengesetzte Konjunktionen

после того как	nachdem*	После того как мы освоили новую технику, выпуск продукции увеличился вдвое. Nachdem wir die neue Technik eingeführt hatten, vergrößerte sich unser Ausstoß auf das Doppelte.
перед тем как	bevor	Перед тем как он подписал договор, он ещё раз обсудил всё с сотрудниками. Bevor er den Vertrag unterschrieb, besprach er alles noch einmal mit den Mitarbeitern.

* "nachdem" können Sie immer mit der Konjunktion *когда* wiedergeben.

в то время как	während	Наши станки работают уже с ЧПУ, в то время как станки наших конкурентов работают ещё в ручном режиме.
между тем как	während	Наши станки работают уже с ЧПУ, между тем как станки наших конкурентов работают ещё в ручном режиме.
с тех пор как	seit	С тех пор как мы работаем с ЧПУ, расходы снизились на 24 процента. Seit wir computergestützt arbeiten, haben sich die Ausgaben um 24% verringert.
до того как	bis	До того как были повышены цены, они успели купить компьютеры.
как только	sobald	Как только он узнал о предоставлении скидки, он выдал заказ.

7.2. andere häufige zusammengesetzte Konjunktionen

пока не	bis	Он искал, пока не нашёл письмо. Er suchte, bis er den Brief fand.
несмотря на то что	obwohl	Несмотря на то что мы уступили ему в цене, он настаивал на сокращении сроков поставки. Obwohl wir ihm beim Preis entgegenkamen, bestand er auf einer Verkürzung der Lieferfristen.
прежде чем	bevor man	Siehe "man" im Nebensatz, S. 175 f.

135 In welchen dieser Sätze können Sie die Konjunktion *когда* durch *после того как* ersetzen?

1. Когда мы получили от него заказ, мы сразу же выслали ему подтверждение получения заказа. 2. Когда проводились реформы, никто не верил в их успех. 3. Когда была закончена Малая приватизация, правительство приступило к осуществлению более сложной формы приватизации - к приватизации крупнейших предприятий страны.

8. weil, da - *потому́ что, так как, поско́льку*

Für den Kausalsatz gelten folgende Regeln:

Steht der Kausalsatz nach dem Hauptsatz, kann jede der drei angeführten Konjunktionen verwendet werden (wobei *поско́льку* etwas buchsprachlicher ist):
    Мы покупа́ем э́ти това́ры то́лько у фи́рмы «Се́вер», потому́ что (так как, поско́льку) у неё усло́вия поста́вки значи́тельно лу́чше.

Steht der Kausalsatz vor dem Hauptsatz, so kann nur *так как* oder *поско́льку* verwendet werden:
    Так как (Поско́льку) у фи́рмы «Се́вер» усло́вия поста́вки значи́тельно лу́чше, мы покупа́ем э́ти това́ры то́лько у неё.

Für die gesprochene Sprache ist typisch, daß in der Antwort auf eine Frage nach dem Warum nur mit dem Kausalsatz geantwortet wird. Dann kann in dieser ver-kürzten Antwort auch *потому́ что* am Anfang stehen:
    -Почему́ ты не пришёл?
    -Потому́ что заболе́л. (= Я не пришёл, потому́ что я заболе́л.)

9. "man" im Nebensatz

(siehe auch: Passiv, S. 151 f, Nr. 1.2. und 1.3.)

9.1. wenn man ..., bevor man ...

In Nebensätzen des Typs "wenn man ..." und "bevor man ..." wird dieses "man" in der Regel mit Hilfe des Infinitivs ausgedrückt:

Wenn man von diesen Daten ausgeht, kann man folgenden Schluß ziehen.
=> *Wenn auszugehen aus diesen Daten, kann man ziehen folgenden Schluß.*
Е́сли исходи́ть из э́тих да́нных, мо́жно сде́лать сле́дующий вы́вод.

Bevor man diesen Vertrag unterschreibt, ist noch eine Frage lösen. => *Bevor zu unterschreiben diesen Vertrag, muß man lösen noch eine Frage.*
Пре́жде чем подписа́ть э́тот контра́кт, ну́жно реши́ть ещё оди́н вопро́с.
Пе́ред тем как подписа́ть э́тот догово́р, ну́жно реши́ть ещё оди́н вопро́с.
пре́жде чем kann nur in einem "man"-Satz verwendet werden, *пе́ред тем как* dagegen kann in jeder Struktur verwendet werden.

Anmerkung:
Temporalsätze dieser Art können Sie umgehen:
Мы мо́жем / Мо́жно / подписа́ть э́тот контра́кт. Но снача́ла ну́жно ещё реши́ть оди́н вопро́с.
Снача́ла ну́жно ещё реши́ть э́тот вопро́с. Пото́м мо́жно подписа́ть догово́р.

9.2. andere "man"-Strukturen im Nebensatz (rezeptiv)

Manchesmal mit Hilfe der 2. Person Sg. ohne *ты:*

Если выхо́дишь на европе́йский ры́нок, то ну́жно рассчи́тывать на большу́ю конкуре́нцию. Wenn man auf den europäischen Markt geht, muß man mit großer Konkurrenz rechnen.

Когда́ заключа́ешь догово́р с э́тим предприя́тием, ну́жно обрати́ть внима́ние пре́жде всего́ на усло́вия поста́вки. Wenn man mit diesem Unternehmen einen Vertrag abschließt, muß man vor allem auf die Lieferfristen achten.

136 Переведи́те!

1. Е́сли приня́ть во внима́ние тако́й подхо́д к реше́нию вопро́са, то мо́жно увели́чить при́быль. 2. Пре́жде чем переда́ть на́ше предложе́ние, необходи́мо определи́ть фо́рму фикса́ции цены́. 3. Е́сли же проанализи́ровать де́ятельность крупне́йших предприя́тий ми́ра не по их оборо́ту, а по годово́й при́были, то в 1987 году́ лу́чше всего́ рабо́тала компа́ния «Ай-би-эм". 4. Пре́жде чем заключи́ть догово́р, прове́рьте, пожа́луйста, ещё раз гаранти́йные усло́вия.

137 Formen Sie diese Sätze in "man"-Sätze um.

1. Исходя́ из да́нных э́той диагра́ммы, мо́жно сде́лать сле́дующий вы́вод. 2. Принима́я во внима́ние бу́рный рост цен, мо́жно ожида́ть гиперинфля́цию. 3. Не принима́я жёстких и непопуля́рных мер, невозмо́жно бу́дет останови́ть инфля́цию. 4. Не име́я никаки́х да́нных, нельзя́ де́лать таки́е вы́воды.

Wortfelder

1. «sein - es gibt - haben»

1.1. sein - war - werden

Zur Wiedergabe dieses Wortes gibt es im Russischen verschiedene Möglichkeiten. (Übungen siehe auch Instrumental, S. 160 ff)

1.1.1. Präsensformen von "sein"

Он ещё молодо́й предпринима́тель.
Алекса́ндр Влади́мирович — изве́стный предпринима́тель.
In der Regel wird das Wort "sein" im Präsens nicht verwendet. Sind Subjekt und Prädikat Substantive, wird an seiner Stelle ein "—" gesetzt.

1.1.2. быть - был - бу́ду

Im Präteritum wird die Form *был, была́, бы́ло; бы́ли*, im Futurum die entsprechende Form von *бу́ду, бу́дешь, ...* verwendet. Das sogenannte Prädikatsnomen (gesperrt gedruckt) steht dabei im 5. Fall:

Он был молоды́м предпринима́телем. Er war ein junger Unternehmer.
Он бу́дет са́мым молоды́м предпринима́телем. Er wird der jüngste Unternehmer sein.
Он хо́чет быть инжене́ром.   Er will Ingenieur sein.
Nach dem Infinitiv *быть* steht das Prädikatsnomen ebenfalls im 5. Fall.

1.1.3. "wiederholt" sein - быва́ть

Я ча́сто быва́ю за грани́цей.	Ich bin oft im Ausland.
Он ре́дко быва́ет за грани́цей.	Er war selten im Ausland.
Мы ча́сто быва́ли в Герма́нии.	Wir waren oft in Deutschland.
Иногда́ быва́ет, что ...	Es kommt oft vor, daß ...

"häufig sein, selten sein, manchesmal sein" usw. muß mit *быва́ть* wiedergegeben werden.

1.1.4. явля́ться + 5.

А́встрия явля́ется нейтра́льной страно́й. Österreich ist ein neutrales Land.

явля́ться ist stilistisch markiert: buchsprachlich, offizielle und wissenschaftliche Sprache
Das sogenannte Prädikatsnomen steht dabei im 5. Fall. Welcher Ausdruck ist das Prädikatsnomen? Als einfache Kontrolle ersetzen Sie "sein" durch "sich

erweisen als". Der Ausdruck mit "als" ist das Prädikatsnomen: Österreich erweist sich als neutrales Land.

138   Übersetzen Sie.

1. Малое предприятие является юридическим лицом с момента регистрации. 2. Основными задачами Малого Предприятия являются сервисное обслуживание и оказание коммерческих услуг предприятиям, учреждениям в приобретении и реализации средств электронной техники. 3. В случае равенства голосов, голос председателя является решающим. 4. Как уже говорилось, важнейшим условием успеха подобной программы является доверие народа к правительству.

1.1.5. представлять собой (собою) + 4. (rezeptiv)
представлять + 4. (rezeptiv)
представляться + 5. (rezeptiv)

Diese "sein"-Formen sind stilistisch markiert: buchsprachlich, offizielle und wissenschaftliche Sprache:

С экономической точки зрения акция представляет собой определённую часть имущества общества. Vom wirtschaftlichen Standpunkt ist eine Aktie ein bestimmter Teil des Vermögens der Gesellschaft.
Все прогнозы на более длительный период времени представляют собой скорее гадание, чем обоснованный анализ. Alle Prognosen für einen längeren Zeitraum sind eher Wahrsagerei, als eine begründete Analyse.

1.2. es gibt

Das deutsche "es gibt" in allen Zeiten wird im Russischen in der Regel folgendermaßen wiedergegeben:

1.2.1. durch Umformung in die "sein"-Struktur:

Gibt es hier eine Tankstelle? => *Hier ist eine Tankstelle?*
Здесь есть бензоколонка?

Achtung: Der Akkusativ ("Tankstelle") der deutschen "es-gibt-"Struktur wird in der russischen "sein"-Struktur zum Nominativ.

Früher gab es hier eine Tankstelle.   Раньше здесь была бензоколонка.
Bald wird es hier eine Tankstelle geben.   Здесь скоро будет бензоколонка.

Achtung:
Бензоколонка там слева?   <—>   Там есть бензоколонка?
Ist im "es-gibt"-Satz das Vorhandensein bzw. Nichtvorhandensein fokussiert, so wird *есть* verwendet und ist Zentrum der Satzintonation (siehe Satzstruk

turen, S. 7 ff). Richtet sich die Aufmerkasamkeit auf einen anderen Teil (dieser trägt dann die Satzbetonung), so fällt *есть* in der Regel weg.

1.2.2. имéться

В продáже имéется слéдующая продýкция. => *Im Verkauf hat sich folgende Produktion.* = Im Verkauf gibt es folgende Produkte.
Achtung: Der Akkusativ ("folgende Produkte") der deutschen "es-gibt"-Struktur wird in der russischen "имéться"-Struktur zum Nominativ.

В продáже имéлась слéдующая продýкция.

1.2.3. durch andere Möglichkeiten

Там существýет большáя конкурéнция.
=> *Dort existiert eine große Konkurrenz.* Es gibt dort eine große Konkurrenz.

Там наблюдáется рéзкое повышéние цен.
=> *Dort wird eine starke Erhöhung der Preise beobachtet.* Dort gibt es eine starke Preiserhöhung.

Там отмечáется рéзкое повышéние цен.
=> *Dort wird eine starke Erhöhung der Preise angemerkt.* Dort gibt es eine starke Preiserhöhung.

В Амéрике насчи́тывается óколо 20 млн. мáлых предприя́тий.
=> *In Amerika zählt sich (= man) ungefähr 20 Millionen Kleinbetriebe.* In Amerika gibt es ungefähr 20 Millionen Kleinbetriebe. *насчи́тываться* wird sehr häufig verwendet, wenn auf eine Anzahl hingewiesen wird, die vorhanden ist.

1.3. haben

1.3.1. "у меня́ есть"

Haben Sie eine eigene Firma?
=> *Bei Ihnen ist eine eigene Firma?*
У вас есть своя́ фи́рма?

Hatten Sie eine eigene Firma?
=> *Bei Ihnen war eine eigene Firma?*
У вас былá своя́ фи́рма?

Werden Sie eine eigene Firma haben?
=> *Bei Ihnen wird sein eine eigene Firma?*
У вас бýдет своя́ фи́рма?

In der "haben"-Struktur im Präsens mit *есть* ist *есть* immer Zentrum der Satzintonation, da das Vorhandensein zur Frage gestellt ist.

1.3.2. *"у меня Ø"*

In der "haben"-Struktur im Präsens ohne *есть* steht in der Regel das Vorhandensein außerhalb des Interesses bzw. wird vorausgesetzt, fokussiert ist etwas anderes, z.B.:

-**Ско́лько** у вас филиа́лов?   (fett: Zentrum der Satzbetonung)
-У вас **но́вый** о́фис?   (fett: Zentrum der Satzbetonung)

1.3.3. *име́ть*

Име́ть wird in der Regel in Verbindung mit abstrakten Substantiven verwendet, kann aber in vielen Fällen die "haben"-Struktur 1.3.1. und 1.3.2. ersetzen:
В прода́же мы име́ем сле́дующие това́ры. = В прода́же (есть) сле́дующие това́ры.
Мы име́ем прямы́е свя́зи с э́той фи́рмой. = У нас есть прямы́е свя́зи с э́той фи́рмой.
Он име́ет дете́й. = У него́ есть де́ти.

1.3.4. nicht haben
(Genauer siehe Verneinung, S. 145 ff)

У меня́ пока́ нет свое́й фи́рмы.
У меня́ не́ было свое́й фи́рмы.
У меня́ не бу́дет свое́й фи́рмы.
Мы пока́ не име́ем представи́тельства в Росси́и.

139 Übersetzen Sie.

1. Одна́ко самоорганиза́ция масс представля́ет собо́й стра́нную угро́зу для "ры́ночного" прое́кта рефо́рм. 2. При́быль явля́ется со́бственностью Учреди́теля.

3. Zur Zeit gibt es eine sehr hohe Inflation. 4. Ist es wahr, daß Sie ein neues Büro in Moskau haben? 5. Unser Unternehmen hat mehrere Filialen in Osteuropa. 6. In dieser Zeitschrift gibt es viele Artikel zur wirtschaftlichen Lage in Rußland. 7. Wir haben gute Kontakte zu russischen Unternehmen, die Rohstoffe exportieren. 8. Stimmt es, daß es 1993 hundert österreichisch-russische Joint-ventures gab?

2. «verwenden - gebrauchen - benützen»

Von den Verben *использовать - употреблять - применять - пользоваться* hat *использовать* den größten Bedeutungsumfang und wird daher am häufigsten verwendet.

2.1. *использовать:* использую, используешь, ... (uv. und v. Asp.)

2.1.1. "verwenden, ausnützen, um einen Nutzen daraus zu ziehen":

Они плохо используют специалистов.
Он использовал средства (Mittel) для скупки (Kauf) акций других предприятий.
Он использовал доверие (Vertrauen) партнёров в своих интересах.

2.1.2. "verwenden, aufbrauchen":

Мы полностью использовали все денежные средства.
Synonym: /ис-/ тратить, /ис-/ расходовать

2.2. *употреблять / употребить*

"verwenden im Bereich der Philologie":
~ слово, выражение (Ausdruck), пословицы (Sprichwörter), ...

2.3. *применять / применить*

2.3.1. "anwenden, zur Anwendung bringen": in der Praxis (на практике)

Этот принцип не удалось применить к такому процессу.
Эти методы применяются для решения экономических задач.

2.3.2. "Macht, ... anwenden":

~ силу, власть (Macht)

2.4. *пользоваться + 5.* (nur unvollendeter Aspekt)
пользуюсь, пользуешься,...
пользуйся!

2.4.1. "im Alltag verwenden, benutzen (Benützer sein)":

~ автобусом, метро, трамваем, газом, электричеством, словарём, библиотекой, пылесосом (Staubsauger), ...

2.4.2. "Ansehen" genießen:

~ репутацией (Ansehen), доверием (Vertrauen), любовью, успехом, уважением (Verehrung), авторитетом, известностью (Berühmtheit), поддержкой (Unterstützung)

~ спросом (=> *Nachfrage genießen:* nachgefragt sein: Товары этого предприятия пользуются большим спросом у потребителей. Die Waren dieses Unternehmens werden von den Konsumenten stark nachgefragt.

~ пра́вом (= име́ть пра́во) das Recht haben
Акционе́ры по́льзуются пра́вом ску́пки а́кций.

~ креди́том
Предприя́тие по́льзуется креди́том ба́нка. Das Unternehmen hat Kredit bei der Bank.

2.5. "eine Gelegenheit nützen" - пользова́ться / воспо́льзоваться + 5.

~ слу́чаем, возмо́жностью, моме́нтом, обстоя́тельством (Umstand)

2.6. Abgrenzung

Он по́льзуется дове́рием това́рищей . (übertragene Bedeutung: Vertrauen genießen)	≠	Он испо́льзует дове́рие това́рищей в свои́х це́лях. (das Vertrauen für seine Ziele ausnützen, dabei schwingt Mißbrauch mit)

2.7. Achtung

испо́льзоваться (Passiv von испо́льзовать) Эти сре́дства испо́льзуются для ску́пки а́кций. = Они́ испо́льзуют э́ти сре́дства для ску́пки а́кций.	≠	по́льзоваться Они́ по́льзуются пра́вом на ску́пку а́кций.

140 Verändern Sie die Sätze, verwenden sie das passende Verb.

1. Совме́стные предприя́тия име́ют таки́е же права́, как и росси́йские. 2. Мы ка́ждый день е́здим на авто́бусе. 3. У банки́ров он име́ет большо́й авторите́т. 4. У нас на предприя́тии то́лько нове́йшая те́хника. 5. Потреби́тели о́чень це́нят на́шу проду́кцию. 6. Име́ется большо́й спрос на на́ше пи́во.

141 Übersetzen Sie! Geben Sie auch Varianten an!

1. Sie können dieses Material gerne benützen. 2. In diesem Unternehmen setzt man eine vollkommen neue Werbemethode ein. 3. Sie genießt hohes Ansehen unter Geschäftsleuten. 4. Wer hat das ganze Papier für den Drucker aufgebraucht? 5. Diesen Raum benützen wir als Besprechungszimmer. 6. Sie hat ihr Ansehen für persönliche Ziele ausgenützt. 7. Wir nützen diese Maschine nicht 100% aus. 8. Wir benützen unser Auto selten. 9. Dieses Produkt hat großen Erfolg. Wir konnten unseren Umsatz um 30% steigern. 10. Er ist ein guter Chef; und wenn es nötig ist, setzt er auch seine Macht ein. 11. Wir müssen dieses herrliche Wetter ausnützen! Fahren wir an den See! 12. Ich möchte die Gelegenheit ergreifen und Sie mit unserem neuen Mitarbeiter bekannt machen. 13. Warum nützen Sie immer wieder Ihre Stellung aus?

Register

aber	167 f
Adjektiv	63 ff
Adjektiv als Attribut	66
Adjektiv als Prädikat	66 ff
Adjektiv als Relativsatz	173
Adjektiv: Bildung der Kurzform	68
Adjektiv: Deklination	14 ff
Adjektiv: Steigerung	75 ff
Adjektiv: weiches ~	63 ff
Adverb	83 f
Adverbialbestimmungen im Instrumental	164
Adverbialpartizip	119 ff
alle	56
als (als erster, ...)	163
als beim Vergleich (besser als)	75
als-Satz: Aspekt	89 f
älter	77; 80
Altersangabe + Dativ	159
Altersangabe: im Alter von ...	143
anstatt ... zu	172
anwenden	181 ff
Aspekt	88 ff
Aspekt + Verneinung	96; 98 f
Aspekt im Futur	89 ff
Aspekt im Imperativ	95 f
Aspekt im Infinitiv	96 ff
Aspekt im Präteritum	89 ff
Aspekt nach Modalwörtern	97 ff
auch	166 f
Aufforderung —> Imperativ	
auf + Zahlwort	133 ff
ausnützen	181 ff
Aussagesatz	7 f
bedeutend + Komparativ	79
Bedingungssatz	150; 175 f
bei weitem + Komparativ	79
beide: Deklination	125
beide: Rektion	122 f
belebt	12
belebt (bei Zahlwort)	130
benützen	181 ff
besitzanzeigendes Fürwort	53
besser	81
bester	81
bevor	173
bevor man	175
bezügliches Fürwort	56 f
Bildung der Verbformen	31 ff
Bildung der Zeiten	33 ff
bis	174
brauchen (Ich brauche eine Karte.)	69 f
brauchen (Sie brauchen nicht zu kommen.)	99
Bruchzahl	131
da	175
damit	168 f
daß	168 f
Dativ in Altersangabe	159
Dativ in der Verneinung	147 f
Dativ als Subjekt	157 f
Dativ nach Verben	156 ff
Dativ: (nicht) dürfen	98, 158
Dativ: brauchen	69 f, 157
Dativ: können	157 f
Dativ: müssen	70 ff, 157
Dativ: sollen	158
Datum	141
Deklinationsübersicht	14 ff
Deklination: Besonderheiten	44 ff
Deklination: Tabellen	14 ff
Demonstrativpronomen: Deklination	14 ff
der gleiche	59
der, welcher (Relativpronomen)	56
derselbe	59
Dezimalzahl	131 ff
direkt	60
durch (Urheber)	163
dürfen (ich darf nicht)	98; 158
dürfen: Aspekt	98
eigener	54
Eigenschaftswort	63 ff
einander	60
eineinhalb: Deklination	125
eineinhalb: Rektion	122 f
einige	58 f; 61 f
einsetzen (zum Einsatz bringen)	181 ff
Elativ	81 f
Entfernungsangabe	137 f
Erlaubnis (Aspekt)	95
es ist Zeit + Aspekt	98
etwas + Komparativ	80
-fach	133 ff
falls (wenn)	150
falls (wenn) man	175 f

Familienname	36 ff	irgend-	57 ff
flüchtiges -o-, -e	43	irgendein	57 ff
Fragepronomen (wer, was)	21	irgendjemand	57 ff
Fragesatz	8 f	Irrealität	150
Fremdwörter: Deklination	12	Jahr: im ~	139
für (Zeitangabe)	141	Jahreszeit	140
Futurum: Bildung	34	Jahrhundert: im ~	139
Futurum: Passiv	152	Jahrtausend: im ~	139
ganz	56	je ..., desto	80
geben (es gibt nicht)	145 ff	je + Zahlwort	137
geben (es gibt niemanden)	147 f	jünger	77; 80
geben: es gibt	178 f	kann ... werden	118
gebrauchen	181 ff	Kausalsatz	175
gegen drei Uhr	130	Kinder (дети): Deklination	45
Gegenwart	33	kleiner	77; 80
gemischte Zahl	131 ff	Komparativ	75 ff
Genitiv + Verneinung	145 ff	Komparativ auf -ший	80 f
Genitiv beim Vergleich	75	Komparativ: Gradbestimmung	79 f
Genitiv der Teilmenge	48	Konditionalsatz: irrealer	150
Genitiv nach Verben	153 f	Konjunktion	166 ff
Genitiv im Datum	141	Konjunktion: zusammenge-	
geringer	80	setzte	173 f
Geschlecht: natürliches ~	11	Konjunktiv	150
Gradbestimmung beim		können (ich kann nicht)	98
Komparativ	79 f	können: Aspekt	98; 157 f
größer	77; 80	Kurzform: Adjektiv (Bildung)	68
haben	179 f	Kurzform: Partizipium	110 ff
haben (ich habe nicht)	145 ff	Langform: Adjektiv	66
Halbjahr: im ~	139	Langform: Partizipium	110 ff
höchster	77; 81	leben (Es lebe die Freundschaft.)	87
höher	77; 81	Lokativ	47 f
holen	108	mal pro Zeiteinheit	143
Hortativ	86 f	man (man arbeitet)	151 f
immer + Komparativ	79	man im Nebensatz	175 f
Imperativ an 1. Person	86 f	Mengenangaben	122 ff
Imperativ an 2. Person	85 f	Menschen (люди): Deklination	45
Imperativ an 3. Person	87	Milliarde	126 f
Imperativ: Aspekt	95 f	Million	126 f
Indefinitpronomen	57 ff	mit (mit 2 Jahren)	143
Infinitiv: Aspekt	96 f	mittels (Instrumental)	164
innerhalb (von 2 Tagen)	94; 140	möchte —> mögen	
Instrumental	160 ff	Modalwörter: Aspekt	97 ff
Instrumental des Mittels	164	mögen (Er sagte, Sie möchten	
Instrumental in Adverbial-		kommen.)	169
bestimmungen	164	mögen (ich möchte gerne)	150
Instrumental nach Prädikativen	163	mögen (Er möge kommen)	87
Instrumental nach Substantiven	162	möglich (nicht möglich,	
Instrumental nach Verben	160 ff	unmöglich)	157 f
Instrumental: Urheber	163	möglichst (schnell)	79
Instrumental + Zahlenangabe	164	Monat: im ~	139
Intonation	9 f	muß ... werden	118

müssen	70 ff
Mutter (мать): Deklination	45
nach (Zeitangabe)	142
nach zwei Uhr	130
nachdem	173
Nachmittag	143
Name (имя): Deklination	44
Namen: Deklination	36 ff
Natürliches Geschlecht	11
Nebensatz	168 ff
Negation	145 ff
Negativadverb	146
Negativpronomen	146 ff
nicht umhin können	99
niedriger	77; 81
niemand	146 ff
Nominalflexion	11 f
o, e- Einschub	43
o/e -Regel	12 f
ob	170 f
oberster	81
obwohl	174
ohne ... zu	172
Partizipialadverb	119 ff
Partizipien	110 ff
Partizipium Präsens Aktiv	111
Partizipium Präsens Passiv	112
Partizipium Präteritum Aktiv	112 f
Partizipium Präteritum Passiv	114 ff
Partizipium: Kurzform	110 ff
Partizipium: Langform	110 ff
Partizipium: Urheber	110
Passiv	151 f
Passiv: Futurum	152
Passiv: Urheber	163
Personalpronomen	20 f
persönliches Fürwort	20 f
Plural: Besonderheiten	48 ff
Possessivpronomen: Deklination	14 ff
Possessivpronomen	53 f
Prädikativ	69 ff; 72 ff
Präfixe: Verb der Fortbewegung	105 ff
Präsens	33
Präteritum	34 f
Preisangabe	137
pro (dreimal ~ Woche)	143
Pronominalflexion	12
Quartal: im ~	139
ranghöher	80 f
rangniedriger	80 f
Reflexivpronomen (sich)	54 f
Reise (путь): Deklination	44
Rektion (Zahlwörter)	122 f
Rektion: Aufhebung der ~	125
Relativpronomen	56 f
Relativsatz	172 f
rückbezügliches Fürwort (sich)	54 f
Sammelzahlwort	131
Satzstruktur	7 ff
schlechtester	81
sein (Possessivpronomen: seine Firma)	53 f
sein (er ist dort)	160 ff; 177 ff
seit (seit 10 Jahren)	143
seit (Konjunktion)	174
sich	54 f
Singular: Genitiv auf -y	48
Singular: Genitiv der Teilmenge	48
Singular: Präpositiv auf -y	47 f
Singular: Lokativ	47 f
so (ist, sind ...)	59; 84
so (schnell) wie möglich	79
so	84
sobald	174
sollen (Er sagte, Sie sollten kommen.)	169
sollen (Er soll kommen!)	87
sollen (Sie sollten das tun.)	158
sollen (Was soll ich tun?)	158
sollen (Er sollte abfahren.)	94
sondern	167 f
sowohl - als auch	167
Sprachadverb	83
statt ... zu	172
Steigerung	75 ff
Stückpreis	137
Substantiv: Deklination	14 ff
Substantiv mit Instrumental	162
"Subjektsdativ"	157 f
Superlativ	75 ff; 80 f
Tag: am ~	139
Tageszeit	140
Tausend	126 f
Temporalsatz	173 ff
Temporalsatz (когда)	89 f
Tierjunges: Deklination	46
Tochter (дочь): Deklination	45
Transkription	39 ff
Transliteration	42
Uhrzeit	129 f
um + Zahlwort	133 ff
um ... zu	168

um vieles + Komparativ	79
unbelebt	12
unbelebt beim Zahlwort	130
unbestimmtes Fürwort	57 ff
und	167 f
unmittelbar	60
unmöglich + Dativ	157 f
Unmöglichkeit (Aspekt)	98 f
unpersönliche Ausdrücke	159
unregelmäßige Verben	27 ff
Urheber beim Partizipium	110
Urheber im Instrumental	163
Vatersname	36
Verb der Fortbewegung	102 ff
Verb der Fortbewegung in übertragener Bedeutung	109
Verb: Aspekt	88 ff
Verb: Imperativ	85 ff
Verben der e-Konjugation	23 f
Verben der i-Konjugation	24 ff
Verben mit Dativ	156 ff
Verben mit Genitiv	153 f
Verben mit Instrumental	160 ff
Verbformen: Bildung	31 ff
Verbformen: Übersicht	22 ff
Verbot	98; 158
Vergangenheit	34 f
Vergleich (besser als)	75 ff
vergrößern	133 ff
verkleinern	133 ff
verneinendes Fürwort	146 ff
Verneinung	145 ff
Verneinung + Genitiv	145 ff
Verneinung + Imperativ	96
Verneinung + Infinitiv	97
Verneinung + "Subjektsdativ"	147 f
verwenden	181 ff
viele	61 f
von (Urheber)	163
von + Zahlwort	133 ff
von zwei bis drei Uhr	129
vor (Zeitangabe)	142
Vormittag	143
Vorname	36
Vorsilben: Verben der Fortbewegung	105 ff
während (einer bestimmten Zeit)	139 ff
während (Konjunktion)	174
was (Fragepronomen)	21
Weg (путь): Deklination	44
weil	175
welcher (Fragepronomen)	21
welcher (Relativpronomen)	56
wenn (falls)	150
wenn (falls) man	175 f
wer (Fragepronomen)	21
werden	160 ff; 177 f
wie (ist, sind)	59; 84
Wiederholung (Aspekt)	90 f
Woche: in der ~	139
Wortstellung	7 ff
ы/и -Regel	13
Zahlenangabe	122 ff
Zahlwort	122 ff
Zahlwort (belebt - unbelebt)	130
Zahlwort: Aufhebung der Rektion	125 f
Zahlwort: Deklination	124 f
Zahlwort + Rektion	122 f
Zeit (время): Deklination	44
Zeitangaben	139 ff
Zeiten: Bildung	33 ff
Zeitsatz	173 ff
Zeitsatz (когда)	89 f
Zeitspannen	140 f
zu + Zahlwort	137
Zukunft	34

а	167 f
англичан-...	46
а не	145
благодарен	72
бегать	102 ff
ближайший	81
ближе	77
богаче	77
более	75 ff
болен	72
больший	80
больше	77
буду	177
будучи	119
бы	150
бывать	177
был	177 ff

быть	177
в + Zahlwort	133 ff
вдвое	134
век	48
века	49
в веке	139
везти	102 ff
вести	102 ff
весь, вся	56
вид (иметь в виду)	48
виноват	72
вместо того, чтобы	172
водить	102 ff
возить	102 ff
возможность: по возможности	79
воспользоваться	182 ff
время: Deklination	44
всё + Komparativ	79
всё - все	56
всего+ Komparativ	75 ff
всех + Komparativ	75 ff
в то время как	174
втрое	134
вынужден	71
высший	81
выше	77
глубже	77
год (в году)	139
гораздо + Komparativ	79
города	49
господа	46
господин: Deklination	46
готов	73
граждане	46
гражданин: Deklination	46
грамм	51
громче	77
да здравствует	87
давай (Imperativ)	86 f
дальнейший	81
дальше	77
двое	131
десятая	131 ff
дети - ребята	46
дети: Deklination	45
дети + Sammelzahlwort	131
дешевле	77
для того, чтобы	168
до + Uhrzeit	129
до + Zahlwort	133 ff
добр	73
доволен	73
дольше	77
дома	49
должен	71 f
должен быть + PPP	118
дороже	77
до того как	174
дочь: Deklination	45
друг друга	60
друзья	49
его	53
её	53
ездить	102 ff
если бы	150
если + Infinitiv	175
есть	178 ff
ехать	102 ff
за + Zeitangabe	141
за ... до	142
за (+ holen)	108
занят	73
здоров	73
знаком	73
значительно + Komparativ	79
зубья <—> зубы	50
и	166 f
и ... и	167
идти	102 ff
иметь (не иметь)	146
иметься	179
имя: Deklination	44
искомый	112
использовать	181 ff
их	53
к + Uhrzeit	130
как (zusammengesetzte Konjunktion)	173 f
как (Уже 10 лет, как ..)	143
как можно + Komparativ	79
как нельзя + Komparativ	79
как только	174
каков	59; 84
какой	84
как ..., так и ...	167
квартал (в квартале)	139
килограмм (+ Zahlwort)	51
кое-	57 ff
когда + Aspekt	89 f
короче	77
который	56; 172
край (в краю)	48

крепче	77		некоторые	61 f
крестьян-...	46		нельзя	69; 98
круг	48		необходимо	71
крылья	50		несколько	61 f
кто: Fragefürwort	21		несмотря на то что	174
кто: Relativpronomen	56		нести	102 ff
кто-либо	57 ff		нет	145
кто-нибудь	57 ff		нечего	147 f
кто-то	57 ff		ни, ни-	146
куда + Komparativ	79		-нибудь	57 ff
легче	77		никакой	146
леса	49		никто	146
летать	102 ff		нечего	147 f
лететь	102 ff		ниже	77
ли (Wortstellung)	9		но	167 f
ли (ob)	170 f		номера	49
либо	57 ff		носить	102 ff
лучше	77		нуждаться	70
лучший	81		нужен	69; 70
людей - человек	51		нужно	69
люди: Deklination	45		оба, обе (Deklination)	125
мать: Deklination	45		оба, обе (Rektion)	122 f
между тем как	174		обязан	71
менее	76		o/e-Regel	12 f
меньше	77		паспорта	49
меньший	80		перед тем как	173
месяц (в месяце)	139		плавать	102 ff
меха	49		поезда	49
миллиард	126 f		по-: Adverb	83
миллион	126 f		по возможности + Komparativ	79
младший	80		по- + Komparativ	80
многие	61 f		по- + Verb der Fortbewegung	104
много	61 f		по + Jahr	140 f
много народу	48		по + Zahlwort	137
может + Aspekt	98 f		позже	77
может быть + PPP	118		пойти	104
можно	69		пока не	174
можно + Dativ	69; 157 f		полтора, полторы (Deklination)	125
моложе	77		полтора, полторы (Rektion)	122 f
на + Zeitangabe	141		полугодие: в полугодии	139
на + Zahlwort	133 ff		пользоваться	181 ff
надо	69; 70		пора	98
назад (тому назад)	142		поскольку	175
наиболее	76		после того как	173
наименее	76		после + Uhrzeit	130
намного + Komparativ	79		потому что	175
не	145 ff		похож	73
не будет	145		пошли, ... (Imperativ)	87
не было	145		прав	73
неделя (на неделе)	139		прежде чем	174; 175 f
некого	147 f		прийтись	71 f

применять	181 ff	телёнок : Deklination	46
приходиться	71 f	тише	77
проще	77	-то	57 ff
пускай	87	тоже	166 f
пусть	87	тона <—> тоны	50
путь : Deklination	44	тот : Deklination	55
рад	74	тот + Relativpronomen	57
раз (Deklination)	51	тот самый	59
раз (Zahlwort + раз)	133 ff	тот же самый	59
раньше	77	треть	131
расположен	74	трое	131
ребята - дети	46	тысяча	126 f
реже	77	тысячелетие (в тысячелетии)	139
ряд	48	уверен	74
с + Jahr	140 f; 143	у́же	77
с + Uhrzeit	129	употреблять	181 ff
с + Zahlwort	133 ff	фамилия	36 ff
сам - самый	60	хозяин : Deklination	46
самый + Adjektiv	75 ff	ходить	102 ff
самый + Substantiv	60	хотел бы	150
самый (такой же ~)	59	худший	81
самый (тот же ~)	59	хуже	77
самый (тот ~)	59	цвета <—> цветы	49; 50
свободен	74	целая (Zahlwort)	131 ff
свой - его	53	чаще	77
свой - мой, наш	53	чей : Relativpron.	57
свой + Nominativ	54	человек - людей	51
себя	54 f	чем ... тем	80
следует + Infinitiv	71; 158	через ... после	142
согласен	74	четверо	131
сорта	49	четверть	131
сотая	131 ff	что - чтобы	168 ff
спустя	142	что : Fragefürwort	21
старше	77	что : Relativpronomen	56, 57; 173
старший	80	что-либо	57 ff
с тех пор как	174	что-нибудь	57 ff
столетие (в столетии)	139	что-то	57 ff
строй	48	чтобы	168 ff
стулья	50	шире	77
суда	51	ы/и-Regel	13
сутки	131	являться	160; 177 f
сходить	107 f		
счета <—> счёты	51		
съездить	107 f		
так	84		
так как	175		
такой	84 f		
такой же самый	59		
таков	59		
также	166 f		
те (Plural von тот)	55		

Literatur

Bausch K.H., Christ H., Hüllen, W., Krumm H.-J.: Handbuch Fremdsprachenunterricht. Tübingen (UTB. Große Reihe) 1989.

Birkenmaier W., Mohl I.: Russisch als Fachsprache. Tübingen (A. Francke Verlag, UTB 1606) 1991.

Daum E., Schenk W.: Die russischen Verben. Grundformen. Aspekte. Rektion. Betonung. Deutsche Bedeutung. Leipzig (VEB Verlag Enzyklopädie) 1974 (9. Auflage).

Transkriptions- und Transliterationssysteme. In: Duden. Die Rechtschreibung der deutschen Sprache und der Fremdwörter. Duden Band 1. Mannheim, Wien, Zürich 1986, S. 88.

Girke W.: Zur Funktion von и, также und тоже. In: Slavistische Beiträge Bd. 147: Slavistische Linguistik 1980. Referate des VI. Konstanzer Slavistischen Arbeitstreffens. Hamburg 23.-25. Sept. 1980. Herausgegeben von P. Hill und V. Lehmann, S. 7-26. München (Verlag Otto Sagner) 1981.

Isačenko A.V.: Die russische Sprache der Gegenwart. Teil 1. Formenlehre. München (Lizenzausgabe Hueber) 1968.

Krylowa O.A., Chawronina S.A.: Die Wortfolge im Russischen. Moskau (Russische Sprache) 1977.

Lehmann V.: 5 Grundregeln für den Verbalaspekt. In: Zielsprache Russisch. München (M. Hueber-Verlag) 1981. Heft 1, S. 9-18.

Leitfaden der russischen Grammatik. Unter Leitung von W. Voigt. Leipzig (VEB Verlag Enzyklopädie) 1989 (19. Auflage).

Loos H.: Zur Wiedergabe des deutschen «AUCH» im Russischen durch «И» und «ТОЖЕ». In: Mitteilungen für Lehrer slawischer Fremdsprachen. Wien 1990, Nr. 59, S. 50-54.

Mehlig H.-R.: Linguistische und didaktische Überlegungen zum Verbalaspekt im Russischen. In: Zielsprache Russisch. München (M. Hueber-Verlag) 1980. Heft 1, S. 1-16.

Mulisch H.: Handbuch der russischen Gegenwartssprache. Leipzig u.a. (Langen-scheidt - Verlag Enzyklopädie) 1993.

Praktische russische Grammatik. Unter Leitung von S. Kohls. Leipzig (VEB Verlag Enzyklopädie) 1989 (2. Auflage).

Rathmayr R.: Sprachbeherrschung und Fachwissenschaft am Beispiel der Verbalaspekte: Versuch einer Integration unter Einbeziehung fachdidaktischer Überlegungen. In: Specimina Philologiae Slavicae. Supplementband 26. Studia indogermanica et slavica. Festgabe für Werner Thomas zum 65. Geburtstag. München (Verlag O. Sagner) 1988, S. 405-430.

Tauscher E., Kirschbaum E.-G.: Grammatik der russischen Sprache. Berlin (Volk und Wissen) 1962 (5. Auflage).

Zimmermann G.: Erkundungen zur Praxis des Grammatikunterrichts. Frankfurt am Main 1985.

Баш Е.Г., Владимирский Е.Ю., Лебедева М.Н., Половникова В.И., Чернышева К.Г., Шведова Л.Н.: Справочник по русскому языку для начального этапа обучения (для говорящих на немецком языке). Москва (Русский язык) 1983.

Белавенцева И.И.: Пособие в таблицах для ускоренного обучения основам грамматики русского языка. (Для иностранцев). Москва (Наука) 1972.

Бондарко А.В.: Вид и время русского глагола (значение и употребление). Пособие для студентов. Москва (Просвещение) 1971.

Брызгунова Е.А.: Звуки и интонация русской речи. Лингафонный курс для иностранцев. Москва 1972.

Всеволодова М.В.: Способы выражения временных отношений в современном русском языке. Москва (Московский университет) 1975.

Всеволодова М.В., Владимирский Е.Ю.: Способы выражения пространственных отношений в современном русском языке. Москва (Русский язык) 1982.

Денисов П.Н. и др.: Учебный словарь сочетаемости слов русского языка. Москва (Русский язык) 1978.

Гловинская М.Я.: Семантические типы видовых противопоставлений русского глагола. Москва (Наука) 1982.

Граудина Л.К., Ицкович В.А., Катлинская Л.П.: Грамматическая правильность русской речи. Опыт частотно-стилистического словаря вариантов. Москва (Наука) 1976.

Исаченко А.В.: Грамматической строй русского языка в сопоставлении с словацким. Морфология. Братислава (Издательство словацкой Академии наук) 1954.

Компендиум лингвистических знаний для практических занятий по русскому языку. Под ред. Ханса Шлегеля. Berlin (Volk und Wissen Verlag GmbH) 1992.

Лоос Х.: Пособие по чтению научных текстов (для краткосрочных курсов). В: Содержание и структура учебника русского языка как иностранного. Москва (Русский язык) 1981, S. 260-268.

Митрофанова О.Д.: Научный стиль речи: проблемы обучения. Москва (Русский язык) 1976.

Обратный словарь русского языка. Москва (Советская Энциклопедия) 1974.

Рассудова О.П.: Употребление видов глагола в русском языке. Москва (МГУ) 1968.

Русская грамматика. Под ред. Н.Ю. Шведовой и Б.Б. Лопатина. Москва (Русский язык) 1990.

Савчеко Т.В., Николаева Г.А.: Выражение модальных отношений в русском языке. Материалы для практическиы занятий. Москва 1991 (скрипт).

Сборник упражнений по лексике русского языка. Под ред. Э.И. Амиантовой. Москва «Русский язык» 1975.

Словарь-справочник по русскому языку для иностранцев. Выпуск 1 - глагол. Москва (Издательство Московского университета) 1970.

Словарь-справочник по русскому языку для иностранцев. Выпуск 3 - наречие. Москва (Издательство Московского университета) 1972.

Шелякин М.А.: Справочник по русской грамматике. Москва (Русский язык) 1993.

Renate Rathmayr/Nina Diehl–Zelonkina/Guido Kappel

Verhandeln mit Russen
Gesprächs– und Verhaltensstrategien für die interkulturelle Geschäftspraxis

Dieses Buch – das Grundwerk zu "Russisch verhandeln" – gibt einen praxiserprobten Wegweiser durch alle nur erdenklichen Gesprächs– und Verhandlungssituationen. In Dialogform, russisch–deutsch, deutsch–russisch, werden Strategien und Taktiken des erfolgreichen Verhandelns in prägnanter Form dargestellt: von der Schaffung eines angenehmen Gesprächsklimas bis zur Aufdeckung von Inkompetenz und Geschäftstricks.

- Präsentation und Analyse von Verhandlungsstrategien und –situationen
- Erfolgversprechende Verhaltensweisen
- Hinweise zur Vermeidung störender Elemente
- Wegweiser zu richtigem sprachlichem Verhalten
- zweisprachig aufgebaute Dialogsituationen

In einführenden Teilen werden von der richtigen Anrede bis zur Verhandlungstaktik grundlegende Tips gegeben, die eine richtige Einschätzung des Verhandlungspartners erleichtern und eine positive Einstimmung auf die eigentliche Verhandlung ermöglichen.

1994, 2. Auflage, 212 Seiten, geb.
öS 330,–/DM 52,–
ISBN 3–85428–212–5

SERVICE FACHVERLAG

erhältlich in Ihrer Buchhandlung

Anatolij Berdičevskij

RUSSISCH VERHANDELN
Praktische Übungen

Dieses Buch versteht sich als Arbeitshilfe zum Titel "Verhandeln mit Russen" und bietet Simulationen von Verhandlungssituationen, in denen die spezifischen Gesprächs- und Verhaltensstrategien eingeübt werden. Es richtet sich an Wirtschaftsstudenten und Geschäftsleute, denen nicht nur die semantischen Voraussetzungen nähergebracht werden, sondern vor allem auch das sozio-kulturelle Umfeld in Verhandlungen mit russischen Gesprächspartnern.

Wichtiger Bestandteil des Arbeitsbuches sind Gesprächssimulationen und Übungen, die vollständig auf der dazugehörigen Audiokassette wiedergegeben werden.

1994, 72 Seiten + Audiokassette (60 min.)
öS 390,-/DM 59,-
ISBN 3-85428-280-X

SERVICE FACHVERLAG

erhältlich in Ihrer Buchhandlung

Harald Loos

Wirtschaftsrussisch

Praktische Grammatik mit Übungen
und Schlüssel

Lösungsheft

Wien 1994

© Service Fachverlag, Wien
Printed in Austria 1994

1 In dieser Übung sind mehrere Varianten möglich:
1. Сергей Владимирович купил машину. (absolut unmöglich: Никитины купили квартиру.) 2. Вы получили факс уже давно? (absolut unmöglich: Вы получили каталоги только вчера?) 3. Где вы работали раньше? (absolut unmöglich: Когда вы работали на автозаводе?) 4. Когда вы работали на автозаводе? (absolut unmöglich: Где вы работали раньше?) 5. Вы с ним уже знакомы?

2.1. Наша фирма расположена рядом _____ .
1. с большой фабрикой.
2. с хорошим рестораном.
3. со станцией метро.
4. с хорошей столовой.
5. со старым зданием.
6. с Красной площадью.
7. с новым санаторием.
8. с автобусной остановкой.
9. с большим автозаводом.
10. с совместным предприятием.

2.2. Наша фирма расположена недалеко от _____ .
1. большой фабрики.
2. хорошего ресторана.
3. станции метро.
4. хорошей столовой.
5. старого здания.
6. Красной площади.
7. нового санатория.
8. автобусной остановки.
9. большого автозавода.
10. совместного предприятия.

2.3. Мы лично знакомы с _____ .
1. представителями этой фирмы.
2. нашими конкурентами.
3. сотрудниками.
4. нашим директором.
5. хорошим товарищем.
6. нашими партнёрами.
7. Сергеем Петровичем.
8. этим новым сотрудником.
9. представителем этой фирмы.
10. Натальей Сергеевной.

2.4. Вчера она звонила _____ .
1. знакомым.
2. новому сотруднику.
3. Юлии Петровне.
4. в (на) фирму-партнёр.
5. в (на) предприятие фирмы-партнёра.
6. своему партнёру.
7. коллеге по работе.
8. директору фирмы.
9. Сергею Петровичу.
10. нашему новому сотруднику.
11. представителю этой фирмы.
12. Наталье Сергеевне.

2.5. Вчера мы видели _____ .
1. нашего коллегу.
2. ваших сотрудников.
3. тётю Анну.
4. дядю Бориса.
5. наших партнёров.
6. нового представителя фирмы.
7. маленького Сашу.
8. нашего дедушку.
9. наших коллег.
10. вашего сотрудника.
11. Наталью Сергеевну.
12. Марию Павловну.

2.6. Мы были у _____ .
1. маленького Саши.
2. нашего дедушки.
3. нашей бабушки.
4. тёти Анны.
5. дяди Бориса.
6. Алексея Михайловича.
7. нового сотрудника.
8. наших партнёров.

2.7. Мы принимаем участие в _____ .
  1. совместном предприятии.
  2. этой выставке.
  3. международных ярмарках.
  4. этом крупном строительстве.
  5. финансировании проекта.
  6. этих выставках.

2.8. На прошлой неделе мы были _____ .
  1. на Красной площади.
  2. в этом новом санатории.
  3. в (на) этом совместном предприятии.
  4. на новой фабрике.
  5. в хорошем буфете.
  6. в новом ресторане.
  7. в нашей столовой.
  8. в горах.
  9. в этом универмаге.
  10. в (на) частном предприятии.
  11. на красивом озере.
  12. в Большом театре.
  13. на Украине.
  14. в Германии.
  15. в Русском музее.
  16. в Англии.
  17. в (на) этом малом предприятии.
  18. на крупном заводе.

2.9. Там много _____ .
  1. иностранных автомобилей.
  2. маленьких государств.
  3. акционерных обществ.
  4. хороших санаториев.
  5. малых предприятий.
  6. крупных заводов.
  7. новых фирм.
  8. красивых зданий.
  9. больших фабрик.
  10. совместных предприятий.

3
- Слушаю...
- Здравствуйте. Это говорит Штур из австрийского торгпредства. Будьте добры, позовите, пожалуйста, к телефону господина Михалкова.
- Простите, кого позвать?
- Михалкова Сергея Петровича.
- Такого у нас нет. Вы, кажется, ошиблись номером.
- Ваш номер двести пятьдесят шесть - тридцать восемь - семьдесят шесть?
- Нет, двести пятьдесят шесть - восемьдесят три - семьдесят шесть.
- Тогда извините, пожалуйста.
- Пожалуйста.

4
- Фирма «Бергер», Хофманн у телефона.
- Здравствуйте, господин Хофманн. Это Волыгин говорит.
- Здравствуйте, господин Волыгин, очень рад вас слышать. Вы уже получили наше предложение?
- Да, спасибо, вчера мне передали. Поэтому я и звоню. Вы предлагаете поставить эту партию через два месяца. Это очень поздно.
- Понимаю. Вам нужно, чтобы сроки поставки сократились. А с другими условиями нашего предложения вы согласны?
- Да. А когда вы сможете мне сообщить относительно сроков поставки?
- Я сразу же свяжусь по телексу с Австрией и надеюсь, что смогу дать вам точный ответ завтра или послезавтра.
- Хорошо, жду вашего звонка, до свидания.
- До свидания, господин Волыгин.

5 - Госпожа́ Бе́ргер, познако́мьтесь, э́то Па́вел Алексе́евич Шу́бин, нача́льник отде́ла.
   - Очень ра́да с ва́ми познако́миться.
   - Очень прия́тно. Ита́к, вы предложи́ли нам поста́вку компью́теров на сентя́брь. Зна́ете, они́ нам кра́йне нужны́ ра́ньше. Не могли́ бы вы пойти́ нам навстре́чу?
   - Я говори́ла на днях с на́шей фи́рмой и могу́ сообщи́ть, что мы смо́жем вам помо́чь. Мы поста́вим вам э́ту па́ртию компью́теров уже́ в а́вгусте, не по́зже двадцать пе́рвого.
   - А ра́ньше, ска́жем, в ию́ле вы не смо́жете?
   - Втора́я полови́на а́вгуста, господи́н Шу́бин, э́то, как мне сказа́ли, са́мое ра́ннее.
   - Ви́дите ли, госпожа́ Бе́ргер, мы получи́ли предложе́ние на компью́теры и от брита́нской фи́рмы. Они́ могли́ бы поста́вить э́ту па́ртию до три́дцать пе́рвого ию́ля. Я хоте́л сказа́ть вам об э́том, потому́ что мы с ва́ми уже́ давно́ сотру́дни-чаем.
   - Большо́е спаси́бо, господи́н Шу́бин. Я постара́юсь ещё сего́дня дать вам оконча́тельный отве́т.
   - Хорошо́. Зна́чит, вы нам за́втра позвони́те. До свида́ния.
   - До свида́ния, господи́н Шу́бин.

6.1. -Вы сего́дня уже́ ви́дели .....?   -Да, я ..... уже́ ви́дел.
   / Татья́ну Па́вловну   её
   / колле́г   их
   / замести́теля дире́ктора   его́
   / Евге́ния Серге́евича   его́
   / на́шего партнёра   его́
   / сотру́дников   их
   / представи́теля фи́рмы   его́
   / Ю́лию Петро́вну   её

6.2. -Вы уже́ говори́ли с ....?   -Да, я с ..... уже́ говори́л.
   / Татья́ной Па́вловной   ней
   / колле́гами   ни́ми
   / замести́телем дире́ктора   ним
   / Евге́нием Серге́евичем   ним
   / на́шим партнёром   ним
   / сотру́дниками   ни́ми
   / представи́телем фи́рмы   ним
   / Ю́лией Петро́вной   ней

6.3. -Вы уже́ звони́ли .....?   -Да, я ..... уже́ звони́л.
   / Татья́не Па́вловне   ей
   / колле́гам   им
   / замести́телю дире́ктора   ему́
   / Евге́нию Серге́евичу   ему́
   / на́шему партнёру   ему́
   / сотру́дникам   им

| / представителю фирмы | ему |
| / Юлии Петровне | ей |

6.4. -Что вы узнали ....?   -К сожалению, я ...... ничего не узнал.

/ о Татьяне Павловне	о ней
/ о нашем партнёре	о нём
/ о коллегах	о них
/ о сотрудниках	о них
/ о заместителе директора	о нём
/ о представителе фирмы	о нём
/ о Евгении Сергеевиче	о нём
/ о Юлии Петровне	о ней

7
- Какие у вас планы на субботу и воскресенье?
- Мой коллега по фирме обещал мне экскурсию по Москве. В субботу у меня (нас) будет машина с шофёром.
- А что вы хотите осмотреть?
- Он обещал показать мне некоторые достопримечательности города. Я ведь город почти совсем не знаю. Знаю Красную площадь, Тверскую улицу и вот этот проспект ... Как он называется? На нём находится старое здание университета.
- Вы имеете в виду Моховую улицу?.
- Да, да. Он сказал, что покажет мне достопримечательности, которые находятся не в центре.
- Тогда желаю вам удачи.

8
1. -Простите, о чём?
   -Об условиях поставки.
2. -Простите, с чем?
   -С этими гарантийными условиями.
3. -Простите, кому?
   -Владимиру Сергеевичу.
4. -Простите, о ком?
   -О нашем партнёре.
5. -Простите, с кем?
   -С американскими партнёрами.
6. -Простите, о ком?
   -О нашем новом сотруднике.
7. -Простите, в чём?
   -В сотрудничестве.
8. -Простите, о чём?
   -Об этом предприятии.
9. -Простите, у кого?
   -У наших новых партнёров.
10. -Простите, кому?
    -Леониду Михайловичу.

9 1. Сегодня нет Бердичевского (Егоровой, Земской, Тулина, Виноградовых). 2. Мы там видели Бердичевского (Егорову, Земскую, Тулина, Виноградовых). 3. Я звонила Пассову (Хаврониной, Калашниковым). 4. Мы говорили о Кузнецовых (Татариной, Решетникове, Шанском). 5. Я только что говорил с Калининым (Баранской, Рахманиновыми, Марковским, Барановой).

10 1. Ты лю́бишь чита́ть Иоганна Вольфганга Гёте (Бернарда Шоу, Виктора Гюго, Марию Эбнер-Эшенбах, Ингеборг Бахманн, Эдгара По)? 2. Вы зна́ете Клару Цеткин (Анну Ко́ган, Тара́са Шевче́нко)? 3. Ты уже́ говори́ла с Ива́ном Садко́ (Влади́миром Черны́х, Отто Кали́ниным)?

11.1. У телефо́на:
      -Соедини́те меня́, пожа́луйста, с .... !
      -..... сейча́с, к сожале́нию, нет. ...... что-нибу́дь переда́ть?

1. Алло́й Алекса́ндровной Ерёминой   Её .....   Ей .....
2. Дми́трием Петро́вичем Неча́евым   Его́ .....   Ему́ .....
3. Замя́тиными   Их .....   Им .....
4. госпожо́й Соколо́вой   Её .....   Ей .....
5. Генриете Хёбингер   Её .....   Ей .....
6. господи́ном Видеманом   Его́ .....   Ему́ .....
7. Гертруде Гриссеман   Её .....   Ей .....
8. господи́ном Смирно́вым   Его́ .....   Ему́ .....
9. Ли́дией Васи́льевной   Её .....   Ей .....
10. Тама́рой Ива́новной   Её .....   Ей .....

11.2. У телефо́на:
      -Попроси́те, пожа́луйста, к телефо́ну .... !
      -...... у нас нет. Вы не туда́ попа́ли.
      -Прости́те, пожа́луйста.

1. Аллу Алекса́ндровну Ерёмину   Тако́й .....
2. Дми́трия Петро́вича Неча́ева   Тако́го .....
3. Замя́тиных   Таки́х .....
4. госпожу́ Соколо́ву   Тако́й .....
5. Генриете Хёбингер   Тако́й .....
6. господи́на Видемана   Тако́го .....
7. Гертруде Гриссеман   Тако́й .....
8. господи́на Смирно́ва   Тако́го .....
9. Ли́дию Васи́льевну   Тако́й .....
10. Тама́ру Ива́новну   Тако́й .....

11.3. В бюро́:
      - Позвони́те, пожа́луйста, ... и договори́тесь с ...... о встре́че!
      - Хорошо́, я ..... сейча́с позвоню́.

1. Алле Алекса́ндровне Ерёминой   ней   / ей
2. Дми́трию Петро́вичу Неча́еву   ним   / ему́
3. Замя́тиным   ни́ми   / им
4. госпоже́ Соколо́вой   ней   / ей
5. Генриете Хёбингер   ней   / ей
6. господи́ну Видеману   ним   / ему́
7. Гертруде Гриссеман   ней   / ей
8. господи́ну Смирно́ву   ним   / ему́
9. Ли́дии Васи́льевне   ней   / ей
10. Тама́ре Ива́новне   ней   / ей

11.4. При встрече:
-Вы уже знакомы с .... ?
-Да, мы с ...... познакомились на выставке.
1. Аллой Александровной Ерёминой — ней
2. Дмитрием Петровичем Нечаевым — ним
3. Замятиными — ними
4. госпожой Соколовой — ней
5. Генриете Хёбингер — ней
6. господином Видеманом — ним
7. Гертруде Гриссеман — ней
8. господином Смирновым — ним
9. Лидией Васильевной — ней
10. Тамарой Ивановной — ней

11.5. В бюро:
-Когда вы передадите предложение .... ?
-Завтра во второй половине дня.
1. Алле Александровне Ерёминой
2. Дмитрию Петровичу Нечаеву
3. Замятиным
4. госпоже Соколовой
5. Генриете Хёбингер
6. господину Видеману
7. Гертруде Гриссеман
8. господину Смирнову
9. Лидии Васильевне
10. Тамаре Ивановне

12 1. Antonina Wladimirowna Subbotina; 2. Tamara Iwanowna Jegorowa; 3. Sergej Wassiljewitsch Kasutin; 4. Iwan Petrowitsch Tatarinow; 5. M.S. Gorbatschow; 6. Nikita Sergejewitsch Chruschtschow; 7. Chabarowsk; 8. Jekaterinburg; 9. Petrosawodsk; 10. Nischni Nowgorod; 11. Nowaja Semlja; 12. Blagoweschtschensk.

13 ROSSIISKAIA FEDERACIIA. 121 374 MOSKVA. UL. BAGRICKOGO. D. 1. MEDIA-MEHANIKS. FRANC BERGER PRILETAET SHEREMETEVO REISOM AUA 24 OKTIABRIA. PROSIM VSTRETIT. BLAGODARIM. ALTERA.

14 1. Хедвиг Райдль; 2. Александр Вольнер; 3. Эрна Дойч; 4. Роза Клайн (Клейн); 5. Вальтер Хайндлер (Гайндлер); 6. Ёзеф Хёрман; 7. Герберт Егер; 8. Эмиль Ризе; 9. Леопольдине Шпицер; 10. Эберхард (Эбергард) Бауэр; 11. Хелене Бём; 12. Иоганнес Брамс; 13. Христиан Хёльригель; 14. Ганс Кранкль; 15. Хейнц Янсен; 16. Ютта Зульцер; 17. Урсула Долешаль; 18. Фриц Шойх; 19. Фирма Хёгель; 20. Петер Хашке; 21. Роберт Пече; 22. Эдгар Хоффманн; 23. Ренате Ратмайр; 24. Эберхард Ройссер.

15 1. Я пе́рвый раз слы́шу э́ти имена́. 2. Сейча́с у меня́ ма́ло вре́мени. 3. Мой партнёр о́чень лю́бит расска́зывать о вре́мени, когда́ он рабо́тал в Сиби́ри. 4. В суббо́ту у меня́ бу́дет ма́ло вре́мени, потому́ что по́сле обе́да я бу́ду рабо́тать. 5. У Са́ши всегда́ мно́го свобо́дного вре́мени. 6. Мой колле́ги лю́бят расска́зывать о про́шлых времена́х в э́той фи́рме. 7. В свобо́дное вре́мя он лю́бит путеше́ствовать. 8. На́ша фи́рма торгу́ет семена́ми.

16 1. с мое́й ма́терью / с мое́й до́черью / с мои́ми дочеря́ми (дочерьми́)
2. о мое́й ма́тери / о мое́й до́чери / о мои́х дочеря́х
3. мою́ мать / мою́ дочь / мои́х дочере́й
4. с мое́й ма́терью / с мое́й до́черью / с мои́ми дочеря́ми (дочерьми́)
5. мое́й ма́терью / мое́й до́черью / мои́ми дочеря́ми (дочерьми́)
6. у мое́й ма́тери / у мое́й до́чери / у мои́х дочере́й
7. мое́й ма́тери / мое́й до́чери / мои́м дочеря́м

17 1. с э́тими молоды́ми людьми́ / с на́шими детьми́
2. об э́тих молоды́х лю́дях / о на́ших де́тях
3. э́тих молоды́х люде́й / на́ших дете́й
4. с э́тими молоды́ми людьми́ / с на́шими детьми́
5. э́тими молоды́ми людьми́ / на́шими детьми́
6. у э́тих молоды́х люде́й / у на́ших дете́й
7. э́тим молоды́м лю́дям / на́шим де́тям

18.1. 1. Да, в аэропорту́.   2. Да, на аэродро́ме.
3. Да, в Ве́нском лесу́.   4. Да, на берегу́ о́зера.
5. Да, в це́нтре го́рода.   6. Да, в Крыму́.
7. Да, на э́том мосту́.   8. Да, на Дону́.

18.2. 1. Об аэропо́рте.   2. Об аэродро́ме.
3. О Ве́нском ле́се.   4. О бе́реге о́зера.
5. О це́нтре го́рода.   6. О Кры́ме.
7. Об э́том мо́сте.   8. О До́не.

19 1. Принеси́те нам, пожа́луйста, сто грамм во́дки! 2. Я слы́шал(-а), что в Москве́ живёт мно́го грузи́н. Это пра́вда? 3. В э́той статье́ речь идёт о ря́де интере́сных предприя́тий. 4. В на́шем бюро́ рабо́тают то́лько четы́ре челове́ка. 5. -Я уже́ не́сколько раз был (была́) в Росси́и. А вы? -Я там был (была́) то́лько два ра́за. 6. Да́йте мне, пожа́луйста, две́сти грамм колбасы́ и три́ста грамм сы́ра. 7. В э́том отде́ле рабо́тает два́дцать челове́к. 8. В вы́ставках мы уча́ствовали то́лько пять - шесть раз. 9. На на́шем предприя́тии за́нято почти́ три́ста челове́к. 10. На э́той вы́ставке бы́ло то́лько ма́ло люде́й. 11. В на́шем распоряже́нии, к сожале́нию, нет судо́в с таки́м тонна́жем. 12. На́ша фи́рма откры́ла счета́ в э́том ба́нке то́лько на про́шлой неде́ле. 13. Для торго́вли ме́хом тепе́рь опя́ть нужна́ специа́льная лице́нзия. 14. С благода́рностью подтвержда́ем получе́ние Ва́шего предложе́ния на разли́чные сорта́ ча́я. 15. Эта фи́рма была́ основана ещё в девятнадцатом веке. 16. Чтобы определить количество необходимых филиалов, нам надо знать больше, чем только число жителей этого города. 17. Он рассказал о ряде случаев, когда эта фирма платила с большим опозданием.

20 1. В гостинице «Метрополь» все номера уже заняты. 2. В этом краю очень мало предприятий. 3. Австрийская торговая делегация сидит в третьем ряду. 4. Мы хотели бы узнать, какое российское предприятие торгует семенами этих деревьев. 5. Они пожелали нам счастливого пути. 6. По пути в Ростов мы познакомились с интересными людьми: с двумя англичанами и с одним киевлянином. 7. Купите, пожалуйста, ещё цветы! 8. Они встретились на мосту. 9. Вы знаете цену сахара? 10. В этом зале собралось много народу. 11. В этой аудитории слишком мало стульев. 12. По дороге домой он купил ещё хлеба и двести грамм сыра. 13. Он ездил в разные города южной Европы. 14. С этими людьми мы познакомились в поезде. 15. На выставке было много людей. 16. К нам на стенд сегодня приходило двести пятьдесят человек.

21 1. В группе бизнесменов были и итальянские и английские граждане. 2. Многоуважаемые дамы и господа! Я очень рад(-а) приветствовать вас на открытии нашего четвёртого филиала в Москве. 3. Результаты опроса показали, что горожане будут голосовать по-другому. 4. Так как наше предприятие является совместным предприятием с английской фирмой, здесь постоянно работает (работают) шесть англичан. Все они отлично говорят по-русски. 5. Дайте нам, пожалуйста, двести грамм колбасы и двести пятьдесят грамм сыра! 6. Сколько сейчас времени? (Который час)? 7. Он хотел знать номера наших паспортов. 8. Лекции в этом экономическом университете вместе будут читать и американские и российские профессора. 9. Наш рекламный проспект выходит три раза в неделю.

22 1. Сегодня я расскажу вам о своей первой поездке в Москву. 2. Я взял свои вещи и пошёл на перрон. 3. — 4. — 5. —

23 1. Передайте нам, пожалуйста, свои (= ваши) новые каталоги как можно скорее! 2. Свою визу он получил с большим опозданием. 3. Он немного рассказал о своей поездке в Екатеринбург. 4. Поговорите об этом вопросе ещё со своими коллегами! 5. Не говорите об этом с его коллегами! 6. Мы продаём нашу (= свою) продукцию ещё по старой цене. 7. Нашим техникам удалось разработать новый продукт. 8. Он часто ездил в свой новый филиал во Владимир. 9. Когда ты нам расскажешь о своей поездке в Англию? 10. Об этом случае он не говорил со своими коллегами. 11. Вы уже знаете всех его сотрудников? Нет? Хорошо. Тогда я хочу познакомить вас с ними. 12. Нашей самой главной задачей является расширение сети наших филиалов. (= Наша самая главная задача - расширение сети наших филиалов.)

24 1. К сожалéнию, он не взял с собóй контрáкт (договóр), он забы́л егó в бюрó (в óфисе). 2. Я чáсто спрáшиваю себя́, почемý он так рéдко учáствует в вы́ставках. 3. Он купи́л себé билéт в туристи́ческом бюрó. 4. Вы себé ужé взя́ли каталóги? 5. Пожáлуйста, возьми́ с собóй счёт! 6. Он всегдá так мнóго расскáзывает о себé? 7. Вы принесли́ с собóй пáспорт? 8. Он взял с собóй мой портфéль.

25 1. Нáша проблéма в том, что задóлженность Росси́и составля́ет óколо семи́десяти миллиáрдов дóлларов. 2. Дéло в том, что инфля́ция растёт сли́шком бы́стро. 3. Мы вам óчень благодáрны за то, что Вы нам срáзу же вы́слали ваш (свой) новéйший проспéкт. 4. Мы сомневáемся в том, мóжно ли провести́ рефóрмы таки́ми высóкими тéмпами. 5. Нáша основнáя задáча заключáется в том, что мы должны́ расши́рить ассортимéнт товáров.

26 1. Да, почти́ ужé всем. 2. Да, почти́ ужé со всéми. 3. Да, почти́ ужé все. 4. Да, почти́ ужé всех. 5. Да, почти́ ужé ото всех. 6. Да, почти́ ужé во всех.

27 1. Он послáл кáждому, с кем он познакóмился на вы́ставке, нóвые каталóги. 2. Здáние, в котóром нахóдится наш нóвый филиáл, бы́ло пострóено ещё сто пятьдеся́т лет назáд. 3. Это Сергéй Петрóвич, с сотрýдником (сотрýдниками) котóрого вы недáвно познакóмились. 4. С предприя́тием, предложéние котóрого мы сегóдня получи́ли, мы ужé давнó сотрýдничаем. 5. Все фи́рмы, с котóрыми мы сотрýдничаем, получи́ли нáши нóвые каталóги. 6. На заседáнии все, кто рабóтает (рабóтают) на (в) нáшей фи́рме, поддержáли э́тот план.

28 1. Éсли ктó-нибудь позвони́т, скажи́те, пожáлуйста, что я вернýсь чéрез час. 2. На слéдующей недéле у неё день рождéния. Купи́те для неё какóй-нибудь хорóший подáрок. 3. Ря́дом со мной сидéли каки́е-то молоды́е лю́ди. 4. Когдá вас нé было, ктó-то звони́л. 5. На столé лежáт каки́е-то пи́сьма для вас. 6. Éсли ктó-нибудь придёт, позвони́те мне. 7. На вы́ставке мы встрéтили какóго-то человéка, котóрый нам óчень дóлго расскáзывал об экономи́ческом положéнии Росси́и. 8. Посмотри́те тудá! Там чтó-то случи́лось. 9. Éсли чтó-нибудь случи́тся, позвони́те мне. 10. -Мне ктó-нибудь звони́л? -Да, ктó-то звони́л. Но он не назвáлся.

29 1. Я вам ещё кóе-что дóлжен (должнá) сказáть, подожди́те секýндочку, пожáлуйста. 2. На приёме мы встрéтили кóе-каки́х нáших партнёров. 3. Я ужé познакóмился (познакóмилась) кóе с каки́ми представи́телями фи́рмы. 4. Я поговори́л кóе с каки́ми коллéгами, они́ не соглáсны с э́тим плáном. 5. Éсли ктó-нибудь позвони́т, скажи́те емý, пожáлуйста, что я вернýсь тóлько пóсле обéда. 6. У негó на пи́сьменном столé всегдá лежáт каки́е-нибудь экономи́ческие журнáлы. 7. Я хотéл(-а) бы вам сообщи́ть, что мы получи́ли предложéния от нéкоторых (кóе от каки́х) фирм. 8. До э́того мы должны́ сдéлать ещё кóе-каки́е делá. 9. У когó-нибудь ещё есть вопрóс?

30 1. Мы продаём по той же самой цене, что и в прошлом году. 2. Какова, по вашему (мнению), задолженность этого предприятия? 3. Вы можете предложить нам товары на тех же условиях, что и в прошлом году? 4. Расположение этого магазина отличное. Он расположен у самой станции метро. 5. -Вы передали наше предложение? -Да, я передал его самому господину Сергееву.

31 1. «Банк Аустрия» имеет филиалы в некоторых (во многих) странах восточной Европы. 2. Мы должны ещё согласовать некоторые условия поставки. 3. Мы уже заключили контракты с некоторыми (со многими) российскими предприятиями. 4. В некоторых вопросах партнёр нам уступил, но в самом важном он не пошёл нам навстречу. 5. Переговоры продолжались некоторое время. 6. Акционерное Общество «Интер-Стелла» вело переговоры с некоторыми (со многими) австрийскими фирмами. 7. Некоторые из наших клиентов прекратили платежи. 8. Многие иностранные фирмы требуют платежа против аккредитива. 9. На выставке мы видели много интересного. 10. Многие (некоторые) западноевропейские предприятия вкладывают большие суммы в производство альтернативной продукции.

32 1. У нас много (несколько) сотрудников. 2. На рынке мы покупаем только некоторые товары. 3. Не все, к сожалению, только некоторые. 4. Нет, мы согласны только с некоторыми гарантийными условиями. 5. В России у нас много (несколько) партнёров. 6. Нет, он расположен только в нескольких километрах от Вены.

33 1. В этом бюро занимаются вопросами внешней торговли. 2. Во время зимнего отпуска я всегда катаюсь на лыжах. 3. Его кабинет находится в задней части здания. 4. Этот вопрос не на первом месте. 5. Это предприятие находится в соседнем доме. 6. Во вчерашнем номере газеты я читал(-а) статью о своей фирме. 7. Я купил(-а) билеты на вечерний сеанс. 8. У нас есть (Мы имеем) торговые отношения и с Ближним Востоком. 9. Он очень интересуется внешней политикой, и не особенно - внутренней. 10. В будние дни магазин открывается в семь часов утра, по воскресеньям - в девять. 11. Он опоздал на ранний поезд. 12. В крайнем случае мы могли бы поставить товары уже в третьем квартале. 13. Его фирма была основана в Нижней Австрии. 14. Он экспортирует и на Ближний Восток. 15. Внешняя торговля предприятия составляет шестьдесят процентов.

34 1. Нет, это неправильно. Семьдесят пять процентов составляет объём внутренней торговли. 2. Нет, это неправильно. Мы скоро откроем филиал в Верхней Австрии. 3. Нет, это неправильно. Мы купили новый завод в нынешнем году. 4. Нет, это неправильно. Мой офис расположен в передней части здания.

35 1. Интересно, что он расскажет об этих переговорах. 2. Не стоит покупать эти грузовики. Они для нас слишком маленькие. (= Они для нас недостаточно большие.) 3. Простите, такси свободно? 4. Будьте добры, скажите, пожалуйста, когда Сергей Иванович свободен. 5. Зальцбург во всём мире известен своей прекрасной архитектурой. 6. -Тебе ещё очень холодно?. -Нет, мне уже тепло. 7. Этот текст труден для нас. (= Этот текст для нас слишком трудный.) 8. Вход свободный. 9. Мне всё это непонятно. 10. Это похоже на него! Он опять забыл послать факс. 11. Он очень доволен своей работой. 12. Вопросы были трудны для нас. (= Вопросы были слишком трудные для нас.) Мы не смогли их решить. 13. Город Иркутск расположен недалеко от озера Байкал. 14. Эта статья особенно интересна потому, что здесь автор пишет о торговле между нашими странами. 15. Сегодня у нас спокойно. 16. Особенно интересна эта статья по следующей причине. 17. У меня сегодня, к сожалению, нет времени (= Мне сегодня, к сожалению, некогда), я весь день занят. 18. Важно решить следующие вопросы. 19. Важны следующие вопросы. 20. Следующие вопросы очень важные (= важны). 21. Следующие вопросы очень важны для нас. 22. Вы согласны с этим планом? Хорошо, тогда сразу же начнём. 23. Я очень рад, что переговоры успешно закончены.

36 1. Нам срочно нужна информация о ваших новых станках. Мы срочно нуждаемся в информации о ваших новых станках. 2. Мне срочно нужно техническое описание. Я срочно нуждаюсь в этом техническом описании. 3. На фирме нам срочно нужен грузовик. Мы срочно нуждаемся в грузовике. 4. Им срочно нужны были компьютеры. Они срочно нуждались в компьютерах. 5. Нам срочно нужна информация о новом законе. Мы срочно нуждаемся в информации о новом законе. 6. Нам срочно нужны перспективы. Мы срочно нуждаемся в перспективах.

37 1. Да, вы совершенно правы, нам нужны ещё серьёзные клиенты. 2. Да, вы совершенно правы, нам нужен один бухгалтер. 3. Да, вы совершенно правы, нам нужны ещё грузовики. 4. Да, вы совершенно правы, нам нужны ещё филиалы. 5. Да, вы совершенно правы, нам нужна ещё информация о ваших новых приборах. 6. Да, вы совершенно правы, нам ещё нужны сотрудники. 7. Да, вы совершенно правы, мне ещё нужно время.

38 1. Им надо (= нужно, необходимо) будет сделать предложение. Им придётся сделать предложение. 2. Ей надо (= нужно, необходимо) было уточнить условия платежа. Ей пришлось (= следовало) уточнить условия платежа. 3. Нашим партнёрам надо (= нужно, необходимо) узнать это как можно скорее. Нашим партнёрам приходится (= следует) узнать это как можно скорее.

39 1. Я должен (= Мне надо, Мне приходится) сообщить вам, что мы продолжим переговоры только через две недели. 2. Послать факс господину Лукину придётся коллегам. 3. Нам необходимо ответить на запрос. 4. Я вынужден(-а) прерва́ть перегово́ры. 5. Мне необходи́мо (= Я обяза́тельно до́лжен) связа́ться со свое́й фи́рмой.

40 1. Вы согла́сны с э́тими усло́виями поста́вки? 2. Ни́жний Но́вгород располо́жен на Во́лге. 3. И́горь жена́т на Та́не уже́ семь лет. 4. Ве́ра Петро́вна, к сожале́нию, не смо́жет прийти́, она́ больна́. 5. Мы о́чень дово́льны на́шим но́вым сотру́дником. 6. Мы вам о́чень благода́рны, что вы уступи́ли нам в цене́. 7. Прости́те, э́ти места́ свобо́дны? 8. Я ду́маю, что прав господи́н Крыло́в, а не ты.

41 1. Э́ти места́ за́няты. 2. Он до́лжен прие́хать. (Ему́ на́до прие́хать.) 3. Владивосто́к располо́жен на восто́ке Росси́и. 4. Она́ о́чень ра́да ва́шему письму́. 5. Я вам о́чень благода́рен за э́то предложе́ние. 6. Они́ знако́мы уже́ давно́. 7. Лари́сы Петро́вны сего́дня нет. Она́ больна́. 8. Ему́ мо́жно продо́лжить перегово́ры то́лько на сле́дующей неде́ле.

42 1. Я винова́т(-а), э́то моя́ оши́бка. 2. Я согла́сен (согла́сна) с пла́ном. 3. Я дово́лен (дово́льна) результа́тами перегово́ров. 4. Я уве́рен(-а), что он подпи́шет догово́р.

43 1. Это бо́лее / са́мый / изве́стный бизнесме́н. 2. Перегово́ры бы́ли интере́снее (= бо́лее интере́сные) / са́мые интере́сные - интере́снее всего́ /. 3. Дире́ктор интере́снее / интере́снее всего́ / расска́зывает о свое́й командиро́вке. 4. На перегово́рах бы́ло интере́снее / интере́снее всего́ /. 5. Э́ти усло́вия бо́лее льго́тные / са́мые льго́тные /. 6. Полити́ческие и экономи́ческие свя́зи ме́жду За́падом и Восто́ком стано́вятся интенси́внее (= бо́лее интенси́вными) / са́мыми интенси́вными /. 7. Тако́е сотру́дничество важне́е / важне́е всего́ / для на́ших стран.

44 1. Да что вы говори́те! Они́ предлага́ют нам са́мые ни́зкие це́ны. 2. Да что вы говори́те! Они́ продаю́т по са́мым высо́ким це́нам. 3. Да что вы говори́те! Они́ предлага́ют нам са́мые хоро́шие (= са́мые лу́чшие) усло́вия. 4. Да что вы говори́те! Этот банк предоста́вил нам са́мый дешёвый креди́т. 5. Да что вы говори́те! Мы сотру́дничаем с са́мыми кру́пными предприя́тиями э́той страны́. 6. Да что вы говори́те! Мы то́лько случа́йно узна́ли об э́тих са́мых хоро́ших (= наилу́чших) усло́виях. 7. Да что вы говори́те! Эта фи́рма предлага́ет са́мый большо́й ассортиме́нт това́ров.

45 1. В э́том году́ на́ша фи́рма продала́ бо́льше това́ров, чем в про́шлом. 2. Они́ продаю́т деше́вле, чем конкуре́нты. 3. Их това́ры доро́же на́ших. 4. Они́ ча́ще сотру́дничают с росси́йскими фи́рмами, чем с по́льскими. 5. Торгова́ть с Росси́ей про́ще, чем я ду́мал. 6. С ка́ждым го́дом конкуре́нция стано́вится бо́льше. 7. Фи́рма «Санте́хника» сотру́дничает с на́ми до́льше, чем фи́рма «Стройте́хника». 8. В э́том году́ на́ша фи́рма продала́ ме́ньше това́ров, чем в про́шлом.

46 1. Предложе́ние ва́шей фи́рмы лу́чше / лу́чше всего́ /. 2. Ва́ши це́ны вы́ше / вы́ше всего́ /.3. Ва́ши це́ны ни́же / ни́же всего́ /. 4. Ваш о́фис бо́льше / са́мый большо́й /. 5. Экономи́ческие отноше́ния ме́жду За́падом и Восто́ком ста́ли лу́чше / са́мыми лу́чшими = са́мыми хоро́шими /. 6. Наш заво́д ме́ньше / са́мый ма́ленький / 7. На́ша проду́кция доро́же / са́мая дорога́я /. 8. Наш сотру́дник ведёт перегово́ры лу́чше / лу́чше всех) /.

47 1. Очень дёшево?! Мы продаём на́ши това́ры деше́вле всего́. 2. Очень большо́й?! Наш ассортиме́нт това́ров бо́льше всех (= са́мый большо́й). 3. Очень до́лго?! Эти перегово́ры продолжа́лись до́льше всего́. 4. Очень ма́ленький?! Ассортиме́нт това́ров у них ме́ньше всего́ (= са́мый ма́ленький). 5. По о́чень дорого́й цене́?! Мы купи́ли э́тот това́р по са́мой дорого́й цене́. 6. По ни́зкой цене́?! Они́ продаю́т това́ры по са́мой ни́зкой цене́. 7. Очень до́рого?! Они́ продаю́т свою́ проду́кцию доро́же всех.

48 1. Да, вы пра́вы. Ва́ше предложе́ние лу́чше, чем у конкуре́нтов. 2. Да, вы пра́вы. Вы́бор това́ров у вас бо́льше, чем у конкуре́нтов. 3. Да, вы пра́вы. Це́ны у вас ни́же, чем у конкуре́нтов. 4. Да, вы пра́вы. Це́ны у нас вы́ше. Но и ка́чество у нас лу́чше, чем у конкуре́нтов. 5. Да, вы пра́вы. Ассортиме́нт това́ров у них ши́ре, чем у конкуре́нтов.

49 1. Да нет, вы ошиба́етесь. Ка́чество э́тих това́ров ху́же. 2. Да нет, вы ошиба́етесь. Проце́нты за креди́т в на́шем ба́нке ни́же. 3. Да нет, вы ошиба́етесь. Сеть ди́леров у на́шей фи́рмы ши́ре, чем у вас. 4. Да нет, вы ошиба́етесь. Коли́чество клие́нтов у вас гора́здо ме́ньше. 5. Да нет, вы ошиба́етесь. Догово́ры с фи́рмами в Алба́нии мы заключа́ем всё ча́ще. 6. Да нет, вы ошиба́етесь. Вы́бор това́ров там гора́здо ме́ньше. 7. Да нет, вы ошиба́етесь. На́ша проду́кция намно́го деше́вле.

50 1. Наш са́мый большо́й филиа́л нахо́дится в Петербу́рге. 2. Филиа́л в Омске ме́ньше, чем филиа́л в Ирку́тске. (= Филиа́л в Омске ме́ньше филиа́ла в Ирку́тске.) 3. Наш са́мый ва́жный партнёр - Токо-банк. 4. Ра́ньше мы ча́ще сотру́дничали. 5. У нас конкуре́нтов ста́ло бо́льше. 6. Здесь нам бо́льше всего́ нра́вится. 7. Здесь ме́ньше конкуре́нтов, чем у нас. 8. Вы не зна́ете, как называ́ется са́мая хоро́шая (= лу́чшая) гости́ница Москвы́? 9. Эта вы́ставка са́мая больша́я в э́том году́. 10. Они́ заказа́ли номера́ в са́мой дорого́й гости́нице. 11. Здесь це́ны ни́же, чем в Москве́. 12. Ка́чество э́тих това́ров ху́же. 13. Я ду́маю, что э́та фи́рма лу́чше.

51 1. На́ша фи́рма продаёт това́ры деше́вле конкуре́нтов (= ... деше́вле, чем конкуре́нты). 2. На́ше предприя́тие нахо́дится на росси́йском ры́нке до́льше, чем предприя́тие конкуре́нта. 3. В э́том году́ на́ша проду́кция то́лько на три проце́нта доро́же. (= В э́том году́ на́ша проду́кция подорожа́ла то́лько на три проце́нта.) 4. В э́том году́ това́ры фи́рмы «Алма́з» подорожа́ли на шесть проце́нтов. 5. В э́том году́ все на́ши това́ры ста́ли на два проце́нта деше́вле (= В э́том году́ все на́ши това́ры подешеве́ли на два проце́нта.). 6. На́ша фи́рма торгу́ет с Росси́ей на три го́да до́льше, чем англи́йский конкуре́нт (= ... до́льше англи́йского конкуре́нта). 7. В э́том году́ э́та фи́рма продаёт това́ры на де́сять проце́нтов доро́же, чем в про́шлом году́. 8. Това́ры подорожа́ли на семь проце́нтов. 9. Э́ти маши́ны ста́ли на четы́ре проце́нта деше́вле (= ... подешеве́ли на четы́ре проце́нта). 10. По сравне́нию с про́шлым го́дом произво́дственные расхо́ды увели́чились на оди́ннадцать проце́нтов.

52 1. Перегово́ры продолжа́лись значи́тельно (= намно́го) до́льше, чем я ду́мал. 2. Он продаёт това́ры значи́тельно (= гора́здо) деше́вле, чем я (= ... деше́вле меня́). 3. Перегово́ры со «Стройте́хникой» значи́тельно (= гора́здо) трудне́е, чем с «Санте́хникой». 4. Перегово́ры с фи́рмой «Алма́з» бы́ли намно́го коро́че, чем я ду́мал(-а). 5. Фи́рма начала́ перегово́ры на три дня по́зже. 6. Перегово́ры бы́ли намно́го ле́гче, чем я ду́мал(-а). 7. Це́ны ста́ли гора́здо вы́ше. 8. По сравне́нию с про́шлым го́дом комью́теры ста́ли намно́го деше́вле. (= По сравне́нию с про́шлым го́дом комью́теры намно́го подешеве́ли.)

53 1. На́ше сотру́дничество стано́вится всё лу́чше; э́то большо́й успе́х. 2. Вы говори́те всё лу́чше по-ру́сски. Я о́чень рад (ра́да) э́тому. И в дальне́йшем жела́ю вам мно́го успе́ха. 3. Объём э́кспорта стал значи́тельно (намно́го) бо́льше. 4. Э́кспорт Австрии гора́здо ме́ньше э́кспорта Герма́нии (... ме́ньше, чем э́кспорт Герма́нии). 5. Напиши́ мне как мо́жно скоре́е. 6. Его́ оте́ц гора́здо ста́рше ма́тери. 7. Мы всегда́ поставля́ем на́ши това́ры как мо́жно скоре́е. 8. Говори́те, пожа́луйста, погро́мче, я вас не слы́шу. 9. Экономи́ческое положе́ние э́той страны́ стано́вится всё ху́же. 10. Всё изменя́ется о́чень бы́стро. Но я ду́маю, что экономи́ческое положе́ние э́той страны́ ста́ло лу́чше. 11. Чем до́льше мы сотру́дничаем, тем бо́льше успе́х ва́шего предприя́тия. 12. Он всё ре́же (и ре́же) прихо́дит к нам. 13. Э́тот сорт сигаре́т значи́тельно (гора́здо) кре́пче. 14. Проду́кты пита́ния здесь ненамно́го деше́вле, чем у нас.

54 1. нове́йшие това́ры; 2. изве́стнейшие предприя́тия; 3. важне́йшие вопро́сы; 4. крупне́йшие предприя́тия; 5. бедне́йшие наро́ды.

55 1. изве́стнейшее предприя́тие; 2. в дальне́йшем; 3. в ближа́йшие дни; 4. интере́снейшие да́нные; 5. важне́йшие вопро́сы; 6. с крупне́йшими предприя́тиями; 7. в ближа́йшее вре́мя; 8. нове́йшую медте́хнику.

56 1. Зайди́те, пожа́луйста, в ближа́йшие дни. Я хоте́л бы поговори́ть с ва́ми ещё раз об усло́виях платежа́. 2. Це́ны возросли́ гора́здо вы́ше, чем мы предполага́ли. 3. В ху́дшем слу́чае (= В са́мом ху́дшем слу́чае) мы должны́ сни́зить це́ны на пять проце́нтов. 4. В дальне́йшем мы бу́дем осуществля́ть на́ши вы́платы то́лько в валю́те страны́. 5. Поста́вьте това́ры как мо́жно скоре́е. 6. Чем ра́ньше вы передади́те нам предложе́ние, тем лу́чше. 7. На́ши това́ры не подорожа́ли. 8. Произво́дственные расхо́ды значи́тельно увели́чились; поэ́тому мы должны́ бы́ли увели́чить це́ны на четы́ре проце́нта. 9. Пришли́те нам своего́ специали́ста как мо́жно скоре́е. 10. В приложе́нии вы найдёте назва́ния изве́стнейших росси́йских бирж. 11. К сча́стью, инфля́ция росла́ ме́дленнее, чем мы опаса́лись. 12. Эти фи́рмы должны́ бы́ли всё ча́ще повыша́ть свои́ це́ны. 13. Чем длинне́е сро́ки, тем вы́ше - проце́нты.

57 1. Не беспоко́йтесь, мы ... 2. Верни́сь (Верни́тесь) ... 3. Пока́ не передава́йте ... 4. Зайди́те ... 5. Оста́ньтесь ещё ... 6. Как мо́жно скоре́е передайте ... 7. Закажи́те ... 8. Не закрыва́йте ... 9. Встре́тьтесь ... 10. Познако́мьтесь ... 11. Переда́йте ... 12. Возьми́те с собо́й .... 13. Отве́тьте ... 14. Откро́йте ... 15. Покажи́те мне письмо́ .... 16. Не ходи́те ... 17. Сра́зу же отве́тьте ... 18. Запиши́те ... 19. Позвони́те ... 20. Уточни́те усло́вия поста́вки. 21. Не бери́те ... 22. Возьми́те ... 23. Оста́вьте ... 24. Не оставля́йте ... 25. Отпра́вьте ... 26. Приезжа́йте ...

58 1. (Дава́й / Дава́йте) встре́тимся .. 2. (Дава́й / Дава́йте) зайдём ... 3. (Дава́й / Дава́йте) оста́немся ... 4. (Дава́й / Дава́йте) передади́м ... 5. (Дава́й / Дава́йте) зака́жем ... 6. (Дава́й / Дава́йте) ку́пим ... 7. (Дава́й / Дава́йте) перейдём ... 8. (Дава́й / Дава́йте) перенесём ... 9. (Дава́й / Дава́йте) продо́лжим ... 10. (Дава́й / Дава́йте) обсу́дим ...

59 1. Подни́мем бока́л за на́ши фи́рмы. Да здра́вствует на́ше сотру́дничество! 2. Господи́н Андрес до́лго был в о́тпуске. Тепе́рь пусть он пое́дет в командиро́вку. 3. Сейча́с у меня́ мно́го рабо́ты. Пусть госпожа́ Ники́тина напи́шет э́то письмо́. 4. Не беспоко́йтесь. Он ско́ро вернётся.

60 1. писа́ла; 2. чита́л; 3. осма́тривали ; 4. верну́лся; 5. звони́л; 6. отдыха́ли; 7. верну́лся; сел / bei Wiederholung: возвраща́лся; сади́лся / 8. проверя́ли; 9. вста́ла; откры́ла; 10. верну́лся; 11. получи́ли; отве́тили; / bei Wiederholung: получа́ли; отвеча́ли / 12. получи́ли; подтверди́ли; 13. свяжу́сь; дам; 14. найдёте; 15. увели́чился; 16. позвоню́ / ≈ Aspektsynonymie: бу́ду звони́ть /; сообщу́.

61 1. ви́дела; отдыха́л ; 2. слы́шали; случи́лось; слы́шал; 3. звони́л / ≈ Aspektsynonymie: позвони́л /; 4. дое́хали; уста́ли; е́ли; 5. чита́ли / ≈ Aspektsynonymie: прочита́ли /; 6. познако́мились; 7. ви́дели; говори́ли / ≈ Aspektsynonymie: поговори́ли /; 8. пил; 9. встреча́лся; 10. рассказа́ла / ≈ Aspektsynonymie: расска́зывала /; 11. звони́ли; сказа́ли; 12. про́бовали.

62 1. открыва́л; 2. прие́хала; 3. приезжа́л; получи́ла; зако́нчил; 4. ви́дели; прилета́л; прилете́л; встреча́лиь /≈ Aspektsynonymie: встре́тились /; 5. расска́зывала; пришёл; 6. получи́ли; брал (= er hatte es) / взял = er hat es /.

63 1. говори́ть; говори́ть; 2. рабо́тать; 3. взять; 4. отмеча́ли; 5. наста́ивать; 6. остава́ться оста́ться /≈ Aspektsynonymie: остава́ться / 7. реша́ть / реши́ть /; 8. встре́титься / bei Wiederholung: встреча́ться /; 9. зако́нчить; 10. сообщи́ть; сни́зить; 11. разрабо́тать; 12. звони́ть; 13. позвони́ть.

64 1. Когда́ он верну́лся, она́ всё ещё переводи́ла техни́ческое описа́ние. 2. Когда́ он верну́лся, она́ уже́ перевела́ техни́ческое описа́ние. 3. Вы уже́ за́втракали? Нет? Тогда́ сади́тесь, пожа́луйста! Я сейча́с принесу́ ко́фе. 4. Вчера́, когда́ я е́хал(-а) на рабо́ту, я случа́йно встре́тил(-а) господи́на Кате́нина, сотру́дника «Али́сы». 5. Вы уже́ чита́ли /прочита́ли/ факс? Нет? Вот он. 6. Госпожа́ Кудря́вцева сего́дня уже́ приходи́ла? 7. Когда́ я получу́ образе́ц догово́ра, я вам сра́зу же позвоню́. 8. Многоуважа́емые да́мы и господа́! Сего́дня я хоте́л(-а) бы предста́вить вам наш но́вый проду́кт. 9. Я слы́шал(-а), что догово́р уже́ подпи́сан. Э́то пра́вда? 10. Я о́чень рад(-а) сообщи́ть вам, что мы мо́жем продава́ть и в э́том году́ по ста́рой цене́.

65
- До́брый день, госпожа́ Запа́лкина. Э́то говори́т Зинн из фи́рмы «Терезак».
- Здра́вствуйте, господи́н Зинн. Очень ра́да вас слы́шать. Вы уже́ получи́ли на́ше письмо́?
- Да, госпожа́ Запа́лкина. Поэ́тому я и звоню́. В свое́й реклама́ции вы пи́шете, что управле́ние одного́ станка́ в неиспра́вности. Э́то обнару́жилось то́лько по́сле монтажа́ станка́ ва́шими специали́стами.
- Да, и стано́к проста́ивает (стои́т) уже́ тре́тью неде́лю.
- Мы вас понима́ем, госпожа́ Запа́лкина. Мы сра́зу же напра́вим на́шего специали́ста к вам, что́бы прове́рить стано́к и управле́ние. То́лько по́сле прове́рки мы оконча́тельно смо́жем сказа́ть, опра́вдана ли ва́ша прете́нзия. Ведь мо́жет быть, что при монтаже́ ва́шими специали́стами допу́щена оши́бка.
- На́ши специали́сты руково́дствовались ва́шими инстру́кциями. Когда́ вы мо́жете вы́слать специали́ста?
- За́втра. Он прилети́т в Москву́ послеза́втра.
- Хорошо́, мы его́ встре́тим в аэропорту́.

66
- Слу́шаю.
- Здра́вствуйте, господи́н Петро́в. Э́то говори́т Петер Видхольц.
- До́брый день.
- Господи́н Петро́в, мне переда́ли, что вы звони́ли, когда́ меня́ не́ было. Вы хоте́ли бы получи́ть бо́лее подро́бные спра́вки насчёт на́ших гаранти́йных усло́вий.
- Да, они́ мне сро́чно нужны́.
- Наш шофёр, господи́н Петро́в, мог бы переда́ть вам образе́ц контра́кта за́втра.
- Э́то бы́ло бы весьма́ любе́зно с ва́шей стороны́. Но не могли́ бы вы сейча́с отве́тить на па́ру вопро́сов?
- Пожа́луйста, спра́шивайте.
- Во-пе́рвых, гаранти́йный пери́од...

- Он составляет шесть месяцев со дня поставки на место.
- И в случае дефекта до истечения срока гарантии вы за свой счёт замените (заменяете) дефектное оборудование новым?
- ... или устраним (устраняем) дефекты.
- От чего это зависит?
- От меры дефекта.
- А что будет при просрочке?
- В таком случае мы по условиям контракта выплачиваем (платим) пеню в полтора процента стоимости непоставленного оборудования за каждую неделю.
- Ага, ну, это пока, пожалуй, всё. Спасибо.
- Пожалуйста. И завтра вы получите образец нашего контракта. Он на обоих языках. До свидания, господин Петров.
- До свидания.

67 1. носить; 2. плавать; 3. несёте; 4. вожу; 5. езжу; еду; 6. летает; летать; 7. идёт; 8. бегает; 9. водит; 10. водит / ведёт /; 11. летит; 12. ходить.

68 1. ездили; 2. ехали; 3. ездили; 4. ездила; 5. ездил; ездил; 6. плавали; 7. ехали; 8. летел / летал /.

69 1. приезжал; 2. поедете; полечу; 3. доехали; 4. проехать; 5. проехали; 6. отходит; 7. вышел; пошёл; 8. дойти; пойдите /= дойдите /; дойдёте; 9. вошёл; 10. приедете; 11. отнесла; 12. ввозит; 13. вывозите; 14. переехала; 15. ушёл.

70 1. Переведите это письмо, пожалуйста, до завтра! 2. Зайдите, пожалуйста, завтра ко мне! 3. Вы уже знаете, когда вы поедете в Петербург? 4. Я слышал(-а), что вы были в Азии? Как вы съездили? Было интересно? 5. Вы уже отнесли письма на почту? 6. Отойдите, пожалуйста, немного в сторону. Я ничего не вижу. 7. Мы вывозим только десять процентов нашей продукции в Россию. 8. -Соедините меня, пожалуйста, с господином Никитиным! -К сожалению, он только что вышел. Он вам не может перезвонить через десять минут? 9. -Можно мне поговорить, пожалуйста, с Татьяной Павловной? -К сожалению, она уже ушла. 10. Добро пожаловать в Вену! Как вы долетели? 11. Сходите, пожалуйста, за Ириной Петровной! Я думаю, она у директора. 12. Смотри, там идёт наш новый сотрудник. 13. Господин Козырев, пожалуйста, зайдите (подойдите: aus Sichtweite) к нам. 13. Коля, иди к Тане. Она хочет тебе кое-что передать.

71 1. следовать; 2. работать; 3. производить; 4. предлагать; 5. образовать; 6. соответствовать; 7. течь; 8. возрастать; 9. проходить; 10. учиться; 11. решать; 12. желать; 13. действовать; 14. вызывать; 15. служить; 16. лежать; 17. находиться; 18. составлять; 19. быть; 20. вести.

72 1. Wir senden Ihnen unseren neuen Katalog, der eine ausführliche Beschreibung unserer Geräte enthält. 2. In der Anlage zum Brief finden Sie eine Liste der Firmen, die sich mit dem Export der von Ihnen benötigten Geräte beschäftigen. 3. Unser Unternehmen spielt eine führende Rolle auf dem westlichen Markt. 4. In der Beilage finden Sie die technische Beschreibung des Sie interessierenden Traktors.

73 1. в сле́дующем году́; 2. со мно́гими начина́ющими; 3. игра́ть реша́ющую и веду́щую роль; 4. говори́ть с уча́щимися; 5. на сле́дующей неде́ле; 6. в теку́щем ме́сяце.

74 1. называ́ть; 2. применя́ть; 3. предлага́ть; 4. проводи́ть; 5. прилага́ть; 6. импорти́ровать; 7. уважа́ть; 8. люби́ть; 9. подде́рживать; 10. тре́бовать; 11. производи́ть; 12. иска́ть; 13. организова́ть; 14. ввози́ть; 15. вывози́ть; 16. жела́ть.

75 1. так называ́емая гиперинфля́ция; 2. покупа́емый все́ми проду́кт; 3. на проводи́мом господи́ном Ники́тиным семина́ре; 4. Многоуважа́емая Татья́на Па́вловна! 5. тре́буемые результа́ты; 6. экспорти́руемые на́ми това́ры; 7. предлага́емые на́ми това́ры.

76 1. В вы́ставке, организу́емой э́той фи́рмой, уча́ствуют и иностра́нные фи́рмы. В вы́ставке, кото́рую организу́ет э́та фи́рма, уча́ствуют и иностра́нные фи́рмы. 2. Това́ры, предлага́емые на́ми по ста́рой цене́, по́льзуются больши́м спро́сом. Това́ры, кото́рые мы предлага́ем по ста́рой цене́, по́льзуются больши́м спро́сом. 3. В вы́ставках, проводи́мых ле́том и зимо́й в Ли́пецке, уча́ствует о́чень мно́го фирм. В вы́ставках, кото́рые прово́дят ле́том и зимо́й в Ли́пецке, уча́ствует о́чень мно́го фирм. 4. Вывози́мые на́шей фи́рмой в стра́ны Евро́пы това́ры по́льзуются больши́м спро́сом. Това́ры, кото́рые вывози́т на́ша фи́рма в стра́ны Евро́пы, по́льзуются больши́м спро́сом.

77 1. быть; 2. рабо́тать; 3. чита́ть; 4. верну́ться; 5. происходи́ть; 6. возни́кнуть; 7. пройти́; 8. сложи́ться; 9. проходи́ть.

78 1. Die Werkbank, die zuerst großes Interesse hervorgerufen hatte, gelangte nicht in den Verkauf. Вы́звавший снача́ла большо́й интере́с стано́к так и не поступи́л в прода́жу. Стано́к, кото́рый снача́ла вы́звал большо́й интере́с, так и не поступи́л в прода́жу. 2. Alle schätzen die Situation, die sich im Land nach dem Krieg ergeben hatte, falsch ein. Все непра́вильно оцени́ли сложи́вшуюся в стране́ по́сле войны́ ситуа́цию. Все непра́вильно оцени́ли ситуа́цию, кото́рая сложи́лась в стране́ по́сле войны́. 3. Niemand rechnete mit einer Hyperinflation, die sich nach dem Umsturz ergeben hatte. Никто́ не рассчи́тывал на возни́кшую по́сле переворо́та гиперинфля́цию. Никто́ не рассчи́тывал на гиперинфля́цию, кото́рая возни́кла по́сле переворо́та.

79 1. сде́лать; 2. заказа́ть; 3. основа́ть; 4. избра́ть; 5. откры́ть; 6. постро́ить; 7. купи́ть; 8. рассмотре́ть; 9. предложи́ть; 10. встре́тить; 11. установи́ть; 12. реши́ть; 13. написа́ть; 14. напеча́тать; 15. изда́ть; 16. изучи́ть; 17. осуществи́ть; 18. прода́ть; 19. собра́ть; 20. опубликова́ть; 21. созда́ть; 22. разви́ть; 23. связа́ть; 24. распространи́ть; 25. изложи́ть; 26. провести́; 27. перенести́; 28. заинтересова́ть.

80 1. Die Dokumente wurden in den USA herausgegeben. 2. Viele Fragen sind bis jetzt noch nicht gelöst. 3. Diplomatische Beziehungen zwischen Österreich-Ungarn und dem Sowjetischen Rußland wurden schon 1918 hergestellt. 4. Die vor einigen Jahren geschaffene staatliche Kommission beendete ihre Arbeit zu Beginn dieses Jahres. 5. Die Ausstellung in Omsk wurde im vorigen Jahr durchgeführt. 6. Unsere Firma wurde schon im vorigen Jahrhundert gegründet. 7. Das ist mit jener Tatsache verbunden, daß die Handelsverbindungen auf Regierungsebene hergestellt wurden. 8. Die Waren werden im 3. Quartal dieses Jahres geliefert. 9. Die Bezahlung wird am 24. dieses Monats durchgeführt. 10. Die Ware wurde in Hamburg am 17. Oktober dieses Jahres verladen. 11. Wir danken Ihnen sehr herzlich für Ihre Kataloge und teilen Ihnen mit, daß wir an Ihren neuen Werkzeugmaschinen sehr interessiert sind.

81 1. В вы́ставке, проведённой в про́шлом году́ в Омске, уча́ствовали два́дцать фирм из Австрии. / В вы́ставке, кото́рую провели́ в про́шлом году́ в Омске, уча́ствовали два́дцать фирм из Австрии. 2. Мы́сли, изло́женные в э́той главе́, пока́зывают, что а́втор не знако́м с вопро́сами америка́нской эконо́мики. /Мы́сли, кото́рые а́втор изложи́л в э́той главе́, пока́зывают, что он не знако́м с вопро́сами америка́нской эконо́мики. 3. Креди́т, предоста́вленный одни́м австри́йским ба́нком, превыша́ет сто во́семьдесят миллио́нов америка́нских до́лларов. / Креди́т, кото́рый предоста́вил оди́н австри́йский банк, превыша́ет сто во́семьдесят миллио́нов америка́нских до́лларов. / Креди́т, кото́рый был предоста́влен одни́м австри́йским ба́нком, превыша́ет сто во́семьдесят миллио́нов америка́нских до́лларов. 4. Вчера́ мы получи́ли станки́, зака́занные полго́да наза́д. / Вчера́ мы получи́ли станки́, кото́рые мы заказа́ли полго́да наза́д. 5. Това́ры, повреждённые во вре́мя транспортиро́вки, бы́ли сра́зу же заменены́. / Това́ры, кото́рые бы́ли повреждены́ во время транспортировки, бы́ли сра́зу же заменены́.

82 1. постро́енный; 2. осно́ванный; 3. и́збранный; 4. да́нный; 5. проведённый; 6. поста́вленный; 7. осуществлённый; 8. произведённый; 9. вы́везенный; 10. опла́ченный; 11. зака́занный; 12. свя́занный; 13. оста́вленный; 14. отпра́вленный; 15. отгру́женный / отгружённый; 16. предоста́вленный; 17. откры́тый; 18. увели́ченный; 19. пони́женный; 20. сокращённый.

83 1. Эта фи́рма была́ осно́вана мои́м отцо́м в ты́сяча девятьсо́т пятьдеся́т тре́тьем году́. 2. Опла́та была́ произведена́ на́ми уже́ тридца́того ма́рта сего́ го́да. 3. Зада́ние бы́ло уже́ испо́лнено. 4. Предложе́ние бы́ло пе́редано в Москве́ уже́ на про́шлой неде́ле. 5. Эта гости́ница была́ постро́ена шве́дским о́бществом. 6. Товáры бы́ли постáвлены в четвёртом квартáле сего́ го́да. 7. Ярмарка былá проведенá в Петербу́рге. 8. Договóр бу́дет подпи́сан ужé на слéдующей недéле. 9. Соглашéние бы́ло заключенó четы́ре го́да (тому́) назáд. 10. Ски́дка в пять процéнтов не былá предостáвлена. 11. Счёт ужé оплáчен. 12. Контáкты с э́тим предприя́тием ужé устанóвлены. 13. Переговóры бы́ли успéшно закóнчены вчерá вéчером. 14. Все услóвия контрáкта бы́ли при́няты.

84 1. Das Flugzeug AN-2 kann sowohl als Privatflugzeug wie auch für landwirtschaftliche und Bauarbeiten verwendet werden. 2. Der vorliegende Vertrag kann nach Übereinkunft der Seiten ergänzt und verändert werden. 3. Alle Veränderungen und Ergänzungen zum Vertrag müssen in schriftlicher Form vorgelegt werden (bedürfen der schriftlicher Form).

85 1. рабóтать; 2. образовáть; 3. передавáть; 4. срáвнивать; 5. закáнчивать; 6. включáть; 7. бы́ть; 8. проводи́ть; 9. проверя́ть; 10. учи́тывать; 11. имéть; 12. принимáть; 13. исходи́ть; 14. начинáть; 15. ссылáться.

86 1. Дирéктор фи́рмы-партнёра закáнчивал свой доклáд и ещё раз поблагодари́л за тёплый приём. 2. Если исходи́ть из дáнных диагрáммы, мóжно сдéлать слéдующий вы́вод. 3. Мы проверя́ли контрáкт и обнару́жили неточность в гаранти́йных услóвиях. (= Когдá мы проверя́ли контрáкт, мы обнару́жили неточность в гаранти́йных услóвиях.) 4. Сотру́дники нáшей фи́рмы проводи́ли испытáние станкóв и обнару́жили неиспрáвность одногó станкá. (= Когдá сотру́дники нáшей фи́рмы проводи́ли испытáние станкóв, они́ обнару́жили неиспрáвность одногó станкá.) 5. Когдá мы анализи́ровали дáнные, мы убеди́лись в том, что ну́жно бу́дет ещё дóлго занимáться э́тим вопрóсом. (= Мы анализи́ровали дáнные и убеди́лись в том, что ну́жно бу́дет ещё дóлго занимáться э́тим вопрóсом.) 6. Если мы принимáем во внимáние результáты опрóса, мы должны́ бу́дем измени́ть нáшу страте́гию. 7. Мы ссылáемся на Вáше письмó от двáдцать трéтьего сего́ мéсяца и направля́ем Вам наш новéйший катало́г.

87 1. закóнчить; 2. проанализи́ровать; 3. провести́; 4. опубликовáть; 5. замени́ть; 6. продáть; 7. купи́ть; 8. вы́пустить; 9. верну́ться.

88 1. Стóроны закóнчили испытáние станков и состáвили испытáтельный докумéнт. / Когдá стóроны закóнчили испытáние станкóв, они́ состáвили испытáтельный докумéнт. 2. Предприя́тие дости́гло желáемых результáтов у покупáтелей и увели́чило вы́пуск товáров. / Когдá предприя́тие дости́гло желáемых результáтов у покупáтелей, онó увели́чило вы́пуск товáров. 3. Специали́сты проанализи́ровали результáты исслéдования и пришли́ к слéдующему вы́воду. / Когдá специали́сты проанализи́ровали результáты исслéдования, они́ пришли́ к слéдующему вы́воду. 4. Стóроны подписáли договóр и отпрáвились на приём к мини́стру. / Когдá стóроны подписáли договóр, они́

отправились на приём к министру. 5. Предприятие открыло ряд филиалов в своей стране и значительно расширило свою сферу деятельности. / Так как (Oder: Когда) предприятие открыло ряд филиалов в своей стране, оно значительно расширило свою сферу деятельности.

89 1. Wenn man von den Daten dieses Diagramms ausgeht, kann man folgenden Schluß ziehen. 2. Wenn man das stürmische Anwachsen der Preise beachtet, kann man eine Hyperinflation erwarten. 3. Ab 1. Jänner dieses Jahres steigen die Preise ständig. 4. Wenn man keine harten und unpopulären Maßnahmen setzt, wird es unmöglich sein, die Inflation zu stoppen. 5. Die Regierung veröffentlichte die Gesetze zur Privatisierung mit großer Verspätung und trug so nicht zur Normalisierung der wirtschaftlichen Lage im Land bei. 6. Ohne die seit diesem Jahr stark erhöhten Produktionskosten zu berücksichtigen, verkaufen unsere Konkurrenten zum alten Preis. 7. Wenn man überhaupt keine Daten hat, darf man solche Schlüsse nicht ziehen.

90 1. - Сколько у вас новых станков? -У нас четыре новых станка.
    2. - Сколько там малых предприятий? -Там пять малых предприятий.
    3. - Сколько у вас дефектных приборов? -У нас двадцать два дефектных прибора.
    4. - Сколько там подписанных договоров? -Там два подписанных договора.
    5. - Сколько у вас серьёзных запросов? - У нас три серьёзных запроса.
    6. - Сколько там новых условий? -Там три новых условия.
    7. - Сколько у вас срочных сообщений? - У нас три срочных сообщения.
    8. - Сколько у вас русских сотрудников? -У нас одиннадцать русских сотрудников.
    9. - Сколько там интересных возможностей? -Там две интересные (интересных) возможности.
    10. - Сколько там интересных приложений? -Там два интересных приложения.
    11. - Сколько там совместных предприятий? -Там двадцать два совместных предприятия.
    12. - Сколько там пробных партий? -Там две пробные (пробных) партии.
    13. - Сколько там свободных экономических зон? -Там двенадцать свободных экономических зон.
    14. - Сколько там крупных заводов? -Там одиннадцать крупных заводов.
    15. - Сколько у вас серьёзных конкурентов? -У меня два серьёзных конкурента.
    16. - Сколько у вас надёжных партнёров? -У меня четыре надёжных партнёра.

91 1. Он очень долго разговаривал с обоими новыми сотрудниками. 2. Она была уже в обоих предприятиях. 3. Она отлично владеет обоими языками. 4. В этих обоих предложениях цены выше, чем в предложении фирмы Ноймера. 5. В обеих фирмах работают отличные люди.

92 У них есть филиа́лы в .....
                трёх города́х.
                четырёх города́х.
                двена́дцати города́х.
                двадцати́ одно́м го́роде.
                двадцати́ двух больши́х города́х.
                двух западноевропе́йских стра́нах.

Они́ сотру́дничают с .....
                двумя́ неме́цкими фи́рмами.
                пятью́ неме́цкими фи́рмами.
                десятью́ неме́цкими фи́рмами.
                двадцатью́ западноевропе́йскими предприя́тиями.
                двадцатью́ одни́м западноевропе́йским предприя́тием.
                двадцатью́ двумя́ западноевропе́йскими предприя́тиями.

Они́ принима́ют уча́стие в .....
                трёх больши́х я́рмарках.
                четырёх междунаро́дных вы́ставках.
                двух совме́стных предприя́тиях.
                шести́ междунаро́дных прое́ктах.
                десяти́ междунаро́дных семина́рах.

93 Это сто́ит ...
1. две́сти ты́сяч неме́цких ма́рок.
2. сто ты́сяч ие́н.
3. се́мьдесят ты́сяч швейца́рских фра́нков.
4. девяно́сто две ты́сячи австри́йских ши́ллингов.
5. со́рок одну́ ты́сячу америка́нских до́лларов.
6. две ты́сячи фра́нков.
7. два миллио́на гу́льденов.
8. три миллио́на пятьсо́т ты́сяч фу́нтов сте́рлингов.
9. две́сти пятьдеся́т ты́сяч лир.
10. двена́дцать ты́сяч австри́йских ши́ллингов.
11. четы́реста шестьдеся́т ты́сяч гу́льденов.
12. девяно́сто четы́ре ты́сячи фра́нков.
13. два миллио́на рубле́й.
14. оди́н миллиа́рд ие́н.
15. девяно́сто одну́ ты́сячу австри́йских ши́ллингов.
16. со́рок миллио́нов америка́нских до́лларов.
17. девятна́дцать ты́сяч лир.
18. три́дцать два миллио́на фра́нков.

94 Это сто́ит о́коло ...
1. двухсо́т ты́сяч неме́цких ма́рок.
2. ста ты́сяч ие́н.
3. семи́десяти ты́сяч швейца́рских фра́нков.

4. девяно́ста двух ты́сяч австри́йских ши́ллингов.
5. сорока́ одно́й ты́сячи америка́нских до́лларов.
6. двух ты́сяч фра́нков.
7. двух миллио́нов гу́льденов.
8. трёх миллио́нов пятисо́т ты́сяч фу́нтов сте́рлингов.
9. двухсо́т пяти́десяти ты́сяч лир.
10. двена́дцати ты́сяч австри́йских ши́ллингов.
11. четырёхсо́т шести́десяти ты́сяч гу́льденов.
12. девяно́ста четырёх ты́сяч фра́нков.
13. двух миллио́нов рубле́й.
14. одного́ миллиа́рда ие́н.
15. девяно́ста одно́й ты́сячи австри́йских ши́ллингов.
16. сорока́ миллио́нов америка́нских до́лларов.
17. девятна́дцати ты́сяч лир.
18. тридцати́ двух миллио́нов фра́нков.
19. ста пяти́десяти ты́сяч фу́нтов сте́рлингов.
20. одного́ миллиа́рда америка́нских до́лларов.
21. восьми́десяти двух миллио́нов гу́льденов.
22. четырёх миллио́нов америка́нских до́лларов.
23. двадцати́ одного́ миллио́на австри́йских ши́ллингов.
24. восьми́десяти пяти́ ты́сяч фу́нтов сте́рлингов.
25. трёхсо́т пяти́десяти ты́сяч гу́льденов.

95 /1/ Сейча́с ...
1.: де́сять мину́т пе́рвого.
2.: без пятна́дцати мину́т (= без че́тверти) три.
3.: полвторо́го.
4.: пятна́дцать мину́т (= че́тверть) второ́го.
5.: де́сять мину́т оди́ннадцатого.
6.: два́дцать пять мину́т девя́того.
7.: без пяти́ мину́т семь.
8.: без двадцати́ пяти́ мину́т двена́дцать.
9.: без одно́й мину́ты двена́дцать.
10.: трина́дцать мину́т восьмо́го.
11.: пять мину́т четвёртого.
12.: два́дцать пять мину́т восьмо́го.
13.: два́дцать две мину́ты пя́того.
14.: без оди́ннадцати мину́т де́вять.
15.: без шестна́дцати мину́т шесть.
16.: без четырёх мину́т пять.
17.: без двадцати́ пяти́ мину́т де́сять.
18.: трина́дцать мину́т двена́дцатого.
19.: без пятна́дцати мину́т (= без че́тверти) час.
20.: пятна́дцать мину́т (= че́тверть) второ́го.
21.: два́дцать три мину́ты седьмо́го.
22.: без двадцати́ мину́т де́вять.
23.: без десяти́ мину́т четы́ре.
24.: двена́дцать мину́т второ́го.

25.: без двух минут шесть.
26.: пять минут восьмого.
27.: полночь (= ноль часов).
28.: без трёх минут три.
29.: без шести минут десять.
30.: без одной минуты пять.
31.: без одной минуты час.
32.: без двадцати минут двенадцать.
33.: без пятнадцати минут (= без четверти) час.
34.: полпятого.
35.: без пяти минут час.

/2/ Он пришёл ...
1.: (в) десять минут первого.
2.: без пятнадцати минут (= без четверти) три.
3.: (в) полвторого.
4.: (в) пятнадцать минут [= (в) четверть] второго.
5.: (в) десять минут одиннадцатого.
6.: (в) двадцать пять минут девятого.
7.: без пяти минут семь.
8.: без двадцати пяти минут двенадцать.
9.: без одной минуты двенадцать.
10.: (в) тринадцать минут восьмого.
11.: (в) пять минут четвёртого.
12.: (в) двадцать пять минут восьмого.
13.: (в) двадцать две минуты пятого.
14.: без одиннадцати минут девять.
15.: без шестнадцати минут шесть.
16.: без четырёх минут пять.
17.: без двадцати пяти минут десять.
18.: (в) тринадцать минут двенадцатого.
19.: без пятнадцати минут (= без четверти) час.
20.: (в) пятнадцать минут (= четверть) второго.
21.: (в) двадцать три минуты седьмого.
22.: без двадцати минут девять.
23.: без десяти минут четыре.
24.: (в) двенадцать минут второго.
25.: без двух минут шесть.
26.: (в) пять минут восьмого.
27.: в полночь (= в ноль часов).
28.: без трёх минут три.
29.: без шести минут десять.
30.: без одной минуты пять.
31.: без одной минуты час.
32.: без двадцати минут двенадцать.
33.: без пятнадцати минут (= без четверти) час.
34.: (в) полпятого.
35.: без пяти минут час.

96 1. Магази́н закры́т на обе́денный переры́в с ча́су до трёх часо́в.
  / с двена́дцати (часо́в) до двух часо́в.
  / с оди́ннадцати (часо́в) до ча́су.

2. Врач принима́ет с десяти́ (часо́в) до двух часо́в.
  / с девяти́ (часо́в) до трёх часо́в.
  / с восьми́ (часо́в) до двена́дцати часо́в.
  / с ча́су до семи́ часо́в.
3. Библиоте́ка откры́та с девяти́ (часо́в) до шести́ часо́в.
  / с ча́су до девяти́ часо́в.
  / с восьми́ (часо́в) до ча́су и с трёх до оди́ннадцати часо́в.
4. Кио́ск рабо́тает с оди́ннадцати (часо́в) до двух и с четырёх до восьми́ часо́в.
  / с семи́ (часо́в) до десяти́ часо́в ве́чера.
5. Столо́вая рабо́тает с оди́ннадцати (часо́в) до трёх часо́в.
  / с шести́ (часо́в) до девяти́ часо́в.
  / с десяти́ (часо́в) до четырёх часо́в.
  / с пяти́ (часо́в) до десяти́ часо́в.

97 1. ... до двух часо́в; 2. ... на два часа́; 3. ... к трём часа́м; 4. ... по́сле трёх часо́в; 5. ... к двум часа́м; 6. ... на полчаса́; 7. ... до пяти́ часо́в; 8. ... к пяти́ часа́м; 9. ... по́сле десяти́ часо́в; 10. ... к десяти́ часа́м.

98 Задо́лженность составля́ет .....
  1. одну́ (це́лую) [и] шесть деся́тых миллиа́рда. =
    одну́ це́лую и шесть деся́тых миллиа́рда. = одну́ це́лую, шесть деся́тых миллиа́рда. = одну́ и шесть деся́тых миллиа́рда. = оди́н и шесть деся́тых миллиа́рда.
  2. две (це́лых) [и] пять деся́тых миллиа́рда. = два и пять деся́тых миллиа́рда.
  3. одну́ (це́лую) [и] пять деся́тых миллиа́рда (= полтора́ миллиа́рда) = оди́н и пять деся́тых миллиа́рда.
  4. во́семь (це́лых) [и] два́дцать пять со́тых миллиа́рда.
  5. одну́ (це́лую) [и] две деся́тых миллиа́рда. = оди́н и две деся́тых миллиа́рда.
  6. три (це́лых) [и] во́семьдесят пять со́тых миллиа́рда.
  7. два́дцать две (це́лых) [и] се́мьдесят пять со́тых миллиа́рда. = два́дцать два и се́мьдесят пять со́тых миллиа́рда.
  8. пять (це́лых) [и] во́семьдесят пять со́тых миллиа́рда.
  9. два́дцать две (це́лых) [и] четы́ре деся́тых миллиа́рда. = два́дцать два и четы́ре деся́тых миллиа́рда.
  10. три́дцать одну́ (це́лую) [и] пять деся́тых миллиа́рда. = два́дцать оди́н и пять деся́тых миллиа́рда.
  11. два́дцать одну́ (це́лую) [и] четы́ре деся́тых миллиа́рда. = два́дцать оди́н и четы́ре деся́тых миллиа́рда.
  12. два́дцать четы́ре (це́лых) [и] се́мьдесят пять со́тых миллиа́рда.

13. двáдцать две (цéлых) [и] две десятых миллиáрда. = двáдцать два и две десятых миллиáрда.
14. трúдцать две (цéлых) [и] две десятых миллиáрда. = трúдцать два и две десятых миллиáрда.
15. двенáдцать (цéлых) [и] три десятых миллиáрда.
16. сóрок три (цéлых) [и] две десятых миллиáрда.

99 Задóлженность достúгла .....
1. однóй (цéлой) [и] шестú десятых миллиáрда. = однóй цéлой и шестú десятых миллиáрда. = однóй цéлой, шестú десятых миллиáрда. = однóй и шестú десятых миллиáрда.
2. двух (цéлых) [и] пятú десятых миллиáрда.
3. однóй (цéлой) [и] пятú десятых миллиáрда. (полýтора миллиáрдов)
4. восьмú (цéлых) [и] двадцатú пятú сóтых миллиáрда.
5. однóй (цéлой) [и] двух десятых миллиáрда.
6. трёх (цéлых) [и] восьмúдесяти пятú сóтых миллиáрда.
7. двадцатú двух (цéлых) [и] семúдесяти пятú сóтых миллиáрда.
8. пятú (цéлых) [и] восьмúдесяти пятú сóтых миллиáрда.
9. двадцатú двух (цéлых) [и] четырёх десятых миллиáрда.
10. тридцатú однóй (цéлой) [и] пятú десятых миллиáрда.
11. двадцатú однóй (цéлой) [и] четырёх десятых миллиáрда.
12. двадцатú четырёх (цéлых) [и] семúдесяти пятú сóтых миллиáрда.
13. двадцатú двух (цéлых) [и] двух десятых миллиáрда.
14. тридцатú двух (цéлых) [и] двух десятых миллиáрда.
15. двенáдцати (цéлых) [и] трёх десятых миллиáрда.
16. сорокá трёх (цéлых) [и] двух десятых миллиáрда.

100 1. По сравнéнию с прóшлым гóдом экспорт увелúчился на дéсять процéнтов. 2. По сравнéнию с прóшлым гóдом экспорт увелúчился в полторá рáза. (= По сравнéнию с прóшлым гóдом экспорт увелúчился на пятьдесят процéнтов. = По сравнéнию с прóшлым гóдом экспорт увелúчился на двéсти миллиóнов. 3. По сравнéнию с прóшлым гóдом экспорт увелúчился в три рáза. (= По сравнéнию с прóшлым гóдом экспорт утрóился.) 4. По сравнéнию с прóшлым гóдом экспорт увелúчился в полторá рáза. (= По сравнéнию с прóшлым гóдом экспорт увелúчился на пятьдесят процéнтов. = По сравнéнию с прóшлым гóдом экспорт увелúчился на пятьдесят миллиóнов. 5. По сравнéнию с прóшлым гóдом экспорт снúзился на сéмьдесят миллиóнов. 6. По сравнéнию с прóшлым гóдом экспорт умéньшился в четыре рáза. 7. По сравнéнию с прóшлым гóдом экспорт увелúчился в три рáза. (= По сравнéнию с прóшлым гóдом экспорт утрóился.) 8. По сравнéнию с прóшлым гóдом экспорт увелúчился на вóсемь тысяч. 9. По сравнéнию с прóшлым гóдом экспорт увелúчился на пять миллиóнов.

101 В этом годý экспорт составляет ...
1. сто пятьдесят миллиóнов.
2. сто сóрок четыре миллиóна.

3. сто двáдцать миллиóнов.
4. вóсемьдесят миллиóнов.
5. четы́реста шестьдеся́т миллиóнов.
6. четы́реста пять миллиóнов.
7. девянóсто - сто двáдцать миллиóнов.
8. примéрно сто пятьдеся́т (семь) - двéсти три́дцать (пять) миллиóнов.
9. одну́ цéлую и две сóтых - одну́ цéлую и три́дцать шесть сóтых миллиáрда.

102   1. По сравнéнию с прóшлым гóдом цéны на нáшу продýкцию должны́ бы́ли быть увели́чены на четы́ре процéнта. 2. Импорт сельскохозя́йственной продýкции был сни́жен в четы́ре рáза. 3. В прóшлом годý дефици́т э́того предприя́тия был сни́жен на три́ста ты́сяч ши́ллингов - до двух миллиóнов. 4. Мóжно бы́ло увели́чить э́кспорт в три рáза (втрóе). 5. В э́том годý объём нáших постáвок в стрáны ЕС увели́чился на двáдцать три процéнта и дости́гнет девянóста шести́ миллиóнов. 6. В э́той странé стóимость жи́зни увели́чилась в сентябрé на двáдцать семь цéлых и пять деся́тых процéнта. 7. В пéрвом полугóдии э́кспорт одéжды в Росси́ю увели́чился на дéсять процéнтов - до однóй цéлой и восьми́ деся́тых миллиáрда. 8. Дефици́т был сни́жен до семи́десяти процéнтов. 9. Дефици́т был сни́жен на сéмьдесят процéнтов. 10. Мóжно бы́ло сни́зить расхóды с шести́десяти двух до пяти́десяти восьми́ миллиóнов. 11. Дефици́т был сни́жен до шести́десяти миллиáрдов. 12. Объём нáшего э́кспорта возрóс до тридцати́ пяти́ миллиáрдов.

103   1. Станóк стóит пятьдеся́т ты́сяч дóлларов.
      Он купи́л станóк за пятьдеся́т ты́сяч дóлларов.
      Он купи́л станóк по ценé (в) пятьдеся́т ты́сяч дóлларов.
      Станóк обошёлся емý в пятьдеся́т ты́сяч дóлларов.
   2. Ценá инструмéнта (составля́ет) ты́сячу дóлларов.
      Он купи́л инструмéнт за ты́сячу дóлларов.
      Он купи́л инструмéнт по ценé в ты́сячу дóлларов.
      Инструмéнт обошёлся емý в ты́сячу дóлларов.
   3. Ценá продýктов - двáдцать пять ты́сяч рублéй.
      Он купи́л продýкты за двáдцать пять ты́сяч рублéй.
      Он купи́л продýкты по ценé (в) двáдцать пять ты́сяч рублéй.
      Продýкты обошли́сь емý в двáдцать пять ты́сяч рублéй.

104   1. Останóвка автóбуса в трёх минýтах ходьбы́ от моегó дóма. 2. Офис в десяти́ минýтах езды́ от моегó дóма. 3. Мéсто рабóты в пятнáдцати километрах от гóрода.

105   1. Я живý в тридцати́ минýтах езды́ от университéта. 2. Я рабóтаю в десяти́ минýтах ходьбы́ от моегó дóма. 3. Стáнция метрó в двух шагáх от моегó дóма. 4. Офис в пяти́ километрах от моегó дóма.

106 1. Он роди́лся тре́тьего октября́ ты́сяча девятьсо́т шестьдеся́т восьмо́го го́да. 2. У неё день рожде́ния был на про́шлой неде́ле. 3. Ле́тние кани́кулы в ию́ле, а́вгусте и сентябре́. 4. Петербу́рг был осно́ван в восемна́дцатом ве́ке, а и́менно в нача́ле восемна́дцатого ве́ка. 5. Встре́тимся че́рез два часа́, то есть в два часа́. 6. За э́ти го́ды и ме́сяцы здесь о́чень мно́го постро́или.

107 1. но́чью; 2. в сороковы́е го́ды (= в сороковы́х года́х) восемна́дцатого ве́ка; 3. в семна́дцатом и восемна́дцатом века́х; 4. по понеде́льникам; 5. за три дня до кани́кул; 6. неде́ли три наза́д (= о́коло трёх неде́ль наза́д, приблизи́тельно три неде́ли наза́д); 7. в после́дние неде́ли; 8. в про́шлом ме́сяце; 9. че́рез неде́лю по́сле его́ рожде́ния; 10. ве́чером; 11. тре́тьего февраля́; 12. в ты́сяча восемьсо́т шестидеся́том году́; 13. че́рез два дня по́сле экза́мена; 14. в пе́рвые дни; 15. в пятидеся́тые го́ды (= в пятидеся́тых года́х); 16. в ты́сяча девятьсо́т во́семьдесят пя́том - (ты́сяча девятьсо́т) во́семьдесят восьмо́м года́х.

108 1. С ты́сяча девятьсо́т во́семьдесят пя́того до ты́сяча девятьсо́т девяно́стого го́да (= С ты́сяча девятьсо́т во́семьдесят пя́того по ты́сяча девятьсо́т девяно́стый год = За пери́од с ты́сяча девятьсо́т во́семьдесят пя́того по ты́сяча девятьсо́т девяно́стый год = За ты́сяча девятьсо́т во́семьдесят пя́тый - ты́сяча девятьсо́т девяно́стый го́ды) э́кспорт сни́зился на 33 проце́нта. 2. С ты́сяча девятьсо́т се́мьдесят пя́того до ты́сяча девятьсо́т во́семьдесят пя́того го́да (= С ты́сяча девятьсо́т се́мьдесят пя́того по ты́сяча девятьсо́т во́семьдесят пя́тый год = В ты́сяча девятьсо́т се́мьдесят пя́том - ты́сяча девятьсо́т во́семьдесят пя́том года́х) они́ производи́ли трикота́ж, а с ты́сяча девятьсо́т во́семьдесят шесто́го до ты́сяча девятьсо́т девяно́стого го́да (= с ты́сяча девятьсо́т во́семьдесят шесто́го по ты́сяча девятьсо́т девяно́стый год) - това́ры широ́кого потребле́ния. 3. С ты́сяча девятьсо́т семидеся́того до ты́сяча девятьсо́т восьмидеся́того го́да (= С ты́сяча девятьсо́т семидеся́того по ты́сяча девятьсо́т восьмидеся́тый год) мы почти́ не торгова́ли с Сове́тским Сою́зом, в то вре́мя как за ты́сяча девятьсо́т во́семьдесят пе́рвый - ты́сяча девятьсо́т во́семьдесят пя́тый го́ды (= с ты́сяча девятьсо́т во́семьдесят пе́рвого по ты́сяча девятьсо́т во́семьдесят пя́тый год) на́ши внешнеторго́вые опера́ции с СССР дости́гли почти́ двух трете́й на́шего э́кспорта. Но с ты́сяча девятьсо́т во́семьдесят шесто́го го́да наш э́кспорт в Сове́тский Сою́з или СНГ постепе́нно снижа́ется. 4. Показа́тель на ты́сяча девятьсо́т во́семьдесят пя́тый - ты́сяча девятьсо́т девяно́стый го́ды оста́лся неизме́нным. 5. С ты́сяча девятьсо́т во́семьдесят пя́того до ты́сяча девятьсо́т во́семьдесят восьмо́го го́да (= С ты́сяча девятьсо́т во́семьдесят пя́того по ты́сяча девятьсо́т во́семьдесят восьмо́й год = В ты́сяча девятьсо́т во́семьдесят пя́том - ты́сяча девятьсо́т во́семьдесят восьмо́м года́х) он учи́лся в Москве́. 6. За ты́сяча девятьсо́т восьмидеся́тый - ты́сяча девятьсо́т во́семьдесят пя́тый го́ды (= с ты́сяча девятьсо́т восьмидеся́того по ты́сяча девятьсо́т во́семьдесят пя́тый год = с ты́сяча девятьсо́т восьмидеся́того до ты́сяча девятьсо́т во́семьдесят пя́того го́да) объём э́кспорта увели́чился на во́семь проце́нтов.

109 1. Мы приéхали в Петербу́рг за два дня до нача́ла вы́ставки. 2. Мы поки́нули Росси́ю уже́ за день до оконча́ния вы́ставки. 3. Сего́дня - че́рез четы́ре ме́сяца по́сле откры́тия второ́го филиа́ла - мы мо́жем откры́ть наш тре́тий филиа́л. 4. Су́мма была́ опла́чена за день до истече́ния сро́ка платежа́. 5. Мы оплати́ли счёт четы́ре дня (тому́) наза́д. 6. Господи́н Самсо́нов рабо́тает у нас уже́ пять лет. (= Уже́ пять лет, как господи́н Самсо́нов у нас рабо́тает.) 7. До откры́тия на́шего филиа́ла мы ещё не́которое вре́мя вели́ перегово́ры с на́шим партнёром. 8. Мы заплати́ли за счёт (= Мы оплати́ли счёт) че́рез две неде́ли по́сле получе́ния докуме́нтов. 9. Мы опла́тим счёт че́рез две неде́ли. 10. За после́дние пять лет мы смогли́ удво́ить наш оборо́т.

110 1. Нет, за́втра не бу́дет дождя́. 2. Её (Иры) нет до́ма. 3. Там никого́ нет. 4. Нет, он не име́ет пра́ва э́то де́лать. 5. Её ничего́ не интересу́ет. 6. Нет, я не обрати́л(-а) внима́ния на э́того челове́ка. 7. Нет, э́тот фа́ктор не име́ет (никако́го) влия́ния на эконо́мику. 8. Нет, он не собира́ет ни ма́рки, ни откры́тки. 9. Он никогда́ не пи́шет пи́сьма. 10. Он ничего́ не де́лает. 11. Она́ ниче́м не интересу́ется. 12. Ле́том они́ никуда́ не е́здили 13. Нет, мы не получи́ли катало́ги. 14. Она́ ни с кем не говори́ла. 15. Ты мне ниче́м не меша́ешь. 16. Я ни на что не наде́юсь. 17. Я там ничего́ не ви́жу. 18. Нет, об э́том я не име́ю никако́го представле́ния.

111 1. От ва́шей фи́рмы мы никако́го предложе́ния не получи́ли. 2. Он не сде́лал ни одно́й оши́бки. 3. К сожале́нию, я не име́ю представле́ния, почему́ вы не получи́ли на́ше письмо́. 4. Мы жда́ли до тех пор, пока́ не получи́ли отве́та. 5. Мы бо́льше не обраща́ли внима́ния на ва́ше предложе́ние, потому́ что це́ны бы́ли намно́го вы́ше, чем у конкуре́нтов. 6. Это не име́ет влия́ния на экономи́ческое разви́тие. 7. Я не мог связа́ться ни со «Станкоимпо́ртом», ни с «Али́сой». 8. От вас мы не получи́ли ни свобо́дного, ни твёрдого предложе́ния. 9. От вас мы не получа́ли никаки́х катало́гов. 10. От вас мы получи́ли не свобо́дное, а твёрдое предложе́ние. 11. Госпожи́ Соколо́вой сейча́с нет. Она́ вернётся че́рез час.

112 1. Кому́ вы звони́ли? 2. Вы плати́ли нали́чными? 3. Вы сейча́с пи́шете автору́чкой? 4. Вы получи́ли биле́ты от Ка́ти? 5. Магази́н сейча́с рабо́тает? 6. Вы ви́дели Татья́ну Алексе́евну? 7. Ра́ньше вы от нас получа́ли катало́ги? 8. Вы от нас получи́ли свобо́дное и́ли твёрдое предложе́ние? 9. С кем вы торгу́ете? С «Мерку́рием» и́ли с «Вене́рой»? 10. Вы от нас получа́ли предложе́ния? 11. Влади́мир Серге́евич сейча́с у себя́?

113 1. Нам не́ к кому бы́ло обрати́ться. 2. Не́ у кого бы́ло попроси́ть по́мощи. 3. Не́ с кем бы́ло обсуди́ть э́тот вопро́с. 4. Не́кого бы́ло спроси́ть об э́том. 5. Нам не́ с кем бы́ло говори́ть.

114 Я хотéл(-а) бы ...
1. ... пригласи́ть вас на у́жин. 2. ... у вас спроси́ть, когда́ мы мо́жем встре́титься. 3. ... вас попроси́ть позвони́ть мне за́втра ве́чером. 4. ... у вас, госпожа́ Смирно́ва, спроси́ть, не забы́л(-а) ли я у вас письма́. 5. ... познако́мить вас с господи́ном Москви́ным.

115 1. Éсли бы вы не позвони́ли мне вчера́, я забы́л(-а) бы на́шу встре́чу. 2. Éсли бы я знал э́то, я бы пе́реда́л ему́ предложе́ние ещё сего́дня. 3. Éсли бы он не заболе́л, мы бы пое́хали в командиро́вку ещё на про́шлой неде́ле. 4. Вы не могли́ бы переда́ть на́ше предложе́ние господи́ну Солоу́хину за́втра? 5. Вы не могли́ бы познако́мить меня́ с господи́ном Петро́вым? 6. Éсли бы вы мне рассказа́ли об э́том, я сра́зу позвони́л бы господи́ну Серпу́хину. 7. Éсли бы он нам не позвони́л, мы бы об э́том ничего́ не узна́ли. 8. Éсли бы вы показа́ли мне те́лекс ещё вчера́, я сра́зу же позвони́л бы. 9. Éсли бы мы прие́хали во́время, мы бы его́ ещё заста́ли.

116 1. Das Grundkapital der Gesellschaft wird mit 12.000 Rubel festgelegt. 2. Pläne für die Zukunft des Kleinbetriebs werden vom Direktor dieses Kleinbetriebs erstellt und unterliegen der (unbedingten) Zustimmung durch die Gründer des Kleinbetriebs. 3. Die Buchführung wird durch den Buchhalter abgewickelt, die grundlegenden Rechte und Pflichten werden durch eine entsprechende "Bestimmung" festgelegt. 4. Der vorliegende Vertrag kann einvernehmlich ergänzt oder verändert werden. Alle Veränderungen und Ergänzungen zum Vertrag bedürfen der schriftlichen Form (= müssen in schriftlicher Form vorgelegt werden) und müssen von allen "Gesellschaftern" unterzeichnet sein.

117 1. Я не понима́ю, чего́ вы бои́тесь. 2. Он приде́рживается э́того мне́ния уже́ давно́. 3. Он не смог избежа́ть э́той оши́бки. 4. Он лиши́лся э́того пра́ва. 5. Разреши́те мне, пожа́луйста, косну́ться ещё одного́ вопро́са. 6. Они́ доби́лись (oder: дости́гли) свое́й це́ли. 7. Обе стороны́ дости́гли согла́сия. 8. Что каса́ется э́того вопро́са, то обрати́тесь, пожа́луйста, к Ири́не Петро́вне. 9. Он /по-/ жела́л нам сча́стья и здоро́вья. 10. Чего́ ты ещё ждёшь? Я всё сказа́л. 11. Президе́нт опаса́лся ухудше́ния экономи́ческого положе́ния предприя́тия. 12. Ивано́в учи́лся без осо́бенного успе́ха, поэ́тому его́ лиши́ли стипе́ндии. 13. Свои́м упо́рным трудо́м он доби́лся отли́чных результа́тов. 14. Ле́том температу́ра здесь достига́ет сорока́ - пяти́десяти гра́дусов. 15. Ты уже́ купи́л сы́ра (сы́ру) и колбасы́? 16. Она́ всегда́ избега́ла разгово́ров на э́ту те́му.

118 1. Вам сле́довало бы (= Вы должны́ бы́ли бы) позвони́ть господи́ну Григо́рьеву ещё сего́дня. 2. Мы не зна́ем, что де́лать. 3. Напо́мните мне, пожа́луйста, об э́том письме́. 4. Нам заказа́ть при́нтеры сего́дня? 5. Тако́е урегули́рование не соде́йствует консолида́ции предприя́тия. 6. Я ещё раз хотéл бы подчеркну́ть (= Мне ещё раз хотéлось бы подчеркну́ть), что я о́чень рад(-а) на́шим делов́ым конта́ктам.

119 1. АСО «Викто́рия» явля́ется одни́м из кру́пных страховы́х о́бществ. 2. Оймяко́н явля́ется са́мым холо́дным го́родом Сиби́ри. 3. Линц явля́ется столи́цей Ве́рхней А́встрии. 4. «Евге́ний Оне́гин» явля́ется са́мым изве́стным произведе́нием Пу́шкина. 5. «Война́ и мир» явля́ется са́мым изве́стным рома́ном Толсто́го. 6. Важне́йшим фа́ктором в о́бществе явля́ется функциони́рование эконо́мики. 7. Санкт-Петербу́рг явля́ется одни́м из краси́вейших городо́в ми́ра. 8. ЭКЮ явля́ется про́сто расчётной едини́цей, её курс публику́ется ежедне́вно.

120 1. Мой оте́ц был хи́миком. 2. Э́тот го́род был одни́м из интере́снейших городо́в ми́ра. 3. На́шими са́мыми кру́пными партнёрами бы́ли «Алма́з», «Се́вер», «Свет». 4. Её колле́га был (была́) архите́ктором.

121 1. Са́мой си́льной фи́рмой показа́лся нам «Алма́з». 2. Са́мым сло́жным вопро́сом оказа́лась перестро́йка эконо́мики. 3. Э́та зада́ча ка́жется нам не тако́й тру́дной. 4. Са́мой тру́дной зада́чей оказа́лась на́ша. 5. Он ка́жется о́чень изве́стным предпринима́телем.

122 1. Unsere wichtigste Aufgabe sehen wir in der Durchführung dieses Projekts. 2. Der Handel zwischen unseren Ländern entwickelt sich in schnellem Tempo. 3. Die Messe wurde vom Außenhandelsminister eröffnet. 4. In seiner Rede begnügte er sich mit zwei Beispielen. 5. Dieses Unternehmen besitzt die Mehrheit der Aktien. 6. Trotz der Dollarkursschwankungen in der letzen Zeit bleibt der Dollar jene Währung, in der die Preise der wichtigsten Rohstoffe, wie z.B. Öl, Kupfer, Getreide usw. angegeben wird. 7. Dabei schließen die Banken Geschäfte nur mit Firmen ab, die einen guten Ruf haben. 8. Die Leitung führt die Geschäfte der Aktiengesellschaft. 9. Die Leitung wird gewöhnlich durch den Aufsichtsrat für einige Jahre ernannt.

123 1. Я хоте́л(-а) бы воспо́льзоваться слу́чаем и предста́вить вам на́шу но́вую проду́кцию. 2. Ра́ньше он был не́сколько лет акционе́ром э́того ба́нка. 3. Усло́вия на ры́нке тепе́рь ка́жутся лу́чше, чем год наза́д. 4. Его́ избра́ли председа́телем Сою́за предпринима́телей; он по́льзуется хоро́шей репута́цией. 5. Э́тот вопро́с оказа́лся о́чень тру́дным. 6. Он о́чень хорошо́ владе́ет ру́сским языко́м. 7. Э́то слу́жит приме́ром микроэкономи́ческого вопро́са. 8. Для меня́ больша́я часть вопро́сов оста́лась нея́сной. 9. Ра́ньше Ни́жний Но́вгород называ́лся «Го́рьким». 10. Э́тот вопро́с оста́лся нерешённым. 11. Он руководи́т э́тим предприя́тием уже́ восьмо́й год. 12. В за́падной Сиби́ри Росси́я располага́ет больши́ми ресу́рсами приро́дного га́за и не́фти. 13. Тут я хоте́л бы ограни́читься двумя́ приме́рами. 14. На росси́йском ры́нке о́чень лю́бят австри́йское пи́во. На росси́йском ры́нке больши́м спро́сом по́льзуется австри́йское пи́во. 15. Ра́ньше он до́лгое вре́мя рабо́тал преподава́телем иностра́нного языка́, сего́дня он руководи́т больши́м перево́дческим бюро́. 16. А́встрия явля́ется чле́ном Европе́йского Сою́за. 17. Предприя́тие по́льзуется пра́вом (име́ет пра́во, облада́ет пра́вом) от своего́ и́мени заключа́ть догово́ры (oder umgangssprachlich: договора́).

124 1. Ich spreche russisch. Mein Bruder spricht **auch** russisch. 2. Ich spreche russisch. Russisch spricht auch mein **Bruder**. 3. Ich spreche russisch. Auch mein **Bruder** spricht russisch. 4. Ich spreche russisch. Ich spreche auch **englisch**. 5. Ich spreche russisch. Englisch spreche ich **auch**. 6. Ich spreche russisch. Mein Bruder spricht auch **englisch**. (fett: Intonationszentrum)

125 1. Ири́на Петро́вна рабо́тает в магази́не. Её сын то́же рабо́тает в магази́не. / Ири́на Петро́вна рабо́тает в магази́не. Там же рабо́тает и её сын. / Ири́на Петро́вна рабо́тает в магази́не. И её сын рабо́тает в магази́не.
2. Там она́ покупа́ет хлеб и колбасу́. Там она́ покупа́ет и сыр. / Там она́ покупа́ет хлеб и колбасу́. И сыр она́ покупа́ет там. / Там она́ покупа́ет хлеб и колбасу́. Сыр она́ там то́же покупа́ет.
3. Они́ занима́ются микроэкономи́ческим ана́лизом. Они́ занима́ются и макроэкономи́ческим ана́лизом. / Они́ занима́ются микроэкономи́ческим ана́лизом. И макроэкономи́ческим ана́лизом они́ занима́ются. / Они́ занима́ются микроэкономи́ческим ана́лизом. Макроэкономи́ческим ана́лизом они́ то́же занима́ются.
4. Серёжа у́чит англи́йский язы́к. Воло́дя то́же у́чит англи́йский язы́к. / Серёжа у́чит англи́йский язы́к. Англи́йский язы́к у́чит и Воло́дя. / Серёжа учит англи́йский язы́к. И Воло́дя у́чит англи́йский язы́к.
5. Она́ лю́бит игра́ть в ша́хматы. Она́ лю́бит игра́ть и в домино́. / Она́ лю́бит игра́ть в ша́хматы. И в домино́ она́ лю́бит игра́ть. / Она́ лю́бит игра́ть в ша́хматы. В домино́ она́ то́же лю́бит игра́ть.

126 1. Его́ фи́рма покупа́ет таку́ю проду́кцию за рубежо́м. На́ша фи́рма то́же покупа́ет таку́ю проду́кцию за рубежо́м. 2. Таку́ю проду́кцию фи́рма «Торгпро́д» покупа́ет за рубежо́м. И на́ша фи́рма покупа́ет таку́ю проду́кцию за рубежо́м. 3. «Серебро́» сотру́дничает с «Бри́тиш-меха́никс». Мы то́же сотру́дничаем с э́той брита́нской фи́рмой. 4. Мы продаём разли́чные това́ры для до́ма. Мы торгу́ем, коне́чно, и холоди́льниками. 5. Фи́рма «Продма́г-3» предлага́ет това́ры по о́чень ни́зким це́нам. И на́ша фи́рма предлага́ет това́ры по са́мым ни́зким це́нам.

127 1. Мы пое́дем в Ни́жний Но́вгород, чтобы познако́миться с на́шим партнёром. 2. Я звони́л господи́ну За́йцеву, чтобы он нам пересла́л образе́ц контра́кта. 3. Мы с ва́ми пое́дем в наш филиа́л в Петербу́рг, чтобы вы ли́чно познако́мились с на́шими сотру́дниками. 4. Дава́йте встре́тимся на той неде́ле, чтобы подписа́ть догово́р. 5. Они́ пересла́ли нам но́вые катало́ги и прейскура́нты, чтобы мы, таки́м о́бразом, подгото́вились к перегово́рам. 6. Мы попроси́ли их присла́ть нам подро́бное описа́ние прибо́ра, чтобы лу́чше познако́миться с ним.

128 1. Ну́жно (= На́до, Жела́тельно), чтобы Алексе́й Алекса́ндрович познако́мил меня́ с А́нной Алексе́евной. 2. Ну́жно (= На́до, Жела́тельно), чтобы господи́н Хофманн связа́лся со свое́й штаб-кварти́рой в Ве́не. 3. Ну́жно (= На́до, Жела́-

тельно), чтобы Лена зашла ко мне завтра в первой половине дня. 4. Нужно (= Надо, Желательно), чтобы госпожа Зеленцова перенесла, если возможно, нашу встречу на пятницу. 5. Нужно (= Надо, Желательно), чтобы Катя заказала билеты на февраль. 6. Нужно (= Надо, Желательно), чтобы Анна Петровна узнала, когда приедет делегация. 7. Нужно (= Надо, Желательно), чтобы Тамара Павловна проверила ещё раз эти данные. 8. Нужно (= Надо, Желательно), чтобы он послал телеграмму в Мюнхен.

129   1. Мы сказали Вере Михайловне, чтобы она пришла (зашла) к нам в четверг в четырнадцать часов. 2. Мой коллега попросил меня купить авиабилеты. / Мой коллега попросил меня, чтобы я купил(-а) авиабилеты. 3. Он предложил, чтобы вся группа встретилась вечером. / Он предложил всей группе встретиться вечером. 4. Он сказал нам, чтобы мы больше не сотрудничали с этим банком. 5. Татьяна Ивановна (по-)советовала перенести поездку на следующую неделю. 6. Валя (по-)просила меня подписать документы ещё сегодня. / Валя (по-)просила меня, чтобы я подписал(-а) документы ещё сегодня. 7. Он (по-)просил меня объяснить ему дорогу в центр. / Он (по-)просил меня, чтобы я объяснил(-а) ему дорогу в центр.

130   1. Прекрасно, что вы пришли. 2. Важно, что вы ему сказали это - он понял. 3. Особенно важно, чтобы вы ему позвонили. 4. Руководитель филиала сказал, чтобы мы послали подтверждение не факсом, а заказным письмом. 5. Не нужно, чтобы вы пригласили его сюда. 6. Руководитель филиала сказал, что он ещё не получил от нас подтверждение. 7. Особенно важно, чтобы вы сказали ему это - он поймёт. 8. Алексей Петрович хочет, чтобы мы вернулись ещё сегодня. 9. Нужно, чтобы завтра утром всё было готово. 10. Он принёс мне книгу, чтобы я её прочитал(-а). 11. Ты хочешь, чтобы мы пошли с тобой? 12. Он (по-)просил, чтобы мы помогли ему. 13. Он пришёл, чтобы поговорить с нами об этом вопросе. 14. Скажите ему, что госпожа Бергер приехала вчера. 15. Скажите ему, чтобы госпожа Бергер приехала завтра. 16. Он пришёл ко мне, чтобы перевести статью. 17. Она (по-)советовала мне купить этот прибор. / Она (по-)советовала мне, чтобы я купил(-а) этот прибор.

131   1. Желательно, чтобы мы ответили на запрос завтра. 2. Он (по-)просил, чтобы мы перезвонили ему ещё сегодня. 3. Мы встретились, чтобы подписать договор. 4. Важно, чтобы мы уточнили условия поставки. 5. Он (по-)требовал, чтобы мы передали предложение уже на следующей неделе. 6. Важно, чтобы мы поставили первую партию уже во втором квартале. 7. Не надо переносить нашу встречу. 8. Он сказал, чтобы я зашёл (зашла) к нему после обеда. 9. Он (по-)просил, чтобы я позвонил(-а) в торгпредство. 10. Необходимо, чтобы мы обсудили эти вопросы ещё раз.

132   1. Он хотел бы узнать, получил ли Иван Петрович письмо. 2. Он хотел бы узнать, есть ли у Кати билеты. 3. Он хотел бы узнать, звонила ли госпожа Волыгина. 4. Он хотел бы узнать, получил ли господин Мамедов билеты.

5. Он хотéл бы узнáть, поéдет ли Алла Николáевна в центр. 6. Он хотéл бы узнáть, кто ещё пойдёт в кинó. 7. Он хотéл бы узнáть, когдá придёт (приéдет) господи́н Кабáнов. 8. Он хотéл бы узнáть, написáла ли госпожá Зóрина письмó. 9. Он хотéл бы узнáть, купи́ла ли Кáтя билéты вчерá. 10. Он хотéл бы узнáть, есть ли у Алексáндра врéмя. 11. Он хотéл бы узнáть, когдá вчерá пришёл пóезд. 12. Он хотéл бы узнáть, получи́ли ли мы ужé запрóс. 13. Он хотéл бы узнáть, есть ли у вас ещё каталóги. 14. Он хотéл бы узнáть, пришёл ли ужé нóвый сотрýдник. 15. Он хотéл бы узнáть, есть ли у негó ужé товáр.

133 1. Он хотéл бы узнáть, придётИвáн Петрóвич и́ли нет. 2. Он хотéл бы узнáть, когдá открóется (открывáется) киóск. 3. Он хотéл бы узнáть, купи́л Олéг мáрки или нет. 4. Он хотéл бы узнáть, чáсто ли печáтаются в журнáле пи́сьма читáтелей. 5. Он хотéл бы узнáть, соглáсны вы с э́тими услóвиями и́ли нет. 6. Он хотéл бы узнáть, знáет ли ужé господи́н Нойнер услóвия платежá. 7. Он хотéл бы узнáть, рабóтает ли фи́рма и в э́той óбласти. 8. Он хотéл бы узнáть, соглáсны ли вы со всéми услóвиями постáвки.

134 1. Вмéсто тогó чтóбы сни́зить произвóдственные расхóды, они́ регуля́рно повышáли цéны. 2. Не закóнчив университéт, мнóгие студéнты поступáют на рабóту. 3. Не проведя́ э́тих анáлизов, мы ничегó не мóжем сказáть. 4. Он приéхал в Москвý, чтóбы подписáть пéрвый договóр с росси́йским партнёром в Москвé. 5. Вмéсто тогó чтóбы приня́ть реши́тельные мéры прóтив инфля́ции, прави́тельство всё чáще занимáлось второстепéнными вопрóсами.

135 1. Пóсле тогó как мы получи́ли от негó закáз, ... 2. — 3. Пóсле тогó как былá закóнчена Мáлая приватизáция, ...

136 1. Wenn man einen solchen Zugang zur Lösung der Frage in Betracht zieht, dann können wir den Gewinn vergrößern. 2. Bevor man das Angebot übergibt, muß man noch die Form der Preisfixierung besprechen. 3. Wenn man dagegen die Tätigkeit der größten Unternehmen der Welt nicht hinsichtlich ihres Umsatzes, sondern nach ihrem Jahresgewinn analysiert, so hat 1987 IBM am besten gearbeitet. 4. Bevor Sie den Vertrag abschließen (=> Bevor den Vertrag abzuschließen, ...=> Bevor man den Vertrag abschließt) , überprüfen Sie, bitte, nochmals die Garantiebestimmungen.

137 1. Éсли исходи́ть из э́той диагрáммы, мóжно сдéлать слéдующий вы́вод. 2. Éсли принимáть во внимáние бýрный рост цен, мóжно ожидáть гиперинфля́цию. 3. Éсли не принимáть жёстких и непопуля́рных мер, невозмóжно бýдет останови́ть инфля́цию. 4. Éсли не имéть никаки́х дáнных, нельзя́ дéлать таки́е вы́воды.

138 1. Ein "Kleinunternehmen" ist eine juristische Person vom Moment seiner Registrierung. 2. Die Hauptaufgaben des "Kleinbetriebes" sind Service- und Dienstleistungen an Betriebe und Behörden beim Erwerb und Verkauf (Realisierung) von Elektronik. 3. Im Falle von Stimmengleichheit entscheidet die Stimme des Vorsitzenden (ist die Stimme des Vorsitzenden die entscheidende). 4. Wie schon gesagt, die wichtigste Bedingung für einen Erfolg eines solchen Programms ist das Vertrauen des Volks zur Regierung.

139 1. Die Selbstorgnisation der Massen jedoch ist eine eigenartige Bedrohung für das "Marktprojekt" der Reformen. 2. Der Gewinn ist Eigentum des "Gründers". 3. В да́нный моме́нт наблюда́ется высо́кая инфля́ция. 4. Ве́рно, что у вас но́вый о́фис в Москве́? 5. На́ше предприя́тие име́ет не́сколько филиа́лов в восто́чной Евро́пе. / У на́шего предприя́тия не́сколько филиа́лов в восто́чной Евро́пе. 6. В э́том журна́ле име́ется мно́го стате́й об экономи́ческом положе́нии Росси́и. 7. У нас (есть) хоро́шие конта́кты с росси́йскими предприя́тиями, кото́рые экспорти́руют сырьё. / У нас име́ются хоро́шие конта́кты с росси́йскими предприя́тиями, кото́рые экспорти́руют сырьё. / Мы име́ем хоро́шие конта́кты с росси́йскими предприя́тиями, кото́рые экспорти́руют сырьё. 8. Ве́рно ли, что в ты́сяча девятьсо́т девяно́сто тре́тьем году́ насчи́тывалось (= име́лось, существова́ло, бы́ло) сто австри́йско-росси́йских совме́стных предприя́тий?

140 1. Совме́стные предприя́тия по́льзуются таки́ми же права́ми, как и росси́йские. 2. Мы ка́ждый день по́льзуемся авто́бусом. 3. Среди́ банки́ров он по́льзуется больши́м авторите́том. 4. У нас на предприя́тии мы применя́ем то́лько нове́йшую те́хнику. 5. На́ша проду́кция по́льзуется хоро́шей репута́цией у потреби́телей. 6. На́ше пи́во по́льзуется больши́м спро́сом.

141 1. Вы мо́жете по́льзоваться э́тим материа́лом. 2. На э́том предприя́тии применя́ют (= испо́льзуют, испо́льзуется) соверше́нно но́вый ме́тод рекла́мы. 3. У бизнесме́нов она́ по́льзуется хоро́шей репута́цией. 4. Кто испо́льзовал всю бума́гу для при́нтера? 5. Э́то помеще́ние мы испо́льзуем как ко́мнату для перегово́ров. 6. Она́ испо́льзовала свою́ репута́цию в ли́чных це́лях. 7. Э́ту маши́ну мы не испо́льзуем на сто проце́нтов. 8. Мы ре́дко по́льзуемся на́шей маши́ной. 9. Э́тот проду́кт по́льзуется больши́м успе́хом. Мы смогли́ увели́чить оборо́т на три́дцать проце́нтов. 10. Он хоро́ший нача́льник, и е́сли ну́жно, он применя́ет свою́ власть. 11. Нам на́до испо́льзовать э́ту великоле́пную пого́ду. Дава́йте пое́дем на о́зеро. 12. Я хоте́л бы воспо́льзоваться слу́чаем и познако́мить вас с на́шим но́вым сотру́дником. 13. Почему́ вы всегда́ испо́льзуете своё положе́ние?

STUDIENLITERATUR aus dem SERVICE FACHVERLAG

F. Scheuch (Hg.) **Allgemeine Betriebswirtschaftslehre**
1990, 570 Seiten, kart., ISBN 3-85428-170-6   S 450,-

W. Kemmetmüller/A.Luger   **Einführung in die Kostenrechnung**
1993, 4., erw. Aufl., 320 Seiten, kart., ISBN 3-85428-252-4   S 285,-
Hörerpreis   S 228,-

Kemmetmüller/Bogensberger/Schilling   **Übungsbeispiele zur Kostenrechnung**
1993, 3., erw. und aktualisierte Aufl., 375 Seiten, kart., ISBN 3-85428-253-2   S 320,-
Hörerpreis   S 256,-

W. Kemmetmüller   **Fallstudien zur Kostenrechnung**
1987, 2., erw. Aufl., 328 Seiten, kart., ISBN 3-85428-108-0   S 250,-
Hörerpreis   S 200,-

H. Röhrenbacher   **Kosten- und Leistungsrechnung**
1988, 295 Seiten, kart., ISBN 3-85428-111-0   S 280,-
Hörerpreis   S 224,-

Grohmann/Schneider   **Einführung in die Buchhaltung im Selbststudium**
1994, 10. korr. und aktualisierte Aufl., 2 Bände 444+180 Seiten, S 390,-
Hörerpreis   S 312,-

V. Pankov   **Ökonomie der Reformländer**
1994, 245 Seiten, kart., ISBN 3-85428-277-X   S 478,-

Ph. Kotler/G. Armstrong   **Marketing: Eine Einführung**
1988, 850 Seiten, kart., ISBN 3-85428-109-9   S 624,-
Hörerpreis   S 499,20

Karmasin/Rehberg/Theil   **Wissenschaftlich arbeiten**
Form, Funktion, Vorgangsweise
1994, 110 Seiten, kart., ISBN 3-85428-291-5   S 198,-

Erhältlich in der Service Universitätsbuchhandlung